Autores dos best-sellers
Copywriting e **Gatilhos Mentais**

Story$elling

A ARTE DAS NARRATIVAS MILIONÁRIAS

PAULO MACCEDO

GUSTAVO FERREIRA

CB075549

DVS EDITORA

www.dvseditora.com.br
São Paulo, 2023

Story$elling

A ARTE DAS NARRATIVAS MILIONÁRIAS

DVS Editora Ltda. 2023 – Todos os direitos para a língua portuguesa reservados pela Editora.

Nenhuma parte deste livro poderá ser reproduzida, armazenada em sistema de recuperação, ou transmitida por qualquer meio, seja na forma eletrônica, mecânica, fotocopiada, gravada ou qualquer outra, sem a autorização por escrito dos autores e da Editora.

Design de capa, Projeto gráfico e Diagramação:
Márcio Schalinski | LC Design & Editorial
Revisão: Thaís Pol

```
     Dados Internacionais de Catalogação na Publicação (CIP)
             (Câmara Brasileira do Livro, SP, Brasil)

    Maccedo, Paulo
        StorySelling : a arte das narrativas
    milionárias / Paulo Maccedo, Gustavo Ferreira. --
    1. ed. -- São Paulo : DVS Editora, 2023.

        ISBN 978-65-5695-087-7

        1. Escrita criativa 2. Marketing 3. Marcas de
    produtos - Marketing 4. Produtos - Desenvolvimento
    5. Vendas I. Ferreira, Gustavo. II. Título.

23-144149                                      CDD-659.13
```

Índices para catálogo sistemático:

1. Marketing : Comunicação : Propaganda   659.13

Aline Graziele Benitez - Bibliotecária - CRB-1/3129

Nota: Muito cuidado e técnica foram empregados na edição deste livro. No entanto, não estamos livres de pequenos erros de digitação, problemas na impressão ou de uma dúvida conceitual. Para qualquer uma dessas hipóteses solicitamos a comunicação ao nosso serviço de atendimento através do e-mail: atendimento@dvseditora.com.br. Só assim poderemos ajudar a esclarecer suas dúvidas.

IMPORTANTE!
Este é um livro sobre técnicas de vendas e de escrita comercial. Algumas regras gramaticais foram propositalmente ignoradas por questões de estilo e de linguagem.

Sumário

- **Prelúdio** — 7
- **Uma viagem pelo tempo** — 11
  - Extratos sobre a arte de narrar — 19
- **Capítulo 1 - O Primeiro Alicerce Para Sua Habilidade em Contar Histórias** — 22
- **Capítulo 2 - Os Três Pilares das Histórias que Vendem** — 30
  - Três Passos Principais das Histórias — 36
- **Capítulo 3 - O Herói da Própria História** — 42
- **Capítulo 4 - Quem É Você, Seu Perfil, Sua Voz (e Empatia)** — 50
  - Sobre Empatia — 62
  - Dor Gera Empatia — 63
- **Capítulo 5 - As Três Dimensões: Dando Vida ao Personagem** — 68
  - Dando mais vida — 72
  - Quais histórias você pode contar — 77
  - Apenas conte a sua história! — 82
- **Capítulo 6 - Três Esqueletos Para Uma Boa Narrativa** — 84
- **Capítulo 7 - A Espinha Dorsal das Histórias** — 90
  - Construindo histórias incríveis com sete etapas da espinha dorsal — 94
- **Capítulo 8 - Problema, Agite, _____, Resolva** — 98
- **Capítulo 9 - Peças de Dominó e Teclas de Piano** — 110
- **Capítulo 10 - O *StorySelling*** — 122
- **Capítulo 11 - Títulos, Abordagens e Introduções** — 136
  - Abordagens — 139
  - Introduções — 143
- **Capítulo 12 - Níveis de Mercado e Histórias ao Longo do Tempo** — 146
- **Capítulo 13 - A Arte de Pintar Telas na Mente do Leitor** — 154
- **Capítulo 14 - Pintando as Emoções** — 188
  - Bônus de capítulo: Benefícios dimensionais — 193
- **Capítulo 15 - O Poder do Conflito na Narrativa** — 196
- **Capítulo 16 - Nêmesis** — 210
  - O inimigo comum — 216

- **Capítulo 17 - Sete Estruturas Impactantes para Construir Narrativas** — **220**
    - 1) A Jornada do Herói e seu incrível poder de gerar conexão — 222
    - 2) A Montanha e a escalada não linear até o topo — 226
    - 3) Loops Aninhados: várias histórias dentro de uma história — 230
    - 4) In Media Res: quem disse que precisa começar pelo início? — 233
    - 5) Técnica do Contraste: mundo real x mundo ideal — 234
    - 6) Ideias Convergentes: quando vários pensamentos chegam em um ponto comum — 236
    - 7) Técnica do Falso Início: a imprevisível virada de mesa — 237
- **Capítulo 18 - Quinze Perguntas para Sua História-chave** — **240**
- **Capítulo 19 - Histórias da Vida Real** — **250**
- **Capítulo 20 - "100% Verdade, 90% do Tempo": A Questão da Verdade** — **256**
- **Capítulo 21 - Agarrando a Atenção da Audiência com Narrativas e Micronarrativas** — **260**
    - Micronarrativas: Como criar narrativas com uma frase, uma linha ou um parágrafo — 265
- **Capítulo 22 - A História que Vende Três Vezes Mais que a Jornada do Herói** — **268**
    - "Não Encontrei... então Criei" — 270
- **Capítulo 23 - Modelos de Histórias** — **288**
    - Modelo 1 - Mentor Secreto — 289
    - Modelo 2 - News (Notícias, Eventos) — 296
    - Modelo 3 - Eu vi a Luz (Grande Descoberta) — 303
    - Modelo 4 - Estudo de Caso (Depoimentos) — 309
    - Modelo 5 - Origem — 315
    - História Bônus: Contraste — 324
- **Capítulo 24 - Transição Para Vendas (*Pitch* de Vendas)** — **330**
- **Capítulo 25 - Histórias Para Superar Objeções** — **340**
- **Capítulo 26 - Uma Palavra Sobre Anúncios** — **346**
- **Capítulo 27 - Histórias em Anúncios, E-mails, WhatsApp, Instagram, TikTok e Onde Mais Você Quiser** — **354**
- **The End** — **368**
- **PS** — **369**
- **Referências** — **371**

ONE HUNDRED
CJ18059703 A
J10
HK23022
ONE HUNDRED DOLLARS
HB52550883 H
KB46150459 J
ONE HUNDRED
KA 337
KB042046
FRANKLIN
SERIES 2006

Prelúdio

Gustavo Ferreira

Caro leitor,

Seja muito bem-vindo ao nosso "livro-curso" *StorySelling: A Arte das Narrativas Milionárias*.

Ou, como gosto de dizer (mas o Paulo não me deixou colocar no subtítulo): *A nobre e sutil arte de contar histórias que encantam e vendem*. (Não se preocupe, não brigamos em nenhum momento por isso.)

A união do nosso trabalho em um livro é muito interessante. Somos os dois autores best-sellers que mais vendem livros sobre copywriting no Brasil (juntando nosso trabalho, já vendemos mais de 100 mil exemplares), e, nos últimos anos, começamos a nos aproximar.

Além da sinergia de ideias, também somos apaixonados por contar histórias — e o mais importante: **histórias que vendem**.

Essa é a diferença entre *StoryTelling* ("contar histórias") e *StorySelling* ("vender com histórias").

Dos capítulos que inseri neste livro, a maior parte veio de um curso que disponibilizei on-line, chamado *Histórias Que Vendem Essencial*.

Além da transcrição de boa parte das aulas, também fiz várias edições e ajustes e complementei com conteúdos inéditos.

Junto com o conteúdo que o Paulo Maccedo agregou, considero este material bem mais completo que o curso disponibilizado antes.

Nosso objetivo aqui é ajudá-lo a criar ou encontrar histórias que geram muito mais conexão com seu público — e, claro, como estamos em um mundo de negócios, esperamos que você venda mais a partir disso.

Ao apresentar diversas formas e ângulos de narrativas milionárias, nossa proposta é fazer com que você encontre a sua *história-chave* para começar a usar em comunicações por e-mail, cartas de vendas, anúncios, lançamentos e até em vendas diretas (um a um).

Se você presta serviços como copywriter, também entenderá como criar histórias para seus clientes.

E, ao contar histórias engajantes e envolventes, você vai se diferenciar no mercado... porque isso vai gerar um grande aumento nas suas vendas, em todas as campanhas em que você rodar ou lançamentos que decidir fazer.

Desde que comecei a me desenvolver com escrita persuasiva, sabia que precisava me aperfeiçoar na "contação" de histórias, e logo percebi que tinha MUITA dificuldade nisso.

Mesmo conseguindo vender bem com minhas cartas de vendas e e-mails, sentia que "faltava algo".

Faltava sal, faltava sabor, faltava conexão, faltava emoção. Em resumo, faltava "alma" nas comunicações.

Então comecei a mergulhar fundo na arte de *StoryTelling*. Posso dizer que estive com os melhores.

Aprendi com os maiores mestres do passado e do presente, de homens de negócios a criadores de conteúdo, de oradores a escritores, passando, claro, por copywriters geniais como Gary Halbert, John Carlton e Roy Furr.

Até hoje me considero aprendiz nessa arte. Mas, como você verá a partir de agora, reuni práticas essenciais (e avançadas) que possibilitam, com o uso de histórias, alcançar mais resultados em vendas.

Agora, preste atenção nisto:

Este é um livro prático!

Não é para você ler. É para você *praticar*.

Quanto mais praticar, melhores ficarão suas histórias e mais você vai vender. E não se preocupe com perguntas como *"Vai funcionar no WhatsApp? Vai funcionar no e-mail? Vai funcionar no Instagram? Vai funcionar em anúncios?"*.

A resposta é um grande e sonoro... SIM!

Obviamente, a história que você conta em um anúncio é diferente da que conta em um vídeo de cinquenta minutos.

Mas "o espírito" é o mesmo.

Apenas conte as suas histórias — e nos agradeça depois.

São as histórias que tornam você único e diferenciado, então preste bastante atenção: dedique-se de coração a escrever suas histórias, porque isso o levará ao sucesso em qualquer mercado.

Será uma jornada e tanto, e estamos apenas começando.

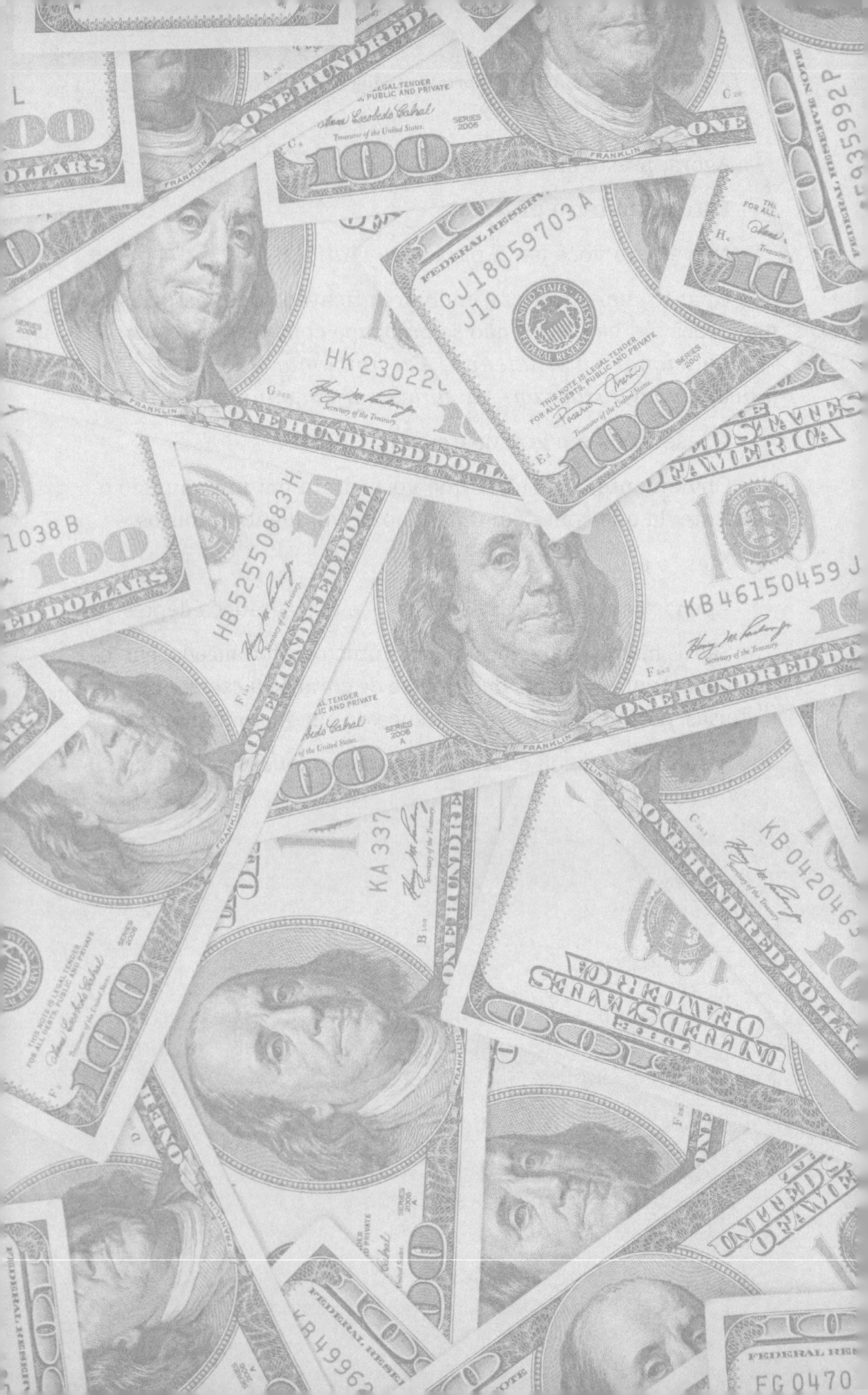

Uma viagem pelo tempo

Paulo Maccedo

> *"Há centenas de milhares de anos, quando o homo sapiens aprendeu a falar, começou a se reunir em volta das fogueiras para contar histórias. Há oitenta anos, quando o rádio era a maior novidade, homens e mulheres reuniam-se ao redor de grandes receptores de rádio para ouvir histórias. Há cinquenta anos, quando as televisões eram pequenas telinhas incrustadas em uma enorme caixa, os vizinhos se reuniam para ouvir histórias." – Craig Davis, Chief Executive, JWT Worldwide*

Peço que pegue em minha mão agora... Vamos fazer uma viagem no tempo!

Começamos indo diretamente a um período remoto, em que, reunido em volta do fogo, um grupo ouve atento uma história narrada por um líder tribal.

Visualize o narrador primitivo que segura uma arma feita de ossos enquanto conta uma história usando sons e expressões. Estamos escondidos atrás de uma pedra vendo-o gesticular para o grupo, você consegue ver?

Agora caminhamos e adentramos numa caverna vazia, onde podemos encontrar arte rupestre — a única forma de **contar histórias** para muitas culturas antigas.

Podemos ver nos desenhos um homem barbudo vestido com peles de animais registrando as aventuras vividas durante o dia.

Veja o que esta sequência nos mostra: na luta pela sobrevivência, esse homem correu de uma fera e se escondeu na caverna. Continuemos com a viagem imaginativa...

É hora de visitarmos o Oriente Médio. Vemos os cinco livros de Moisés, que registram histórias antigas do começo do mundo, a origem de povos e o surgimento dos hebreus.

Podemos ver Moisés descendo do Monte Sinai com as tábuas dos *Dez Mandamentos* nas mãos e vendo o povo dançando em volta do Bezerro de Ouro. Ele quebra as tábuas e repreende as pessoas.

Observamos ainda os hebreus, o povo semítico da região do Levante — conhecidos como *povo do outro lado do rio* —, que desenvolveram uma cultura de contar e registrar histórias.

O Gênesis, Adão e Eva, A Mulher e a Serpente, Caim e Abel, o Dilúvio e a Arca de Noé, a Torre de Babel, Abraão, Sodoma e Gomorra, José e seus Irmãos, O Êxodo, Davi e Golias, O Rei Salomão... essas são histórias que até hoje moldam a civilização ocidental.

Damos um salto para a Grécia antiga e podemos ver Zeus vencendo Cronos, libertando seus irmãos devorados e dominando o mundo.

Ainda na Grécia, vemos o escravo gago Esopo expressando sua extraordinária sabedoria prática por meio de histórias. Podemos até vê-lo sendo liberto devido à sua habilidade em narrar.

Outro giro e contemplamos a divisão do mundo feita pelo nascimento de Jesus de Nazaré. Vemos passar diante dos nossos olhos todo o percurso feito pelo filho do carpinteiro José e da jovem Maria.

A fuga para o Egito, a Estrela de Belém, os três Reis Magos. Do parto na estrebaria até a fase adulta, onde temos a transformação da água em vinho, as curas, a escolha de doze homens e a tentação no deserto.

Temos ainda as famosas parábolas das ovelhas, dos lírios, das aves do céu. Vemos traição, morte na cruz e ressurreição — tudo isso será documentado nos Evangelhos.

Agora vamos até o momento histórico da queda do Império Romano. Ela está sendo documentada por meio da escrita!

Podemos ver, diante dos nossos olhos, os invasores "bárbaros" estabelecendo seu próprio domínio e enfraquecendo o poder do antigo império. Reconhecemos nessa queda parte dos nossos próprios medos.

Podemos visualizar agora o início e o curso da Idade Média: mascates, mercadores e ferreiros; reis, príncipes e donzelas; soldados, armas e carruagens; campos, agricultores e animais domésticos; guerras, pestes, ciência e religião.

Estacionamos no século XV, no qual o alemão Johannes Gutenberg provoca uma revolução na modernidade ao inventar o que conhecemos como imprensa.

Com isso, o processo de aceleração da produção de livros e a prática de contar histórias alcança outro patamar.

Dos livros à internet, chegamos na Era Pós-Digital, na qual podemos continuar a viagem, mas agora com outro rumo...

Este pequeno exercício de viajar na história do mundo nos colocou em contato com alguns pontos de origem do *StoryTelling* — em tradução livre, *narração de histórias*.

Trata-se, simplesmente, da atividade de transmitir eventos na forma de palavras, imagens e sons ou, num modo romântico de chamar, *da arte de contar histórias.*

Como pudemos ver na sequência de parágrafos anterior, os seres humanos contam histórias desde o começo do mundo — e é verdade que contamos histórias há tanto tempo, que isso se tornou parte do nosso DNA.

A evolução literalmente conectou nossos cérebros para contar histórias: a pessoa que está ouvindo uma narrativa pode realmente se sincronizar conosco.

Story$elling

Os "efeitos mágicos" da narrativa podem ser conferidos num relato de Uri Hasson, professor de psicologia em Princeton, em um TED Talk:

> *"Quando a mulher falava inglês, os voluntários entendiam sua história e seus cérebros sincronizavam. Quando ela tinha atividade em sua ínsula, uma região emocional do cérebro, os ouvintes também tinham. Quando seu córtex frontal ascendia, o mesmo aconteceu com os deles. Simplesmente contando uma história, a mulher conseguia plantar ideias, pensamentos e emoções no cérebro dos ouvintes".*

Além da sincronização, as histórias se tornaram uma parte de nós. Contamos histórias para explicar como as coisas funcionam; contamos histórias para tomar decisões; contamos histórias para justificar as decisões que tomamos; contamos histórias para criar nossas próprias identidades. Histórias são responsáveis por moldar o nosso caráter e personalidade desde o nascimento.

Da historieta para dormir que os pais contavam, passando pelos livros didáticos, desenhos e filmes, aos romances, religião e ciência — tudo conta com algum tipo de história.

Voltando à parte científica, pesquisadores espanhóis descobriram que o cérebro humano cria uma reação fisiológica aos tipos de linguagem descritiva usados nas histórias.

Nossas mentes não compreendem histórias apenas usando nossas regiões de processamento de linguagem.

As histórias também envolvem nossos sentidos auditivos, olfativos, visuais, sensoriais e motores. Em outras palavras, sentimos histórias!

Nesse experimento espanhol, os participantes foram *escaneados* por uma máquina de ressonância magnética enquanto observavam as palavras "perfume" e "café", para as quais seu córtex olfativo primário se iluminava. Em contrapartida, a região permaneceu sombria quando viram palavras como "cadeira" ou "chave".

Outra descoberta: juntamente com sua equipe, o neuroeconomista Paul J. Zak testou se as narrativas gravadas em vídeo, em lugar de interações face a face, fariam o cérebro produzir ocitocina — hormônio responsável por promover as contrações musculares uterinas, estimular a libertação do leite materno, desenvolver apego e empatia entre pessoas, produzir parte do prazer do orgasmo e modular a sensibilidade ao medo (do desconhecido).

Ao coletar amostras de sangue antes e depois do experimento, ele descobriu que as histórias guiadas por personagens causam consistentemente a síntese de ocitocina.

Além disso, a quantidade de ocitocina liberada pelo cérebro previa o quanto os indivíduos estavam dispostos a ajudar outras pessoas – por exemplo, doar dinheiro para uma instituição de caridade retratada na narrativa.

Agora pense sobre como seria se pudéssemos usar todo esse poder nas vendas. Como seria se pudéssemos usar as narrativas como armas de persuasão? Como seria se pudéssemos vender ideias, produtos ou serviços usando histórias?

Isso é absolutamente possível, e já acontece com certa frequência!

No marketing, histórias ganham a função importante de penetrar na mente e no coração dos consumidores, conectando-os com a marca, o produto e a mensagem.

Seth Godin, logo no início do livro "All Marketers Are Liars", enfatiza:

> "Todo profissional de marketing conta uma história. E, se ele faz direito, nós acreditamos. Nós acreditamos, por exemplo, que vinho é mais gostoso numa taça de $20 do que numa taça de $1 e, acreditando, isso se torna verdade. Profissionais de marketing bem-sucedidos não falam sobre vantagens, nem mesmo sobre benefícios. Em vez disso, eles contam uma história. Todas as empresas precisam fazer marketing para se manterem competitivas, e fazer marketing é, essencialmente, inventar histórias."

Laura Holloway, fundadora e chefe da Storyteller Agency, complementa:

> "Contar histórias é nossa obrigação para a próxima geração. Se tudo o que estamos fazendo é marketing, estamos fazendo um desserviço, e não apenas à nossa profissão, mas também a nossos filhos e a seus filhos. Dê algum significado ao seu público, inspirando-o, envolvendo-o e educando-o com a história. Pare de vender. Comece a contar histórias."

Isso tudo soa como manifesto para o uso de histórias na hora de criar uma boa Comunicação de Marketing e Discursos de Vendas mais eficazes.

Portanto, reforço que não basta exaltar o produto e destacar vantagens, não basta soar persuasivo e enérgico, não basta forçar a venda. Você precisa aprender a penetrar na mente e no coração dos consumidores.

Só assim você pode envolvê-los emocionalmente, e só envolvendo-os emocionalmente é que você deixa de ser mais um "vendedor chato" para se transformar num *agente inspirador* a quem as pessoas dão atenção e de quem consideram os conselhos, tomando decisões com base no que você diz.

Chegou o momento de você aprender a usar esse poder!

Junto ao meu amigo e colega de profissão, Gustavo Ferreira, quero dar a você a oportunidade de experimentar isso na prática — e o melhor, usando um conceito ímpar que apresentamos neste livro: *StorySelling*.

Nas próximas lições vamos mostrar como desenvolver a força das boas histórias no processo de vendas — e a sua capacidade de influência nunca mais será a mesma!

Para fundamentar ainda mais seu conhecimento, e ao mesmo tempo inspirá-lo, começo trazendo um apanhado de citações que condensam o que pensam grandes homens e mulheres sobre a arte de contar histórias.

CJ18059703 A
J10
HK230022
HB52550883 H
KB46150459 J
KB04204634
ONE HUNDRED DOLLARS
THIS NOTE IS LEGAL TENDER FOR ALL DEBTS, PUBLIC AND PRIVATE
FEDERAL RESERVE
FRANKLIN
Secretary of the Treasury
Treasurer of the United States.
SERIES 2006
SERIES 2001
100

Extratos sobre a arte de narrar

❝ *Se eu puder recomendar uma narrativa a você por qualquer motivo, seria a narrativa que o ajudará a perceber que as coisas maiores, mais assustadoras, mais dolorosas ou arrependidas da sua cabeça ficam pequenas e superáveis quando você as compartilha com duas, três, vinte ou três mil pessoas."*

❝ *Contar histórias sobre sua vida permite que as pessoas saibam que não estão sozinhas; e permite que algumas das pessoas mais próximas a você — como a família e os entes queridos — vejam sua vida separada no contexto da família, e sem o tipo de retrospectiva revisionista sobre as pessoas que mais amamos, em que às vezes podemos cair."*

— **Dan Kennedy,** apresentador do podcast The Moth. Passou boa parte dos últimos quinze anos viajando pelo mundo tocando e escrevendo

❝ *É uma necessidade humana contar histórias. Quanto mais somos governados por idiotas e não temos controle sobre nossos destinos, mais precisamos contar histórias sobre quem somos, por que somos, de onde viemos e o que é possível."*

— **Alan Rickman,** premiado ator britânico, mais conhecido pelos filmes *Duro de Matar*, *Robin Hood* e pelo papel de Severo Snape na saga *Harry Potter*

❝ *Contar histórias sempre foi parte do trabalho de marketing, mas nunca antes havia sido tão crucial para a continuidade do sucesso de uma empresa."*

— **Brian Honigman,** consultor de marketing de conteúdo e CEO da Honigman Media

> ❝ *A mente pensa em imagens. Uma boa ilustração vale mais que mil palavras. Mas uma imagem clara construída na mente do leitor por suas palavras vale mais que mil desenhos, pois o leitor colore essa imagem com sua própria imaginação, que é mais potente do que todos os pincéis de todos os artistas do mundo."*
>
> — **Robert Collier,** copywriter e autor de livros de autoajuda do século XX

> ❝ *Por mais insignificante que possa parecer, tudo na vida conta uma história."*

> ❝ *Contar histórias conduziu a fé e a prática religiosa, mantendo-as vivas por milênios. Assim como todo hino, ícone e vitral de uma igreja se vincula a uma história, as marcas têm o potencial de construir identidades holísticas."*
>
> — **Martin Lindstrom,** uma das 100 pessoas mais influentes do mundo, segundo a revista TIME

> ❝ *As pessoas querem ouvir histórias, mas as marcas não contam mais histórias. Elas estão muito ocupadas com gimmicks, gizmos, aplicativos, celebridades, ofertas, preços e promoções."*

> ❝ *Por que a preferência por marcas está caindo? Porque nós esquecemos que o trabalho das marcas é contar histórias e criar conteúdo."*
>
> — **Don Schultz,** grande nome mundial da Comunicação Integrada de Marketing

> ❝ *As pessoas não compram bens e serviços. Elas compram relacionamentos, histórias e magia."*
>
> — **Seth Godin,** pensador de marketing e escritor

> *A disponibilidade atual de tecnologia significa que qualquer empresa de qualquer setor pode desenvolver uma audiência por meio de narrativas consistentes".*
>
> — **Joe Pulizzi,** estrategista de marketing e difusordo termo Content Marketing

> *Na vida, a única coisa que um ser humano faz é contar uma história. A substância da vida humana é a narrativa, é sua história contada por você."*

> *Hoje em dia há um desespero, uma desorientação, um não-saber-o-que-fazer generalizado, porque o homem já não é fiel à única coisa que talvez seja, de fato, a sua natureza: contar a própria história."*
>
> — **Italo Marsili,** médico e escritor best-seller

> *As histórias são a conversão criativa da própria vida em uma experiência mais poderosa, mais clara e mais significativa. Elas são a moeda do contato humano."*
>
> — **Robert McKee,** célebre professor de escrita criativa

> *As histórias são as melhores ferramentas inspiracionais, motivacionais e instrucionais [...] somos fisiologicamente programados para acolher histórias, e geneticamente programados para aprender por meio delas."*
>
> — **Richard Krevolin,** autor, roteirista e professor

> *Os seres humanos não são idealmente criados para entender a lógica; eles são idealmente configurados para entender histórias."*
>
> **Roger C. Schank,** CEO da Socratic Arts

CAPÍTULO

1

O Primeiro Alicerce Para Sua Habilidade em Contar Histórias

Paulo Maccedo

Era uma vez um redator que decidiu ir além dos métodos e manuais de escrita. Ele sentiu no coração que deveria se entregar às narrativas, afinal, histórias têm um poder ímpar de penetrar na mente e no coração das pessoas. Então, como um cozinheiro apaixonado, esse redator começou a temperar seus textos de vendas com ingredientes especiais.

Assim adentramos em uma nova lição de *StorySelling*!

Antes de eu começar a catalogar técnicas de narrativa, simplesmente agia de forma intuitiva na hora de criar histórias. Funcionava... sem técnica, mas funcionava.

Isso me trouxe a convicção de que a aptidão para narrar, antes das técnicas e estruturas, vem da forma como absorvemos e expressamos histórias.

James Mcsill, especialista internacional em *StoryTelling*, diz que "a capacidade de utilizar histórias com um propósito definido está em todos nós" e que a ideia é "aperfeiçoar aquilo que é inerente a você".

O escritor norte-americano Robin Moore disse isso com outras palavras: "Dentro de cada um de nós há um contador de histórias nascido naturalmente, esperando para ser lançado."

Em outras palavras, não é preciso *glamourizar* a narração de histórias, alegando que ela precisa ser pautada por recursos complexos e mirabolantes.

Você já tem uma chamada de narrador em você — o que significa que está pronto para começar agora. Logo, o intuito das técnicas é levá-lo a um outro nível de habilidade, e é justamente esse o objetivo deste conteúdo.

Dando um passo adiante, posso destacar um valioso conselho para o desenvolvimento da capacidade narrativa: ler livros de ficção, de preferência os clássicos, que já sobreviveram ao teste do tempo.

Clássicos como "O Senhor dos Anéis", de J. R. R. Tolkien; "As Crônicas de Nárnia", de C. S. Lewis; "Moby Dick", de Herman Melville; "As Aventuras de Tom Sawyer", de Mark Twain; "O Velho e o Mar", de Ernest Hemingway; entre outras obras consagradas.

"Ah, Paulo, isso é um exagero! Preciso mesmo ler alta literatura para escrever boas mensagens de vendas?"

Bem, é um direito seu não querer mergulhar em águas mais profundas e se apegar apenas aos manuais de redação. No entanto, se você for esperto o bastante para elevar a régua de sua própria capacidade narrativa com leituras de qualidade, será mais fácil retirar anúncios criativos e vendáveis de sua fonte imaginativa.

Para ter noção do que estou falando, peço que leia os trechos a seguir:

◆ **Exemplo 1:** "Quando o Sr. Bilbo Bolseiro de Bolsão anunciou que em breve celebraria seu onzentésimo primeiro aniversário com uma festa de especial grandeza, houve muito comentário e agitação na Vila dos Hobbits. Bilbo era muito rico e muito peculiar, e tinha sido a atração do Condado por sessenta anos, desde seu notável desaparecimento e inesperado retorno. As riquezas trazidas de suas viagens tinham agora se transformado numa lenda local, e popularmente se acreditava que a Colina em Bolsão estava cheia de túneis recheados com tesouros. E se isso não fosse o suficiente para se ter fama, havia também seu vigor prolongado que maravilhava as pessoas. [...]"

(Trecho de *A Sociedade do Anel,* **da saga** *O Senhor dos Anéis,* **J. R. R. Tolkien)**

◆ **Exemplo 2:** "Era uma vez duas meninas e dois meninos: Susana, Lúcia, Pedro e Edmundo. Esta história nos conta algo que lhes aconteceu durante a guerra, quando tiveram que sair de Londres, por causa dos ataques aéreos. Foram os quatro levados para a casa de um velho professor, em pleno campo, a quinze quilômetros da estrada de ferro e mais três quilômetros da agência dos correios mais próxima. [...]"

(Trecho de O Leão, A Feiticeira e o Guarda-Roupa, **da saga** As Crônicas de Nárnia, **C. S. Lewis.)**

◆ **Exemplo 3:** "Podem me chamar de Ismael. Há alguns anos — não importa quantos, precisamente — com pouco ou nenhum dinheiro na carteira e sem qualquer interesse particular na terra, decidi navegar um bocado e ver a parte aquática do mundo. Esse é um costume que tenho para afastar a melancolia e ajustar a circulação. [...]"

(Trecho inicial de Moby Dick, **Herman Melville)**

◆ **Exemplo 4:** "— Tom!
Nenhuma resposta.
— Tom!
Não se ouviu o menor som.
— Mas o que foi que aconteceu com esse menino? Não faço a menor ideia! Tom, onde é que você se meteu?
A velha senhora puxou os óculos para a ponta do nariz e olhou por cima deles, percorrendo toda a sala com um olhar vigilante. Depois, empurrou os óculos para a testa e olhou por baixo deles. [...]"

(Trecho inicial de As Aventuras de Tom Sawyer, **Mark Twain)**

◆ **Exemplo 5:** "Ele era um velho que pescava sozinho em seu barco, na Gult Stream. Havia oitenta e quatro dias que não apanhava nenhum peixe. Nos primeiros quarenta, levava em sua companhia um garoto para auxiliá-lo. Depois disso, os pais do garoto, convencidos de que o velho se tornara salao, isto é, um azarento da pior espécie, puseram o filho para trabalhar em outro barco, que trouxera três bons peixes em apenas uma semana. [...]"

(Trecho de O Velho e o Mar, **Ernest Hemingway)**

Repare como é fácil embarcar imediatamente em cada história.

Esses livros não se transformaram em clássicos por acidente!

Há muitos segredos de atração e engajamento narrativo escondidos nessas obras. E ter contato com isso é — pode apostar — estar milhas à frente de quem parou nos manuais de narração de histórias. Você treina seu cérebro em alto estilo. Esse tipo de hábito forma um primeiro alicerce da habilidade de contar histórias.

Então você poderá estender o trabalho a crônicas, blogs, posts, filmes, séries etc. Isso o levará ao que eu chamo de *colecionar histórias*, o que pode ser interpretado também como *aumentar o repertório*.

Todo bom contador de histórias tem um repertório de histórias internalizadas ou mesmo catalogadas para, de alguma forma, treinar sua capacidade narrativa e usar elementos que absorveu ao longo do caminho. E não para por aí!

Ser um consumidor de histórias não é o bastante, considerando que você tem um propósito profissional: comunicar-se melhor para vender ideias, serviços ou produtos.

Por isso, ser um leitor voraz não é suficiente: você precisa ir além e começar a colocar narrativas para fora, exercitando-se com determinada frequência.

Para isso, existem dois caminhos.

O primeiro é treinar em oculto, transformando experiências em narrativas ou reescrevendo histórias com sua própria interpretação.

Nesse caso, você não precisa publicar, basta usar um bloco de notas, cadernos, arquivos de Word ou outra plataforma para registrar as narrativas (de preferência, reais).

O segundo é treinar em público, usando canais como redes sociais, e-mails, blogs, vídeos ou páginas para exercitar a narrativa aos olhos do público. Essa é uma bela chance de testar elementos e perceber como as pessoas reagem à sua escrita.

Fiz isso por longos anos usando perfis e páginas em redes sociais. Veja alguns exemplos a seguir:

"Tenho um vizinho — ainda não descobri quem é — que fica treinando acordeon quase todo fim da tarde. No antro carioca, onde *funk proibidão* toca até o talo, esse sujeito é um símbolo de resistência. Virei fã desse sanfoneiro misterioso."

"Agora tenho a certeza de que, realmente, barba é a maquiagem masculina. Após carpir o rosto, está sendo uma tortura de cinco em cinco minutos ouvir meu filho de oito anos dizer ao olhar na minha cara: 'Você está muito feio!' Mas com pose e voz do filósofo Leandro Karnal, olho para ele e respondo: 'Criança Delirante'."

"Em plena pandemia, estou sentado no sofá vendo memes quando escuto o barulho do portão abrindo. Todos estão dentro de casa. Desconfiado, vou conferir e não vejo ninguém. Imagino ter sido o vento. Dirijo-me em direção ao portão e, antes de fechá-lo, aproveito para olhar a rua. A mesma, como sempre, está mais deserta que cemitério à meia noite. De repente, escuto passos, viro para o lado e dou de cara com um bêbado se arrastando no melhor estilo Walking Dead. O coração dispara, sinto o clima de apocalipse zumbi e antes de conferir se é mesmo um bebum ou um morto vivo, fecho o portão e corro para dentro de casa."

"Um amigo está zombando de mim porque escrevo um livro atrás do outro. Disse a ele que eu só não faço mais filhos que escrevo livros, porque minha esposa é controlada. E expliquei que é melhor ser um escritor em série que um assassino em série. Ok, aqui vai o segredo: sempre que eu faço um pedido no *iFood* ou uma compra no Mercado Livre, eu escrevo um livro para passar o tempo enquanto a encomenda não chega. Se a encomenda vier pelos Correios, consigo escrever um novo Guerra e Paz."

Se você estiver atento, perceberá que várias situações do seu cotidiano podem se transformar em pequenas narrativas. Essas historinhas, algumas engraçadas e aparentemente sem objetivos comerciais, serviram como exercícios de narrativas feitas em público e funcionaram como ativos de engajamento.

No meu caso, uso muito o humor, mas você não precisa seguir a mesma linha. Apenas escreva. Escreva coisas boas, sérias, importantes, corriqueiras... mas escreva.

No entanto, lembre-se: **"Treino é treino, jogo é jogo."** Não adianta ficar só no exercício, pois isso não jogará dinheiro no seu bolso.

Vale destacar que o *StorySelling* foi criado para ajudar a cumprir objetivos comerciais, fazendo com que histórias sejam usadas como recursos de marketing e vendas.

É possível se antecipar e cortar caminhos? Sim! Você pode consultar técnicas e estruturas em manuais de narrativa e redação e já entrar em campo.

No entanto, se você treinar com mais frequência, mesmo de modo descompromissado, sua habilidade será desenvolvida mais facilmente e você pode *acertar o gol* com mais facilidade quando *estiver jogando*.

Uma citação do autor John Green é ideal para fechar este capítulo:

> *"Sempre que me perguntam que conselho tenho para jovens escritores, sempre digo que a primeira coisa é ler e ler muito. A segunda coisa é escrever. E a terceira coisa, que eu acho absolutamente vital, é contar histórias e ouvir atentamente as histórias que você está contando".*

Exercício Prático:

Pense numa situação do dia a dia que possa ser usada para construir uma narrativa curta. Pode ser uma situação que lhe causou medo, desgosto, pena ou raiva; ou que lhe trouxe alegria, euforia, esperança ou satisfação. Publique essa pequena narrativa em alguma rede social ou mostre para uma pessoa de confiança, como um amigo, colega ou familiar.

CAPÍTULO

2

Os Três Pilares das Histórias que Vendem

Gustavo Ferreira

Neste capítulo, apresento *Os Três Pilares Fundamentais das Histórias Que Vendem.*

Comecemos com a pergunta: "Qual é a proposta de contar uma história numa mensagem de vendas?"

Simples. Montar o pano de fundo na mente do seu cliente para que ele conheça, confie e goste de você. Isso nos leva ao primeiro pilar.

- **Pilar Número 1: Personagem.** A palavra-chave na construção do seu personagem é **confiança**. O seu cliente precisa confiar que você vai trazer a solução para a vida dele.

O personagem, na maioria das vezes, é você mesmo. Mas também é possível contar a história de outras pessoas; atuando como copywriter, por exemplo, você conta a história do seu cliente.

Ao contar as histórias que nos levam às soluções, estamos nos posicionando como guias e orientadores de nosso ouvinte ou leitor.

- **Pilar Número 2: História.** Aqui entra a história em si. Em resumo, "o que aconteceu" e quais foram as dificuldades e desafios até chegar na solução que você está vendendo. Minha prática mostra que as histórias têm dois grandes objetivos:

    1. Estabelecer os critérios de compra na mente do cliente (vamos falar mais disso no modelo de história "Não encontrei, então criei");
    2. Transformar objeções em benefícios (ou seja, uma dúvida se torna um desejo).

É importante entender também que existe uma "linha do tempo", e que você pode contar histórias distintas, ou uma única história que passe por toda essa linha do tempo. Podemos separar a linha do tempo em três partes:

1. Abertura;
2. Justificativa;
3. Fechamento.

Qual é o objetivo da abertura? Chamar a atenção. Você precisa chamar a atenção do seu cliente para que ele preste atenção ao que você está falando (por que você acha que as histórias mais lidas são as de fofocas de celebridades?).

No segundo momento, temos que "justificar" porque entramos em nossa jornada. Dependendo da forma como você está montando, suas próprias *headline* e *subheadline* já abrem o gancho para esses dois primeiros passos.

Veja a *headline* que usei por quase um ano na venda de um produto:

"Os segredos da medicina chinesa para você curar todas as doenças."

Com a curiosidade e promessa que essa chamada gera, contei como o criador do produto teve alguns problemas sérios de saúde até descobrir uma técnica específica de acupuntura.

Posso citar também uma campanha muito famosa chamada *The End Of America* (que no Brasil foi adaptada pela Empiricus como "O Fim do Brasil").

Essa campanha desenhou cenários financeiros bem complicados, para no final vender as recomendações de investimentos.

Esses são ótimos exemplos de *aberturas que chamam a atenção* (e levantam a bola para a justificativa).

Depois de "chamar a atenção", vem o desenrolar da história efetivamente.

Existem várias estruturas, e uma muito conhecida é a Jornada do Herói. Porém, aprendi roteiros melhores e mais efetivos do que esse, porque a Jornada do Herói é um ótimo modelo narrativo para histórias em filmes e livros, principalmente, mas ele não coloca o seu cliente na posição emocional ideal de compra. Por exemplo, parte de uma das histórias que contava para meu curso de *Histórias que Vendem* era esta:

"Eu comecei a procurar cursos de copywriting em 2013, e conheci o modelo da Jornada do Herói. Mas eu sempre tive dúvidas de que realmente era um bom modelo para usar... porque poucas vezes me senti realmente 'com vontade' de comprar meus próprios produtos após seguir esse roteiro. Então decidi que precisava encontrar um modelo de história em que eu tivesse confiança absoluta de que funcionaria em quase todas as situações, e não dependeria mais de um único modelo para usar."

Percebe como eu estabeleço dois critérios para uma solução ideal?

Dessa forma, na justificativa, você conta toda a sua trajetória e estabelece os critérios que seu cliente também passará a ter na hora de decidir pela compra do produto.

Nesse "momento" da justificativa você também pode contar histórias para matar objeções, e também consegue criar quadros mentais para conversar com seu público-alvo ideal (teremos capítulos mostrando tudo isso).

Por exemplo, meus cursos não são recomendados para pessoas sem experiência alguma. Mas, se eu desejo atrair esse público, posso contar "a história de 'fulano' que começou do zero e hoje tem 'resultado x'." Entende? Há um contexto que ajuda a eliminar barreiras e objeções.

E, finalmente, o fechamento!

Se tivermos feito o nosso trabalho direito, quando chegar ao fim da nossa mensagem de vendas, o cliente estará tenso, e até suando frio, pensando: *"Isso aqui é realmente a melhor decisão para mim?"*

Aqui entram as "narrativas de fechamento" para eliminar a tensão e deixar o consumidor tranquilo para tomar a decisão. Isso pode ser melhor trabalhado no terceiro pilar.

■ **Pilar Número 3: Vendas.** Um exemplo de fechamento no StorySelling é a técnica Future Pace, em tradução livre, "Imaginar o Futuro". Por exemplo:

"Imagine como você pode estar daqui a um ano. Imagine, daqui a um ano, o efeito de aumentar três vezes os seus resultados porque você está contando histórias melhores. Se hoje seu faturamento é de R$ 5 mil, você pode começar a faturar R$ 15 mil porque saberá como engajar mais o seu público.

Eu não posso garantir esse resultado, mas 'Fulano', que tem um negócio assim, assim e assim, começou a contar mais histórias e triplicou as vendas em 12 meses!"

Você também pode inserir histórias estratégicas quando seu cliente está no "ponto da decisão".

"Você tem duas escolhas agora: pode seguir fazendo tudo como já fez e daqui a um ano vai estar [com o seu negócio do mesmo jeito; ou você continuar acima do peso etc.]

Ou você pode tomar um caminho mais rápido, como o 'Fulano', que resolveu fazer esse método de emagrecimento, que não só emagreceu como encontrou a pessoa dos sonhos da vida dele! E você pode fazer isso também!"

Você também pode contar histórias tanto de "sucesso" como de "fracasso".

Por exemplo, em um e-mail, como complemento da comunicação principal, posso contar uma história do porquê uma pessoa NÃO conseguiu resultados. Já enviei uma história parecida com essa certa vez:

"Hoje vou contar a história do porquê 'Fulano' não conseguiu aumentar as vendas dele. Por que isso aconteceu?

Na verdade, quando ele começou, acabou tendo muita sorte e conseguiu muitas vendas. Mas, por causa dessa sorte, achou que sabia tudo e parou de escutar as recomendações e de seguir os roteiros de vendas, e não conseguiu mais voltar aos mesmos resultados de antes."

Nesse exemplo, também já contei uma situação real que passei:

"Eu sigo hoje um roteiro especial de vinte passos.

E faço questão de seguir esse roteiro (e outros que tenho à mão para determinadas situações) porque tive dois grandes sucessos seguidos. Duas campanhas que somadas venderam R$ 1,3 milhão.

Qual foi o problema?

Comecei a achar que sabia tudo.

E foi só quando rodei a terceira campanha sem sucesso que percebi como eu tinha uma estrutura sólida na mão."

Estou dando todos esses exemplos para você entender os diversos tipos de histórias que pode contar.

Essa "separação" entre tempo, personagem, história e a venda é para fins didáticos.

Observação: todas as histórias são desenhadas para você vender mais. O que "muda" é: contar histórias maiores ou menores, mais diretas ou indiretas. Mas tudo é para aumentar as vendas, ok?

Agora vamos falar da estrutura básica das histórias.

Três Passos Principais das Histórias

Podemos separar as histórias em três passos:

- **Primeiro passo: Setup.** Ou "como estava a vida antes".

"Antes, eu era um empreendedor que não conseguia vender!"

"Antes, as minhas histórias não vendiam."

"Antes, eu era gordo. Antes, eu não tinha sucesso. Antes, eu não tinha namorada."

- **Segundo passo: Conflito.** Esse é um ponto importante e vamos falar bastante disso ao longo do livro. O conflito é um evento que leva você a ir em busca de uma resolução.

"Eu estava falido! Por isso comecei a ir atrás de copywriting!"

"As minhas cartas de vendas não estavam vendendo, por isso comecei a ir atrás de modelos de histórias que vendem, que funcionam."

"Eu estava gordo e não emagrecia."

Importante: é o conflito emocional que conecta a história com as pessoas (seu público).

Por exemplo:

"Eu já sabia há tempos que estava acima do peso, mas naqueles dias comecei a me sentir muito cansado e minha esposa insistiu para eu ir ao médico.

Quando ele viu o resultado dos exames, nos chamou na sala, olhou bem nos meus olhos e disse: 'Ou você emagrece... ou você pode morrer.'"

Lembre-se sempre de valorizar o "conflito", porque ele gera a conexão e a expectativa necessárias para a resolução.

E, conforme verá nos diversos roteiros, perceba que existem "conflitos que são 'eventos' que nos levam a uma busca" e "conflitos que são nossas emoções e dores mais profundas tomando conta de nós".

Mas toda história, após o conflito, nos leva a algum lugar — que é nosso próximo passo.

- **Terceiro passo: Resolução.** Aqui você explora as dores, dúvidas e desafios que passou até chegar na solução ideal.

Você pode até usar construções fortes, que são pensamentos que passam pela cabeça de muitas pessoas...

"Naquela hora, apenas comecei a pensar que iria passar o resto da minha vida pobre, falido e sozinho. Eu estava completamente sem esperanças."

...e, de alguma forma, nós conseguimos sair do "fundo do poço", e chegamos à solução ideal que resolveu nosso problema (claro, isso se transformou em um produto que é oferecido em seguida).

Há aqui um detalhe muito importante, e que é subestimado. Imagine um filme como Harry Potter. Harry Potter tem sua história, é um menino que passou vários anos em Hogwarts, e finalmente enfrentou Voldemort e venceu.

Fim da história, certo?

Errado!

O ponto de clímax é a batalha final de Harry Potter com Voldemort. Mas a história REALMENTE acabou quando, depois de anos, os mesmos amigos se reencontram na estação de trem para que seus filhos também estudem magia.

Michael Hauge (consultor de Hollywood) chama isso de Aftermath, ou seja, "um alívio", a sensação de certeza e realização que o fim da história traz.

Muitas vezes, isso é apenas uma frase em uma história completa ("hoje consigo criar histórias incríveis, e que vendem muito, sem me preocupar se vou conseguir um bom resultado ou não"), mas não subestime o efeito disso, porque abre uma transição natural para o seu pitch de vendas também. Por exemplo:

"Agora emagreci, sou feliz, encontrei o homem (ou mulher) dos meus sonhos, e vi que os mesmos problemas pelos quais passei, outras pessoas também passam. Então percebi que precisava compartilhar minha jornada e o que funcionou para mim com pessoas como você, que também estão passando por isso."

Não se preocupe ainda sobre como criar todas essas histórias. Este é um capítulo introdutório para já abrir a sua mente e prepará-lo para o que está por vir.

Agora, antes de continuar sua jornada, sugiro apenas se atentar a uma "regra".

- **A Regra do 1**. Quando você for montar as suas histórias, tenha uma "ideia central" e siga o fio desta ideia. Você pode contar várias micro-histórias, mas tem UMA história chave que amarra tudo.

Não tente fazer seu cliente sentir medo, ganância, luxúria e felicidade ao mesmo tempo.

Com a prática você até consegue explorar tudo isso, mas, quanto mais simples você manter sua linha de raciocínio, melhor.

Como sempre repito: **o segredo está na simplicidade.**

Então seja você, seja autêntico, encontre a sua voz, saiba o que falar em cada momento e saiba seguir esses passos nas suas histórias... e você terá muito mais resultados a partir de hoje.

▪ Visão geral dos três pilares:

1. Personagem	2. História	3. Venda
Confiança 3 Dimensões • Tempo • Espaço • Social	Abertura • Setup • Vida "Antes" • Conflito emocional • Resolução • Pesadelo • Vida depois Justificativa • Critérios • Objeções • Qualificação	Fechamento • Imaginar o futuro • Decisão

ONE HUNDRED
CJ18059703 A
J10
THIS NOTE IS LEGAL TENDER FOR ALL DEBTS, PUBLIC AND PRIVATE
SERIES 2001
KB46150459 J
HB52550883 H
FRANKLIN
Secretary of the Treasury
Treasurer of the United States

CAPÍTULO 3

O Herói da Própria História

Paulo Maccedo

O termo "herói" designa, originalmente, o protagonista de uma obra narrativa ou dramática. Com o tempo, herói tornou-se um **personagem-modelo**, que reúne os atributos necessários para superar, de forma excepcional, um determinado problema.

Para os gregos antigos, o herói situava-se na posição intermediária entre os deuses e os homens, sendo, em geral, filho de um deus e de uma mortal. Um exemplo famoso é Hércules, filho de Zeus com Alcmena. Portanto, para os gregos antigos, o herói tinha uma dimensão semidivina.

No decorrer da história, o herói também começou a ser conhecido por uma dupla projeção: por um lado, representa a condição humana, na sua complexidade psicológica, social e ética, com fraquezas, conflitos e dificuldades. Por outro, transcende a mesma condição, na medida em que representa virtudes que o homem comum nem sempre consegue, mas gostaria de atingir: fé, coragem, força de vontade, determinação, paciência etc.

O herói é frequentemente guiado por ideais nobres e altruístas, como liberdade, fraternidade, sacrifício, coragem, justiça, moral e paz. Às vezes, ele busca objetivos supostamente egoístas — vingança, por exemplo. No entanto, suas motivações serão sempre moralmente justas ou eticamente aprováveis.

Aqui é preciso observar que o heroísmo se caracteriza sobretudo por ser um ato moral, estando profundamente arraigado no imaginário e na moralidade popular.

Feitos de coragem e superação inspiram modelos e exemplos em diversos povos e diferentes culturas, constituindo, assim, figuras arquetípicas. Situações de guerra, competição e conflito são ideais para realizar feitos considerados heroico, e quem os faz consegue inspirar outras pessoas a agirem de modo semelhante.

Feita essa introdução, posso dizer que, embora o marketing possa ser aprimorado com dados, defendo que ele deve começar e terminar com história. E, nesse contexto, arrisco dizer que mais de 50% do processo de compra parte de duas ideias alinhadas:

1. Todo cliente é o herói de sua própria história;

2. Todo cliente toma decisões alinhadas com a história (ou histórias) que está contando a si mesmo.

Embora essas ideias possam parecer primárias, é imperativo para todo profissional de marketing, vendedor ou anunciante compreendê-las em um nível profundo.

Quando você entende que seus clientes são os heróis de suas próprias histórias, e que tomam decisões que se alinham com uma ou mais narrativas, eles não parecem mais se comportar como macacos, mas como seres humanos, com emoções complexas que se valem da lógica para justificar suas decisões.

Em vez de ver a interação do cliente com as nossas lentes de marqueteiros e vendedores — onde os pensamentos são facilmente influenciados por nossos próprios vieses ideológicos —, devemos aplicar esforço para ter empatia e poder ver o mundo através das lentes do cliente, ou seja, do verdadeiro herói.

Essa mudança de perspectiva nos ajuda a compreender que os nossos clientes nunca compram de nós, mas de si mesmos. Essa é uma ideia simples que acaba se perdendo no imenso oceano de teorias de marketing.

Se mais especialistas estivessem cientes do fato de que seus clientes tomam decisões de compra como heróis de suas próprias histórias, veríamos menos histórias sobre o "Eu" e mais histórias sobre "Ele" ou "Eles", ou até mesmo sobre "Nós" (marca e cliente unidos em prol de uma missão).

O que estou tentando dizer, claro, é que a narrativa precisa ser sobre o cliente. Ou, pelo menos, sobre um indivíduo com o qual o cliente possa se conectar ou simpatizar. Em alguns casos, será você ou outro protagonista da narrativa. Mas os holofotes em algum momento são virados para o cliente.

Então, para criar uma história centrada no consumidor, você precisa realmente entender quem é o seu cliente e o que o move. Isso requer a compreensão do que se passa na mente dele.

Há algum tempo, escrevi que há muito o que se aprender sobre copywriting em romances e literatura. A ficção se entrelaça com a vida real. Um produto de emagrecimento e uma história de aventura vendem pelo mesmo motivo: ambos transformam seres humanos em heróis — ou dão a eles a esperança de um mundo melhor.

O que é um bom produto se não uma espécie de antídoto que o leva a uma vida nova e mágica? Ou um tipo de espada ou lança para vencer vilões e monstros? Um livro sobre casamento melhor, um treinamento *fitness*, um produto para rugas, uma videoaula sobre ganhar dinheiro... tudo isso transforma compradores em heróis.

Trabalhe com essa visão e veja seu prospecto decidir sair do mundo comum e embarcar numa jornada de transformação.

Só tenha cuidado para não misturar aprendizado de narração de histórias (narrativas fictícias) com a prática de *StorySelling* (narrativas reais) — falarei sobre isso num capítulo posterior.

Existem muitas formas de inserir um herói nas histórias, uma delas é basicamente **dar às pessoas alguém com quem possam se conectar**, um tipo de herói pelo qual elas possam torcer, um herói que vencerá o inimigo comum e resolverá o problema. A ideia é que elas pensem: "Este poderia ser eu!"

Outra questão a ser pensada é que contar histórias não é algo estático. É um processo, uma jornada, um desenvolvimento.

Você precisa levar o público para a situação desejada, oferecer uma solução e mostrar como chegar lá.

Eu poderia enfiar mais teorias neste capítulo, mas decidi apresentar um anúncio fantástico criado com tons heroicos. Trata-se de um anúncio do norte-americano Matt Furey, guru *fitness* e respeitado profissional de marketing. Ele foi publicado de 2007 a 2009 em várias revistas que vendiam seu popular curso de condicionamento físico.

Ele usa um ótimo gancho baseado em histórias que gera curiosidade pelo fato de um homem de 76 anos estar em melhor forma do que Matt e fazer exercícios especiais que ele e, provavelmente, o público não têm conhecimento.

Ele leva a história adiante, discutindo como o tipo de exercício que ele ensina pode ser rastreado por 5 mil anos em atletas lendários como Bruce Lee e Hershel Walker (modelos perfeitos de heróis *fitness*).

Tudo isso forma um argumento para a eficácia dos exercícios, enquanto cria fascinação e um senso de mística ao redor da solução, apontando o caminho para uma jornada heroica.

Depois de conhecer os exercícios que Furey ensina, o leitor pode realmente apreciar a narrativa de uma perspectiva de marketing. Um detalhe: sem a história de fundo com os heróis apresentados (ele mesmo, o mentor idoso e as referências Lee e Walker), o anúncio teria menos impacto emocional.

psshowcase

"A História de Um Homem de 76 Anos Que Me Fez Entrar em Forma e Com o Melhor Físico da Minha Vida"

Como eu dobrei minha força, resistência e flexibilidade simultaneamente em tempo recorde sem levantar pesos ou fazendo corridas de longa distância.

(Por Matt Furey, autor best-seller do *Condicionamento de Combate*)

Eu era o total cético. Eu não somente tinha puxado ferro e feito corridas de longas distância por anos, mas eu também tinha um grande sucesso sob meu cinturão, incluindo um campeonato mundial de kung fu e um título nacional de luta livre universitária.

Então, eu simplesmente não quis acreditar no que Karl, um homem de 76 anos, me contou sobre fazer exercícios SEM pesos... e SEM corridas de longa distância.

E o mais importante, eu não queria ouvir que as horas que eu passei correndo longos percursos, levantando peso e tudo mais poderia ser substituído por três exercícios usando o peso do corpo que me deixaria encharcado de suor em minutos. Odeio ter que admitir, mas devo. Eu me senti um completo fracote quando comecei a fazer esses exercícios. Ao mesmo tempo, fiquei inspirado e desafiado.

Deixe-me te falar, quando eu olhei para o físico desse "homem de 76 anos" e o vi demonstrar seus exercícios, eu estava vendo uma demonstração da força, resistência e flexibilidade que eu sempre quis.

O Que Eu Descobri Me Chocou da Cabeça aos Pés!

Antes de conhecer Karl, eu ACHAVA que era forte. Eu achava que era durão. Mas os exercícios que ele me passou exploraram todas as fraquezas que os pesos e a corrida não teriam condições de explorar. Em questão de minutos, eu sabia que Karl "tinha me ganho".

Então eu larguei os pesos e iniciei uma rotina de exercícios de calistenia usando o próprio peso do corpo chamado *Condicionamento de Combate*. Afinal, quando um homem de 76 anos consegue fazer coisas que um de 36 anos não consegue, isso significa que "Sim, é ali que está o pote de ouro".

Os exercícios que aprendi tiveram um impacto enorme e profundo em mim, que durante nove anos eu apresentei centenas de milhares de homens e mulheres de todas as idades e de todas as origens a este programa extraordinário. E os resultados são chocantes, impressionantes e são PROVA de que esse sistema funciona e funciona RÁPIDO.

Para Quem É o Condicionamento de Combate?

É para o homem ou mulher que trabalha duro e que frequentemente acham difícil encaixar um exercício rápido na rotina.
É para o executivo que vive viajando e que dorme em quartos de hotel mais do que em sua casa.
É para aqueles que treinaram suas vidas inteiras com pesos.
É para atletas, praticantes de artes marciais e militares.
E **É PARA** o homem ou mulher que não fez sequer meia dúzia de exercícios em décadas.

Mesmo Um Minuto Por Dia Traz Resultados!

Ao contrário de outros programas de exercícios em que dizem você DEVE fazer 30 minutos de cardio e uma hora levantando pesos por dia para ter resultados, o *Condicionamento de Combate* é totalmente diferente. São necessários apenas 15 minutos pra fazer quem treina pesado sentir a paçoca. Mas, para quem é um total iniciante, é possível obter resultados começando com APENAS um minuto por dia. E não, não é uma piada.

Tempo Não é Problema!

Esqueça todos aqueles exercícios que duram o dia todo. Com o *Condicionamento de combate*, tudo o que você precisa é seu corpo e a pequena decisão de "começar AGORA" para FAZER um pouquinho todo dia.

A chave do seu sucesso está no mágico poder de transformação desses exercícios – não em seu sistema de crenças sobre trabalho duro e pegar pesado. Para muitas pessoas, no começo, tudo que eles conseguem fazer é uma repetição e logo depois eles já estão se tremendo todo. Então, isso é tudo que essa pessoa deve fazer no começo. Mesmo se você acha que não está fazendo o suficiente – os exercícios farão a mágica. Seu corpo possui inteligência própria e trabalhará POR VOCÊ se você simplesmente sair do caminho de deixar que ele faça o trabalho.

E quando você assim fizer, em breve você será o tipo de pessoa que consegue fazer 2, 4, 8, 16, 32, 64 ou 128 repetições e não sentir a fadiga. Em vez de cansaço, você se sentirá animado e com ENERGIA. Você está construindo força e resistência DE DENTRO PRA FORA. E acredite, uma vez que você conseguir fazer mais do que algumas repetições, vários centímetros de uma aparência feia e quilos de excesso de flacidez e pelanca que você carrega serão eliminados do seu corpo num piscar de olhos.

Novos Resultados de Exercícios Esquecidos

Os exercícios do *Condicionamento de Combate* são NOVOS? Bom, na verdade não. Eles datam cerca de 5.000 anos atrás – mas, na maior parte, eles se perderam no tempo quando os pesos, aparelhos e academias apareceram. Então, embora eles não sejam NOVOS, eles são "Novos Para VOCÊ"!

Antes de aprender esses exercícios, eu li sobre o Grande Gama da Índia, um lutador que seguiu este programa de exercícios e ficou invicto por 5.000 lutas. Também li que o lendário Bruce Lee também fez esses exercícios. E todos nós sabemos sobre as incríveis habilidades em artes marciais de Bruce Lee. Teve também o jogador profissional da NFL Hershell Walker, que fazia exercícios com o peso do corpo todo dia. E a lista continua. O segredo está em ter um programa comprovado com histórico de resultado e o *Condicionamento de Combate* é exatamente isto.

Coloca Você nas Roupas Velhas Que Você Sonha em Vestir Novamente!

O principal motivo pela qual o *Condicionamento de Combate* funciona é porque ele tem como alvo todos os elos fracos do seu corpo. E quando todos esses elos fracos recebem um toque de atenção, todo o seu corpo fica mais forte, mais rápido, mais poderoso e mais enérgico. Passe um tempo todos os dias fazendo alguns exercícios funcionais e a recompensa será ENORME.

Você ganha força funcional, resistência e flexibilidade – tudo ao mesmo tempo. Sem mencionar em ver os centímetros a mais indo embora do seu corpo, tornando fácil entrar nas roupas que você sonha poder vestir novamente. Pare de sonhar, comece a FAZER e obtenha resultados.

12 Formas em Que Condicionamento de Combate Mudará Sua Vida!

Siga este programa e seu corpo vai mudar pra valer. Na realidade, eu fiz uma lista de 12 dos benefícios mais poderosos que centenas de milhares de pessoas em todo o mundo tiveram com o programa de *Condicionamento de Combate*. Vamos dar uma olhada:

1. Acelera seu metabolismo para você queimar excesso de gordura corporal muito, muito mais rápido. Isso significa caber nas roupas que você QUER vestir.
2. Tonifica músculos funcionais atraentes e saudáveis (não grotescos) em todo o seu corpo.
3. **Dobra sua força e flexibilidade de forma simultânea** – e faz isso sem a necessidade de ter exercícios separados para cada músculo.
4. Quadruplica sua resistência dentro de 30 dias.
5. **Dentro de algumas semanas, ele frequentemente elimina dores crônicas nas costas e ombros de anos de** agachamentos pesados, levantamentos terra e supino – ou outras formas de abuso do corpo.
6. Durma como uma pedra. Oito horas de sono profundo não é mais um objetivo. Se torna automático. Assim que você bota a cabeça no travesseiro você apaga.
7. Sua autoconfiança não terá limites. Especialmente quando você receber elogios de pessoas que mal prestavam atenção em você antes.
8. Você pode treinar em qualquer lugar. Você não precisa de mais do que alguns metros quadrados de tapete ou calçada e está tudo pronto. Você não precisa de equipamento. Apenas o peso do seu próprio corpo.
9. **Você faz um treino irado em 15 minutos ou menos.**
10. Você ganhará alguns anos de volta. Seus amigos irão lhe dizer que você parece 5 a 10 anos mais jovem.
11. **Você terá uma força explosiva que os pesos não podem proporcionar. Todos os seus movimentos serão cheios de vida e vigor.**
12. Seus músculos serão flexíveis e poderosos, como os de um tigre.

Como Encomendar

Os *Exercícios Funcionais de Condicionamento de Combate Para o Condicionamento Físico* tem 48 exercícios super eficazes com uso do peso corporal junto de sete programas diferentes que o levarão a ter um físico de arrasar rapidamente. Faça o pedido AGORA e você receberá 3 Relatórios Especiais gratuitos sobre como eliminar dores nos joelhos, costas e ombros. Seu investimento total nesse livro prático custa apenas US$ 29,95 mais US$ 6 para frete e manuseio. (para pedidos fora dos EUA adicione $ 12). Faça seu pedido on-line em www.mattfurey.com.

Ou pegue o telefone agora mesmo e ligue para +1 813 994 8267 para fazer o pedido. Você também pode enviar uma ordem de pagamento para Matt Furey Enterprises, Inc., 10339 Birdwatch Drive, Tampa, FL 33647.

☐ **Sim, Por Favor Me Envie** os *Exercícios Funcionais de Condicionamento de Combate Para o Condicionamento Físico* por apenas US$ 29,95 mais US$6 para frete e manuseio (US$ 12 para pedidos fora do país) e, se eu for um dos 25 primeiros a fazer o pedido, também receberei 3 Relatórios Especiais sobre como eliminar dores nos joelhos, costas e ombros.

NOME: _____
ENDEREÇO: _____
CIDADE: _____ ESTADO: _____ CEP: _____
PAÍS: _____ TELEFONE: _____
EMAIL: _____

☐ Ordem de Pagamento sacado de um banco de USA
☐ VISA ☐ Masterard ☐ Amex
N°DO CARTÃO: _____
EXP. _____ ASSINATURA: _____
Fazer cheque / ordem de pagamento a pagar para:

Matt Furey Enterprises, Inc.
10339 Birdwatch Dr., Tampa, Flórida 33647, USA
(813) 994-8267 www.mattfurey.com

Matt Furey ganhou o título nacional de luta livre universitária em 1985 e um campeonato mundial de shuai-chiao kung fu em 1997. Furey tem um talento especial para pegar uma pessoa comum e mediana e transformá-la com seus programas poderosos. Furey entrou para o hall da fama esportivo da Universidade de Edinboro em 1998 e não passa boa parte do tempo viajando pelo mundo buscando o melhor conhecimento disponível para o seu público mundial. Seu website, www.truttfurey.com, é um dos melhores dos melhores do mundo, fornecendo informação de valor que muda vidas.

@ Gold medal Publications Inc. www.mattfurey.com

Agora que você conferiu o anúncio, podemos completar a análise.

Em um mercado cheio de produtos com promessas repetidas, Matt posiciona seu produto de maneira exclusiva, usando uma história pessoal que se vincula aos benefícios e resultados possíveis que você pode obter com ele.

Matt pensou num aspecto fascinante para criar a narrativa: a descrição improvável de seu mentor idoso.

A ideia de ficar em forma com a ajuda e os conselhos de um homem de 76 anos deixa você curioso sobre o que esse homem sabe que é tão poderoso — o que o leva a ler o anúncio.

Isso nos ensina que, se encontrarmos uma história fascinante por trás do seu produto, é bom pensar em como transformá-la em um gancho aparentemente inacreditável e em como vinculá-la aos benefícios do produto.

No anúncio, Matt menciona que Herschel Walker usou exercícios de peso corporal. Isso não significa que usou os exercícios exatos que está ensinando.

Este é um exemplo clássico de como encontrar provas relacionadas que não vêm diretamente do produto, mas que estão intimamente relacionadas a ele. Parece que Hershel Walker usou o produto. O mesmo pensamento vale para Bruce Lee. Matt deixa implícito que Bruce supostamente usou alguns dos exercícios. Essa é uma enorme forma de prova social.

No fim, com todo truque de persuasão trabalhado em torno de um ângulo único, o anúncio desperta no leitor o senso de "herói da própria história".

ONE HUNDRED
CJ18059703 A
J10
HK23022
HB52550883 H
KB46150459 J
THIS NOTE IS LEGAL TENDER FOR ALL DEBTS, PUBLIC AND PRIVATE
SERIES 2006
SERIES 2001
FRANKLIN
Secretary of the Treasury
Treasurer of the United States
ONE HUNDRED DOLLARS
100

CAPÍTULO

4

Quem É Você, Seu Perfil, Sua Voz (e Empatia)

Gustavo Ferreira

Este capítulo forma a primeira aula do tema "Construção do Personagem". Lembra que, quando falamos em histórias que vendem, estamos falando em três pilares?

1. **Personagem.** Você é quem decide qual perfil deseja mostrar, e a voz será transmitida na sua mensagem, na sua história;
2. **A história em si.** Ou seja, a história que você vai contar;
3. **Venda.** Aqui é como você alinha a história que está contando de acordo com o momento de venda que está em sua comunicação.

Lembre-se: **este é um livro de histórias que vendem!** Então nosso objetivo é criar (ou encontrar) histórias que vão nos auxiliar nisso.

Vamos aprofundar a construção do seu personagem...

Quando estamos falando do personagem, na maioria das vezes, estamos falando de uma única pessoa: você.

Claro, nós podemos contar histórias de outras pessoas também. Mas para efeitos didáticos, vou considerar que é "você se posicionando como uma autoridade para ajudar outras pessoas de alguma forma".

Por isso, em geral, vamos considerar a sua própria história, mas você também pode trabalhar com estudos de caso. Uso muito isso em histórias B2B: uma empresa passava por um "problema", tentaram "essas soluções" e, quando fizeram "isso", tiveram "esses desafios" e conseguiram "esse resultado".

Ou mesmo depoimentos e histórias de outras pessoas envolvidas com o que você transmitirá.

Certo, vamos por partes. Para começar: *pelo que você é conhecido?*

Por exemplo, Paulo Maccedo e eu somos conhecidos como "os caras" do copywriting, por já termos feito dezenas de campanhas, e uma boa parte delas com sucesso.

Também tivemos insucessos, que fazem parte da vida de todo empreendedor. Mas, apesar de eu ser conhecido por copywriter, meu perfil é estratégico.

Se você começar a conversar comigo, dificilmente eu vou falar do seu copy. Vou falar muito mais da sua estratégia como um todo, vou te dar *insights* e sacadas para você construir um negócio sólido e escalar suas vendas usando táticas testadas e validadas.

Então meu perfil é exatamente este: um especialista em construir negócios sólidos, lucrativos e escaláveis.

Mas, apesar dessa especificidade, sou conhecido como "o cara do copywriting", e uso isso para criar ganchos. Veja, acabei de me descrever rapidamente, e sugiro que faça o mesmo.

Reflexão e exercício:

1. Pelo que você é conhecido?
   Qual o seu perfil, e o que você faz melhor?
2. COMO você é conhecido?

Pode ser que, enquanto lê este livro, você ainda esteja no começo do seu negócio ou carreira. Você ainda está escolhendo uma direção, e está tudo bem.

Levei anos para começar a definir qual realmente seria a linha da história que iria contar e como queria ser conhecido.

Então, mesmo que você ainda não tenha um grande nome ou posicionamento no mercado, comece a pensar: "Se eu ainda não sou conhecido por alguma coisa, pelo que eu quero ser conhecido, e como quero me posicionar no mercado?"

Essa questão levará você à narrativa que você poderá começar a contar a partir de agora. E isso se amarra à construção da sua voz. Por exemplo, não sou médico, mas estudo há muitos anos terapias alternativas, e já fiz um trabalho muito direcionado ligado à alimentação saudável.

Em algumas frentes de negócio, nosso público-alvo era de homens e mulheres com filhos pequenos que queriam ter uma alimentação mais saudável.

Ao invés de usar minha própria voz no período em que fiz esse trabalho, usei a voz da minha esposa. Eu fiz todos os textos e mensagens, mas quem "falava" era ela.

Lembrando que não há pecado ou crime nisso, ok? Gary Halbert fez a mesma coisa com sua famosa carta "Brasão de Armas". Ao falar em uma voz feminina, teria uma conexão maior com o público-alvo.

Essa construção narrativa na voz da minha esposa, que usamos durante quase um ano, nos rendeu uma premiação com uma viagem de três dias para Gramado.

Foi a *voz escolhida* (na prospecção e na venda) que nos permitiu alcançar isso. Por isso é importante definir pelo que e como você quer ser conhecido. É assim que você vai se comunicar com o seu mercado e construir essa imagem.

Às vezes nós pensamos que é complicado criar um personagem ou montar histórias engajantes, temos aquela "neura" de que precisamos de algo extravagante e empolgante porque só assim as pessoas vão se conectar com a gente. Mas esquecemos do básico, essencial: **as pessoas vão confiar primeiro em você.**

Ou seja...

Na minha concepção, é errado falar de um jeito nos seus e-mails e nas mídias sociais e, na vida pessoal, falar de outro modo quando encontra as pessoas, porque **você tem que ser autêntico o tempo inteiro!**

Preste atenção nisto: você tem que ser autêntico, porque senão começa a ter incongruência entre o seu discurso e a prática.

Se eu falo que "o meu objetivo é ajudar 10 mil empresários a dobrar o faturamento dos seus negócios" e começo a ensinar a pessoa a meditar no meio de uma *live* de negócios, o discurso não casa.

Por que esse exemplo de "negócios" e "meditação"? Porque tenho uma linha na minha vida pessoal, uma linha muito ligada à meditação e à espiritualidade, isso é real para mim. Então como mantenho a minha mensagem autêntica?

Simples. Eu não escondo o fato de que também sou ligado à meditação! Não falo isso explicitamente (e não "misturo" os assuntos), mas várias vezes trabalho o seguinte: "Para ter o seu negócio lucrativo, escalável e sólido, você precisa ter clareza. Eu consigo isso por meio da meditação."

Eu mantive a autenticidade na minha mensagem (e inclusive já vendi muitos materiais de meditação e saúde exatamente com esse gancho).

Lembre-se disto, pois é fundamental: **seja você!**

Esse trabalho de autoconhecimento é importante. É importante conhecer o seu próprio perfil, porque você pode assumir vários posicionamentos na hora de trabalhar suas histórias.

Por exemplo, este é um gancho que gosto de criar, também conhecido como "A Vitória do Vira-Lata":

"Sou tão inteligente quanto um prego. Não tenho educação formal ou graduação, tive diversas demissões e nunca consegui passar do cargo de caixa no supermercado.

Se eu consegui construir a minha renda, emagrecer, me curar de uma doença horrível... se, com tantos problemas na minha vida, com as limitações que tive, eu consegui... então você também pode!"

Aqui é importante deixar claro: você pode assumir mais de um perfil diferenciado em momentos distintos.

Por exemplo, uma dificuldade que tenho está ligada a manter o foco. Às vezes começo a fazer muitas coisas, mas tenho dificuldade com foco. Isso nos dá um gancho:

"Mas, se eu, sendo hiperativo, consigo manter o foco durante duas horas e consigo fazer as coisas acontecerem, você consegue também manter o foco por duas horas e ter resultados excelentes!"

Por isso você precisa entender as dores do seu cliente, e como isso casa com as situações na sua própria vida. Porque essa é uma história que você sempre pode contar.

"Para essa situação eu tinha muitas dificuldades. Se eu consegui, você também consegue!"

Eu sempre tive dificuldade em vender, mas, se eu consegui aprender, você também consegue (por isso este livro existe).

Agora vamos a outros exemplos de histórias, neste caso, em terceira pessoa:

"Fulano mal sabe escrever, mesmo assim ele consegue criar e-mails que vendem mais do que os meus! Então, se essa pessoa conseguiu, você também consegue!"

"Se essa pessoa que está hiper acima do peso conseguiu emagrecer, você também consegue!"

São perfis que você pode trabalhar nos personagens em cada história que criar (ou encontrar).

Um perfil interessante é o do "Herói Relutante".

Geralmente, quando falamos da figura do "herói", é alguém que passou por uma jornada de transformação.

Ele volta para o mundo em que estava antes de toda a sua jornada para ajudar outras pessoas. "O herói relutante não quer fazer isso." Por exemplo...

"Eu não queria falar sobre copywriting, não queria mesmo! Mas as pessoas começaram a me pedir muito."

"Eu não queria criar um curso de E-mail Marketing, mas as pessoas me pediram!"

"Eu não queria criar um curso de StorySelling, mas as pessoas me pediram!"

"Literalmente, por me encherem tanto o saco, acabei criando as coisas!"

Entendeu? Você pode ir por esta linha também: *"Eu não queria, mas, de tanto as pessoas insistirem, acabei criando isso para você."* E também pode usar esses ganchos para vender produtos de outras pessoas (como um afiliado, por exemplo).

"Eu tenho uma arma secreta, nos meus e-mails. Uso uma ferramenta *assim, assim e assim*, que me ajuda em 'tal coisa'.

De verdade, nunca me interessei em falar isso para ninguém porque, na verdade, nunca me perguntaram. É uma coisa tão natural que nunca me preocupei em falar."

Se for uma história temporal, você pode contar:

"Comecei a receber muitos e-mails de gente perguntando como fazer determinada coisa. Bom, eu nunca falei isso para ninguém, não queria falar, mas a minha solução é 'esta'."

Você também pode montar esse perfil de "Herói Relutante", e serve tanto para carta de vendas quanto para e-mails, para colocar no seu site etc. É um "perfil genérico de história", mas que funciona muito bem, e você assume esse posicionamento como personagem para obter mais resultados.

Outros perfis são "Evangelista" e "Repórter".

O evangelista é alguém que gosta muito de alguma coisa e, simplesmente por gostar muito disso, começa a falar sobre o assunto.

Novamente, vou dar o meu exemplo:

Eu sou evangelista de negócios. Falou em estratégias de negócios, eu adoro! Adoro falar sobre isso, e gosto tanto disso que quero falar para todo mundo!

Inclusive tenho um produto com "52 Cartas de Ouro", com minhas principais visões e estratégias de negócios (por curiosidade, não sou evangelista de copywriting).

Você também pode trabalhar o perfil "Evangelista" pela simples paixão que tem por algo.

O repórter tem um perfil muito parecido com o evangelista, mas é mais "frio", com menos emoção. Enquanto o evangelista vende com toda a paixão o que ele ama, o repórter faz uma resenha de duas soluções distintas (e, se você é bom vendedor, pode ganhar comissões como afiliado dos dois).

O legal desses dois perfis (principalmente o evangelista) é que você também pode criar um movimento de polarização. Isso é muito comum em tecnologia.

Há alguns anos havia uma rixa enorme entre Windows e Linux, hoje é mais entre Microsoft e Apple. Você pode ser um evangelista da Microsoft, e defender com unhas e dentes que a Microsoft é mil vezes melhor que a Apple!

Assumir esse posicionamento em suas comunicações vai pegar tanto o pessoal que ama o Windows quanto o pessoal que ama a Apple, porque eles vão querer "brigar" com você, de certa forma. Então você também pode assumir esse posicionamento polarizador e calcular quanto quer colocar na sua mensagem.

Apenas tome cuidado ao fazer isso, porque, se polarizar muito forte sobre um tema, pode se tornar um grande problema em termos de imagem.

É só saber onde está a linha divisória entre "polarização" sobre um tema e "ignorância", assim você não terá problemas.

Outro perfil é o de "Professor", ou "Mentor". Algumas pessoas tem o dom de ensinar, eu mesmo sempre gostei de ensinar às pessoas o que sei. Para mim, sempre foi uma coisa bacana!

Você pode trabalhar a seguinte linha de comunicação: "Eu me importo com você e gosto de vê-lo tendo resultados! Amo ensinar sobre esse assunto e quero ajudar."

Esse é um perfil bacana. Você também pode falar algo como o seguinte: "Estou falando tudo isso porque quero que você seja o herói da sua vida, eu sou só um facilitador."

Esse é o perfil de professor, você faz isso porque gosta, simples. Os professores mais fantásticos que já tive amavam dar aulas, e você também pode transmitir esse perfil.

Você pode usar também o perfil "Excêntrico". Esse perfil se confunde com o "Cientista", e também com o de "Aventureiro". Para mim, esses perfis são muito próximos, e até se fundem. O que é o cara excêntrico? É o cara louco! Se você tem esse perfil, vai com tudo!

Eu, por exemplo, não sou tão excêntrico, estou mais para cientista. O cientista testa, experimenta. O uso desse perfil está na história real que contei em 2017):

"No último mês fiz cinco cursos de e-mail marketing com técnicas diferentes. Eu não sabia o que iria funcionar, então decidi testar. Testei tudo alucinadamente, porque queria ver se funcionava."

O "Cientista" também pode ser encontrado neste trecho:

"Eu vi muitas coisas que funcionam e muitas que não funcionam, então peguei tudo e transformei numa forma legal, organizada e que quero te mostrar."

Story$elling

Muitas das minhas cartas de vendas de produtos próprios foram assim.

"Fiz dezenas de coisas, metade funcionou, metade não funcionou! No fim, aprendi muita coisa bacana, acho isso legal e quero dar para você porque acho legal, simplesmente!"

O excêntrico, na minha concepção, vai um pouco além do cientista. É um "cientista", mas um pouco mais "cientista louco" (*ou vida louca*). Por exemplo:

"Me falaram que, se você correr durante quinze minutos em determinado ritmo durante 21 dias, consegue correr uma maratona de dez quilômetros de boa! Então eu não quis nem saber, corri durante quinze minutos, durante 21 dias, três vezes por dia.

Um mês depois eu estava na maratona e não só percorri os dez quilômetros como também fiquei tão feliz que voltei os dez quilômetros correndo!"

O cientista testa, quer saber o que está acontecendo. O excêntrico pega uma coisa e vai ao extremo ("Fiquei quinze horas de jejum por três meses para emagrecer").

O cientista testa doze horas, 24 horas, seis horas, testa dietas diferentes e combina com o jejum. O excêntrico fica 72 horas sem comer. O excêntrico está muito ligado a esse perfil de extremos.

Já o aventureiro está em busca de coisas novas. Ele pode ir um pouco mais para a excentricidade, um pouco mais para o teste, mas está sempre em busca de coisas novas.

"Me falaram que tem um método na Índia para emagrecer e, apesar do que estavam me ensinando, gosto de ver as coisas na raiz. Então, em vez de estudar com o representante daqui, fui estudar com o professor dele na Índia!"

Esse foi um aventureiro mais excêntrico.

Aqui está outro exemplo:

"Eu vi um método indiano para emagrecer, estudei com um cara na Índia, mas me juntei a um tailandês que conheci mais ou menos na mesma época, e gostei tanto dos dois que dei um jeito de combinar o método indiano com o tailandês e, no fim, deu certo!"

Já esse explorou um lado mais científico.

Bem, esses são os perfis principais que você pode trabalhar na história, seja sua, seja de outras pessoas. Lembre-se de que você pode ter mais de um perfil e mesclá-los quando for preciso.

Eu sou **evangelista** de negócios, e sou **excêntrico** na hora de testar. Se preciso testar uma campanha, crio vinte e-mails em um dia e disparo.

Quanto mais rápido eu conseguir disparar para descobrir o que vai funcionar, melhor.

Exercício de fixação

Com quais perfis você mais se identifica?
E por quê?

_____
_____
_____
_____

Por que falamos dos perfis aqui?
Qual a importância disso?

_____
_____
_____
_____

Sobre Empatia

Por que nosso objetivo, quando falamos da construção de um personagem, é desenvolver empatia?

Empatia, no nosso contexto de histórias que vendem, é fazer com que as pessoas se conectem emocionalmente com a mensagem; porque, a partir das nossas dores e das nossas histórias, vamos fazer os nossos prospectos confiarem e gostarem de nós.

Empatia é muito importante no *StorySelling* porque é o que cria a identificação e conexão com seu cliente.

Depois do exercício de perfil mais aderente a você, veja qual história, seja sua, seja de terceiros, pode fazer sentido numa mensagem de vendas. Quais situações você já passou que podem gerar empatia? O que aconteceu que levará as pessoas a se conectarem com você?

Então, como desenvolver a empatia rapidamente? Trazendo uma situação de dor ou vergonha. Posso contar como fui humilhado na minha escola porque teve uma prova em que não estudei nem um pouco, o pessoal percebeu e começou a tirar sarro de mim. Eu tinha sete anos e queria morrer, queria me enfiar num buraco!

"Na época eu não tinha controle das minhas emoções. Então, ao invés de chorar, eu ficava bravo. Pegava as carteiras e arremessava, meus professores ficavam com o cabelo em pé. Mas eu tive mais vergonha ainda porque passei a ser conhecido como irritadinho, o bravinho!"

Essa construção poderia ser usada tanto para oferecer serviço psicológico às crianças como para adultos que precisam aprender a controlar melhor as emoções. Conecto com os dois públicos, porque é uma situação de dor comum.

Dor gera empatia

Estou contando esse caso de uma ocorrência na escola, mas você pode contar do trabalho, algo que você fez e decepcionou seu marido, sua esposa, seu sócio ou contar uma vergonha que sente. Por exemplo, no nicho de *ejaculação precoce*, que é uma coisa muito forte:

"Você fica sem coragem de se olhar no espelho, porque você não consegue se enxergar como homem.

Então você fica com vergonha de encarar seu próprio reflexo."

Outra forma de desenvolver empatia é o "sucesso apesar da dor". Por exemplo:

"Hoje, eu tenho dinheiro, estou bem casado, não tenho preocupações financeiras, apesar de ter perdido tudo há dois anos. E minha maior vitória foi finalmente emagrecer. Apesar de eu ter perdido tudo, de ter perdido o meu marido (ou esposa) por estar muito acima do peso, hoje eu sou feliz com o meu corpo!"

Outro gatilho para gerar empatia é a **raiva**. Por exemplo:

"Tem alguns cursos no mercado em que vejo o pessoal falando um monte de besteira, falando que você consegue viver o resto da sua vida de férias, desculpa, mas isso é uma das maiores mentiras que já escutei!

Eu não sei o que ele ensina, mas só de ele falar isso já me deixa indignado!

Pode até ser que ele ensine coisas boas, mas isso para mim é ridículo! Isso me deixa com uma raiva tremenda! É por isso que quero trazer isso para você!"

Ou:

"Eu fiquei com muita raiva porque fiz dezenas de campanhas e metade delas não funcionaram! Comecei a seguir tudo como reza a 'cartilha dos copywriters' e mesmo assim não funcionava, não dava certo! Me deixou com muita raiva!

Então eu mergulhei de cabeça de novo em tudo quanto é curso que eu tinha e comecei a escrever alucinadamente! Fiquei com muita raiva porque eu precisava fazer essas coisas acontecerem! Precisava escrever cartas de vendas que vendessem!

Se não, o que seria da minha vida? Um copywriter que não consegue vender? Como eu vou ensinar alguém a construir um negócio se não consigo construir o meu próprio negócio?"

Percebe como trabalhar situações que despertam raiva pode fazer o público automaticamente se conectar? Eles também sentem raiva, e encontram em você uma voz que fala por eles.

Esse movimento de "raiva" e indignação também muitas vezes é o que serve de "motivação" para o restante da sua história acontecer.

Outro movimento é **"vingança e redenção"** — e esse é até mais filosófico. Como seria o uso da "vingança"? Por exemplo, história real:

"O meu irmão adora achar motivo e formas de me denegrir, de me jogar para baixo! Então, por uma questão de honra, eu vou me vingar dele. Não fazendo o mal, mas fazendo ele pagar a língua! Vou ter sucesso só para fazer o meu irmão pagar com a língua!"

Já a "redenção" pode ser usada tanto para alcançar o sucesso quanto para perceber que o "sucesso" não importa. Aqui é até mais *amoroso*, um pouco mais *light*.

"Eu comecei tudo isso com um sentimento de vingança. Eu queria fazer o meu irmão pagar a língua, só que eu aprendi tanta coisa que isso não me importa mais!

Na verdade, eu tenho compaixão pelo meu irmão porque ele não me compreende.

Tenho que ser grato a ele porque, se não fosse pelos constantes desafios que ele me obrigou a encarar, se não fosse pela briga de irmãos, eu não chegaria aonde cheguei!"

Tudo depende, claro, do que você quer transmitir — e isso está ligado diretamente ao público que você quer atrair.

Se na sua história você diz que queria se vingar do seu irmão, e de fato se vinga, você vai atrair pessoas vingativas. Você quer atrair esse público? Ou você quer atrair pessoas que também querem se redimir?

Outro movimento é **"medo e insegurança"**.

"Se tem uma coisa que eu tenho é medo! Sinto um medo enorme cada vez que eu preciso mandar um e-mail porque é a minha cara! Me sinto sozinho no palco da apresentação da escola. Ver todas aquelas pessoas me escutando é paralisante. Apesar de hoje ser um orador renomado, continuo até hoje morrendo de medo de plateia!"

É o sucesso apesar da dor que gera uma conexão profunda. Isso, inclusive pode se transformar em ótimos ganchos para chamar a atenção para uma história maior:

"Eu sou o melhor piloto de avião do mundo, mas eu morro de medo de voar! Não conta para ninguém!"

Também gosto muito do movimento "situações humanitárias":

"Faço isso porque quando eu estava viajando, passei por uma comunidade com dezenas de crianças carentes. A maioria mal tinha a roupa do corpo. Então decidi que, a cada venda deste produto, metade do valor vai para doação."

Ter uma causa social maior (como os tempos de pandemia) para ajudar as pessoas, o meio ambiente, crianças, animais... Também gera muita conexão.

Preste atenção aos detalhes, porque são os detalhes que fazem a diferença. Quando você está gravando um vídeo, ou escrevendo um texto, as pessoas sentem as mesmas emoções que você está sentindo.

Por isso essa mensagem sempre precisa ser autêntica, alinhada com você e o perfil que você quer transmitir.

Este capítulo trouxe uma visão geral dos diversos perfis e contextos que você pode trabalhar em histórias diversas.

Nas próximas páginas, vamos nos aprofundar cada vez mais nas questões emocionais que farão suas histórias explodir de vender.

CAPÍTULO

5

As Três Dimensões: Dando Vida ao Personagem

Gustavo Ferreira

Aprendemos anteriormente sobre os perfis gerais de personalidade. Você pode ter um perfil mais "excêntrico", "orientador", "anti-herói" ou "vira-lata".

E as situações que você passa, suas dores e dificuldades, são usadas para gerar empatia.

O que acontece na sua vida gera "o conflito" — e é aqui que realmente começa a história.

Vamos dar mais um passo na construção do personagem para entendermos melhor alguns pontos...

As Três Dimensões: Tempo, Espaço e Social

Uma história acontece em um "momento" e em um "local". Por exemplo, no filme *Karatê Kid* (lançado em 2010, com Jaden Smith, filho de Will Smith) Dre Parker tinha 11 anos, morava nos EUA e teve que ir para a China.

Observe diversos filmes e histórias e preste atenção em qual tempo e espaço as histórias acontecem — esse é o pano de fundo espaço-temporal.

Agora, veja isto: Parker perde todos os amigos com quem convive e tem que ir para a China apenas com a mãe, sem falar a língua de lá (e arranjando problemas com outras crianças) — esse é o aspecto social do personagem.

Então lembre que toda história tem esses três aspectos que dão vida ao que você está narrando: tempo, espaço e social.

Story$elling

> **Exercício:**
> Escreva uma frase que descreve uma situação de tempo, espaço e social de um personagem (você, outra pessoa ou fictício). Faça isso pelo menos três vezes.

O que é importante e precisa ser lembrado?

O "tempo" e o "espaço" são para gerar a percepção de realidade; o "social" e a interação são a base do conflito, e, a partir do conflito, a história engata.

Então, agora, imagine que vou vender um produto de emagrecimento. Eu poderia criar uma história mais ou menos assim:

"Ontem fui para a chácara do meu pai com a minha esposa, meu pai e minha madrasta.

Olhei para minha madrasta e vi que ela estava MUITO acima do peso, e poderia ter algum problema se ela não se cuidasse... e precisava falar isso de alguma forma que ela não ficasse puta comigo."

Você consegue perceber os elementos "tempo", "espaço" e "social"? Consegue identificar o "conflito" e ainda o perfil do narrador, que, nesse caso, é o de "mentor"?

O gancho da história é este: eu queria ajudar e não sabia como.

Pegando o mesmo exemplo, mas pensando em um produto ou serviço ligado ao adestramento de cães:

"Mês passado fui para a chácara do meu pai, com a minha esposa, meu pai e minha madrasta. Acabei levando minha cachorra Luka também.

Só que justo ontem teve jogo do Corinthians e a Luka morre de medo de fogos de artifício.

Quando nos demos conta, ela já havia derrubado metade dos móveis da sala, e ainda conseguiu entrar na geladeira quando alguém abriu a porta.

O que era para ser um fim de semana tranquilo virou uma correria sem fim atrás de uma cachorra desesperada."

Esse pode ser um pano de fundo para uma história em que eu revelo uma técnica especial de adestramento, e que, em uma situação parecida que ocorreu depois, foi usada para acalmar minha querida cachorra.

Exercício:

Escreva uma histórias que relata você em algum lugar, em alguma data, com algumas pessoas, e então acontece um problema. Ponto extra: Conecte o "problema" com uma resolução relacionada a um produto (existente ou fictício).

Com a prática, você consegue usar eventos não relacionados e criar ganchos inusitados com seu produto. Exemplo (história fictícia):

"Essa é a história de John, um bombeiro de Nova Iorque que trabalhou no resgate de pessoas no 11 de Setembro.

Assim como tantos bombeiros e policiais, ele ajudou dezenas de pessoas que estavam precisando.

Mas ele tinha algo diferente.

Ele literalmente não parou de correr e carregar escombros e pessoas por quatorze horas seguidas.

E, no fim do dia, ele ainda disse que só parou porque recebeu ordens, que ele ainda estava com a mesma quantidade de energia que tinha no começo do dia.

O motivo?

John praticava um método estranho de treinamento há anos.

Todos riam dele, até o dia em que o viram trabalhar quatorze horas seguidas naquele ritmo frenético.

E eu decidi investigar o que tornava o método de John tão especial."

Esse é o tipo de exercício que você pode fazer para "soltar a mão" e começar a criar ganchos entre histórias e produtos.

Dando mais vida

Quanto mais profundo nós vamos na criação do personagem, mais temos oportunidades de criar imagens vivas na mente de quem está lendo ou ouvindo.

Então, o que podemos fazer para dar mais vida às histórias? Aqui estão alguns elementos:

Descrição física: Veja este trecho de uma mensagem para o nicho de relacionamento:

"Eu tinha acabado de chegar na balada XPTO. Era para ser só mais uma noite para aproveitar, mas, assim que entrei, fiquei paralisado.

Vi uma deusa na minha frente. Não sei por quanto tempo eu fiquei parado ali olhando pra ela, para seus cabelos longos e brilhantes.

Mesmo no escuro, reparei que os olhos dela pareciam ser castanhos da cor de mel. E fiquei pensando: "Será que algum dia teria qualquer chance com uma mulher como essa?"

Nesse caso, a beleza de uma mulher é o conflito emocional (medo) de um homem ir falar com ela.

Dependendo do contexto, você pode inclusive criar polarizações com questões presentes na vida do público-alvo:

"Como um favelado da zona leste de São Paulo teria alguma chance com uma patricinha da zona sul?"

Percebeu que, com essa frase, poderia criar uma história com a "Vitória do Vira-Lata", que vimos antes?

- **Influências (origem, educação e família):** Apenas pelo fato de vivermos em uma sociedade e termos uma família, já somos influenciados — e isso pode ser usado de várias formas nas histórias.

Posso criar dezenas de histórias apenas com as influências que tive dos meus professores da escola, meus professores de Taekwondo e Kung Fu, e meus professores de espiritualidade.

Sem falar nas várias pessoas que conheci e com quem convivi ao longo do tempo, que me influenciaram de alguma forma.

Você pode inclusive criar histórias inusitadas disso, por exemplo:

- "O que aprendi com o Dalai Lama sobre negócios."
- "O que aprendi com Tony Robbins sobre adestramento de cães."

Você também pode trabalhar questões familiares, por exemplo:

- "Eu era umbandista, ela era evangélica: o que poderia dar errado?"

Muitas vezes, uma única frase já traz toda a carga emocional e contexto para as pessoas entenderem e sentirem os conflitos que se formam.

■ **Aventuras:** Você também pode trabalhar aventuras, vivências e experiências que passou em sua vida.

Em meus livros conto como fui para Florianópolis sozinho com dezessete anos, e toda a saga que tive de desafios, sucessos, decepções e falência, mas que toda essa vivência me deu a experiência e força necessárias para ter sucesso hoje.

Você percebe como com a prática, e passando por esse *checklist* de vida do personagem, fica fácil começar a criar histórias?

■ **Crenças:** Crenças são coisas em que você acredita. Podem ser tanto crenças pessoais como ligadas a negócios. Por exemplo:

"Para você estar aqui neste ambiente, precisa ter uma mensagem importante, que vá transformar a vida das pessoas, senão está no lugar errado."

E crenças pessoais:

"Eu acredito que atraio pessoas com o mesmo perfil que eu. São pessoas que se importam de verdade com outras pessoas."

São posicionamentos que você pode usar na sua comunicação e ao longo do tempo, e você pode ir transmitindo isso não apenas em uma história, mas em toda a sua comunicação.

- **Comportamentos:** São coisas que você gosta, não gosta, e até manias e tiques. Por exemplo:
  - "Não chego a ter TOC, mas, se há folhas desarrumadas, eu arrumo!"
  - "Tenho uma rotina matinal de sucesso."

Esses detalhes podem ou não ter relevância em uma história. Particularmente uso muito dessas "manias" para contar histórias nos e-mails.

- **Talentos:** Você também pode trabalhar com talentos e habilidades que tem... e não tem! Exemplo:
  - "Eu tenho talento para encontrar possibilidades e fazer otimizações rápidas."

  Ou...

"Definitivamente, não tenho talento para desenhar."

Mesmo insistindo em entrar num desafio de desenho com a minha sobrinha de quatro anos, depois de terminar o desenho ela falou:

'Nossa, tio, o seu desenho é horrível! O meu está muito mais bonito que o seu!'

E, apesar da cena cômica em que todo mundo riu da minha cara, ainda assim consegui vender uma obra de arte pela internet por R$ 500."

Para o contexto deste livro, nem sempre vou contar histórias reais ou com nexo. Por enquanto, o importante é a prática. Em breve, vamos chegar em roteiros reais que você pode usar em *StorySelling*.

- **Hobbies:** Na data que estou escrevendo este livro, tive que parar de treinar Kung Fu, mas pratico Pilates.

Já criei várias histórias linkando alguma vivência de uma aula, com uma lição de negócios.

Uma história que contei há alguns anos que muitas pessoas adoraram foi a do Kung Fu Marketing:

"O que é o Kung Fu?

Kung Fu é trabalhar para se desenvolver cada vez mais.

Lutar é Kung Fu. Desenhar é Kung Fu.

Marketing TAMBÉM é Kung Fu.

Você está aplicando Kung Fu no seu marketing e no seu negócio?"

Você consegue perceber que TUDO pode virar história? Mais à frente vou trazer alguns roteiros práticos e estruturados que você pode seguir. Mas ainda neste capítulo quero abordar o seguinte:

Quais Histórias Você Pode Contar

- **Histórias de origem:** Como você chegou aonde está hoje.

"Hoje eu tenho duas empresas, meu lucro é de seis dígitos por ano e meu faturamento é de sete dígitos por ano, mas nem sempre foi assim. Já fali duas empresas, já quase larguei tudo e mais de uma vez pensei em acabar com tudo.

As coisas só mudaram quando conheci minha esposa em 2012, e comecei a trabalhar com Consultoria.

Naquela época vi que precisava aprender a vender e a construir um negócio sólido que fosse replicável sozinho.

Tive que bater muito a cabeça e quase desisti várias vezes, mas estou aqui hoje graças a um desejo interno de realmente querer fazer a diferença no mundo."

Esse é um modelo de história que você pode contar: o seu *background*. Você pode colocar isso em uma página "Sobre nós" do seu site, e até como descrição do seu perfil de alguma rede social.

Também pode ser usado como "primeiro e-mail", ou mesmo em vídeos institucionais. Apresentar sua origem ajuda a criar conexão com pessoas que têm vivências e desejos similares.

Há outro modelo que podemos trabalhar, que é o seguinte:

- **Hora Escura:** Essa "hora escura" na verdade é a motivação mais profunda que leva você (ou o herói da sua história) a tomar uma ação, uma atitude. Como assim?

Pense no fundo do poço, e não tenha medo de expressar aquelas angústias mais profundas que passam pela sua cabeça e coração.

"Eu não aguentava mais...

Depois de 3 anos em depressão, e saindo de uma falência, consegui falir minha segunda empresa com menos de 1 ano de vida.

Fiquei atolado em dívidas, e não conseguia mais suportar aquela pressão de mais um fracasso.

Eu não conseguia NINGUÉM para conversar e me apoiar, sempre era visto apenas como um moleque atrevido.

Ninguém entendia que eu estava apenas tentando construir minha própria vida fazendo o que realmente queria: ajudar as pessoas. E tinha falhado. De novo.

E, dessa vez, tudo parecia muito pior. Por vezes, queria apenas abrir um buraco no chão e me jogar.

Mas eu sabia que não tinha coragem para isso. E fiz a única coisa que me restava naquela hora: comecei a rezar.

Fiquei semanas apenas chegando do trabalho e indo direto para o quarto com a porta fechada. Até meu pai confessou muitos anos depois que estava pensando em me internar em uma clínica psiquiátrica.

Mas aquelas semanas foram cruciais. No meu quarto, sozinho, rezando no escuro, comecei a sentir uma voz, uma força dentro de mim que só me mandava continuar.

Eu perguntei: 'Continuar o quê?' E, naquela hora, eu vi.

De alguma forma, consegui ver que minha missão era ajudar outras pessoas que estavam na mesma situação que eu.

E, com uma força que não sentia há anos, finalmente abri a porta do meu quarto e comecei a escrever em um caderno tudo que havia aprendido até então."

Essa é uma história real, que já contei algumas vezes.

Você também pode pegar situações com pessoas com quem se importa, e usar isso como motor de motivação.

"O fundo do poço foi quando tive que falar para meu filho beber água porque isso ia fazer passar a fome que ele estava sentindo."

Como já disse, não tenha medo de contar sua história. As pessoas amam isso, e elas vão amar você por isso.

■ **Provas:** Se o objetivo é gerar vendas além de uma boa história, precisamos provar que o que estamos falando é real.

Então podemos contar estudos de caso (problemas que alguém ou uma empresa passava, e como conseguimos ajudar), ou histórias de outras pessoas.

Quando eu vendia um utensílio para cozinhar de forma mais saudável, ao apresentar para uma amiga, acabei falando que o arroz integral ficava pronto em cerca de 20 minutos.

Ela olhou para mim e disse: "Ok, preciso ver se isso é verdade, porque, se o almoço não ficar pronto em trinta minutos, não consigo levar as meninas para a escola."

De uma forma bem tranquila, olhei para ela e apenas falei: "Ligue o relógio."

Em exatos 22 minutos o arroz integral estava cozido e pronto para servir. E, como ela não precisava mais ficar mexendo a panela, ainda conseguiu fazer mais coisas sem atrapalhar o relógio.

Contei essa história real pelo menos dez vezes, e ela me ajudou muito a realizar mais vendas.

Contar histórias como essa são ótimos reforços para transformar histórias comuns em histórias que vendem.

■ **Inimigos e Polarização:** Você também pode se posicionar contra "inimigos", de preferência reais. Por exemplo, um posicionamento que eu assumo em alguns momentos é:

"Eu, Gustavo, sou contra alguns empreendedores digitais que até ensinam algumas coisas boas, mas enganam muita gente ao vender sonhos e promessas irreais de ficar rico quase sem esforço. Eu sou contra isso!"

Contra quem você é contra? O que você não suporta? Com isso você consegue criar esse movimento de polarização, e pode atrair muitas pessoas.

Por favor, internalize isto: praticamente TUDO pode virar uma história, e por ela você também consegue vender algo.

Mais uma história real:

"Decidi finalmente ir para um retiro espiritual em Minas Gerais. Nele iríamos ficar três dias meditando. Não devia ser tão ruim, certo?

Errado!

Depois de dois dias inteiros meditando incessantemente, apenas com pequenas pausas para refeições rápidas, acendemos uma fogueira, cujas chamas deviam chegar a três metros de altura.

Era lindo de ver, mas havia um problema: nós tínhamos que andar por cima de brasas.

Perto da meia noite, com o fogo mais baixo, até cheguei a pensar que as brasas poderiam esfriar.

Mas não.

Aquelas brasas incandescentes eram reais.

Por ordem de coragem, fizemos uma fila.

O orientador deu algumas instruções e cruzou as brasas andando como se não tivesse nada sob os pés dele.

Eu tremia ao ver aquilo.

Mas, exatamente por estar morrendo de medo, decidi ser o primeiro a passar.

Segui as instruções... e como mágica, aquelas brasas pareciam não estar lá.

Ilusão? Auto hipnose? Não sei.

Mas naquele dia percebi o poder que temos em nossa mente.

E, com a memória daquele dia ainda viva na minha cabeça, comecei a testar os limites da mente para fazer praticamente tudo que eu queria. E aqui está o que descobri.

Esse último parágrafo não faz parte da história original. Coloquei-o ali para você entender como uma experiência real pode ser transformada em uma narrativa poderosa.

Quando atendi uma cliente no nicho de relacionamentos, comecei a criar diversas histórias.

Contei como ela se sentia insegura, como estava deprimida, das inseguranças dela na cama, e até das discussões e desafios que ela teve com o marido (e em relacionamentos anteriores).

Ela chegou a dizer: "Nossa, você está escrevendo exatamente o que passei, parece que fui eu que escrevi."

O que ela não sabia é que boa parte dessas histórias eram da minha própria vivência também! Eu apenas fiz pequenos ajustes no contexto e transmiti meus próprios medos e inseguranças por meio da voz dela.

Então, quando for possível, brinque! Pegue situações que você passou e insira nas histórias.

Importante: Não se preocupe, não julgue! Esta é uma lição muito importante que aprendi na hora de contar histórias: não julgue se as pessoas gostarão ou não da sua história.

Apenas conte a sua história!

Já enviei mais de dois mil e-mails únicos desde 2014, e até hoje, apenas em uns dois ou três e-mails recebi uma resposta de uma pessoa dizendo que não gostou de uma história que contei...

E, mesmo assim, mais tarde descobri que uma das pessoas passou pela mesma situação.

No nosso caso, o resultado é vendas — então, não se preocupe. Lembre-se de que o objetivo é criar histórias que vendem! Aqui ainda estamos preocupados com uma coisa: dar vida à sua mensagem.

Por isso estou montando o pano de fundo e dando elementos para que você possa criar histórias que geram conexões profundas com as pessoas. Em seguida, virá a parte de ofertas.

Aproveite para praticar mais.

> **Escreva pequenas histórias:**
> - Conte como você chegou aonde está hoje;
> - Por que você faz o que você faz;
> - O que o motiva;
> - Como ajudou outras pessoas (e que dificuldades elas tinham);
> - "Contra quem" (ou "o que") você luta;
> - Pegue cada um dos tópicos deste capítulo e crie uma pequena história!

Quando comecei a mergulhar e praticar criar histórias, apaixonei-me de verdade. **Vi que as pessoas se conectam com pessoas.** E quanto mais se conecta, quanto mais você se mostra de forma autêntica, quanto mais vida construir ao redor de si, mais atrairá as pessoas!

Gosto de dar muitos exemplos e histórias pessoais porque, desta forma, o público se conecta profundamente comigo sem perceber.

Você pode contar diversas histórias como essas por meio de e-mails, vídeos, conteúdos, e cada vez mais as pessoas se conectarão com você.

Eu sei que, se eu não tivesse contado tantas histórias ao longo de tanto tempo, não teria o resultado que tenho hoje. Por isso, fica este desafio para você:

Escreva a sua história! Dê vida ao enredo!

CAPÍTULO

6

Três Esqueletos Para Uma Boa Narrativa

Paulo Maccedo

Até aqui trouxe uma compreensão do que é *StorySelling*, falei da importância de colecionar histórias e treinar narrativa, indiquei alguns livros clássicos que podem servir como "centros de aprendizado", mostrei como criar suas primeiras histórias e tratei de heroísmo aplicado a mensagens de vendas.

Já o Gustavo *detonou* dando uma base técnica incrível para criar histórias que conectam, trazendo explicações sobre perfis, contextos e modelos validados para criar histórias que vendem.

Pode acreditar, o que você viu até agora poucos materiais e cursos apresentam. Então, sinta-se sortudo de já ter acessado isso, mas não pense que acabou. Ainda há caminho a percorrer, e por isso apresento agora os elementos essenciais que formam uma boa história.

Uma boa narrativa precisa: chamar atenção, ser visual, ser detalhista, despertar emoções, apresentar fatos, promover diálogos, mostrar um personagem com que o público se identifique e criar um conflito a ser resolvido no desenvolver da história. Esse é um resumo generalista do que uma narrativa deve apresentar.

Agora, quando falamos sobre "estruturas de histórias", podemos recorrer ao modelo de redação que aprendemos na escola: chamo ele de **"Modelo 3E"**, por conter três etapas:

1. Começo (também chamado de introdução, a parte em que inserimos o leitor na história);
2. Meio (chamado também de desenvolvimento, em que discorremos as ideias e fazemos o leitor seguir pela narrativa);
3. Fim (o desfecho, em que geralmente encerramos a narrativa e apresentamos – ou não – a moral da história).

Em seguida, temos a **"Fórmula 4W"**, acrônimo em inglês que representa as principais perguntas que devem ser feitas e respondidas ao investigar e relatar um fato ou situação:

1. Who? (Quem?)
2. When? (Quando?)
3. Where? (Onde?)
4. Why? (Por quê?)

Esses dois modelinhos, interligados, permitem criar infinitos tipos de histórias. Se você observar, verá que grande parte das narrativas que conhecemos — em livros, filmes, quadrinhos e até mesmo em propagandas — usam esses elementos.

No contexto do copywriting, ou seja, da criação de textos persuasivos para vendas, temos o exemplo clássico da carta[1] de vendas que Bruce Barton escreveu para o Alexander Hamilton Institute em 1919. Ela começa assim:

"De uma certa cidadezinha em Massachusetts, dois homens voltaram da Guerra Civil. Os dois tiveram a mesma educação e, até onde se pode julgar, seus sonhos para o futuro eram igualmente bons.

Um homem acumulou uma fortuna. O outro passou seus últimos anos dependendo do apoio dos filhos.

Ele teve "sorte dura", as pessoas falavam. Ele "nunca pareceu estar no eixo depois da guerra".

---

1. Essa carta de vendas pode ser encontrada na íntegra no livro: Copywriting: A Habilidade De Ouro Usada Por Milionários Para Transformar Palavras em Lucro

Mas o outro homem não apenas "não perdeu o eixo". Ele parecia não ter dificuldade em ficar firme após a guerra.

A diferença entre esses dois homens não é uma diferença de capacidade, mas uma diferença de decisão. Um homem viu o pós-guerra como uma onda de expansão, treinou para aproveitar e executar a oportunidade, e nadou com a onda. O outro homem apenas boiou. A história desses dois homens se repetirá em centenas de milhares de vidas nos próximos meses."

A carta tem uma continuação que insere sutis e eficazes elementos de persuasão, mas vamos focar essa primeira parte que contém a história. Ela possui "começo, meio e fim" e também apresenta: "quem, quando, onde e por quê".

Veja que interessante: um dos anúncios mais bem-sucedidos de toda a história da propaganda se vale de uma estrutura simples, que até um aluno do sexto ano poderia replicar com maestria.

Você, profissional de marketing, vendedor, escritor ou redator pode usar os mesmos elementos para compor campanhas e ações de propaganda e vendas.

Agora, com um olhar mais técnico, também conseguimos identificar que a história usada neste anúncio histórico se enquadra num popular modelo de narração de histórias batizado de "Estrutura 6E" (com seis elementos):

1. Personagens;

2. Enredo;

3. Sugestão fatal;

4. Solução;

5. Visão otimista;

6. Continuação.

1) Personagens: Pessoas com atributos e limitações, sucessos e fracassos vividos, ou seja, experiências. Esses personagens precisam ter um lado humano elevado, ou seja, precisam ser mais anti-heróis do que super-heróis (Gustavo forneceu recursos para construir isso).

Veja o caso dos dois homens que lutaram na Guerra Civil americana. Ambos foram expostos ao mesmo tipo de tribulação e estavam passíveis ao fracasso.

2) Enredo: Uma boa história precisa de uma problemática — quem sabe um passado aparentemente perfeito que foi tomado por um problema que se tornou forte demais para ser ignorado.

O próprio fato de terem ido para a Guerra torna a história dos dois homens um problema. A imaginação vai longe ao tentar visualizar o desfecho.

3) Sugestão fatal: Uma narração de histórias, principalmente a voltada para vendas, precisa mostrar uma visão negativa de quão fatal será o futuro caso o problema não seja resolvido. Isso fica explícito na frase: "A história desses dois homens se repetirá em centenas de milhares de vidas nos próximos meses."

4) Solução: Aqui mostramos como o problema pode ser resolvido. "O segredo" ou "a chave" para salvar o personagem, ou personagens, do suposto problema. Essa chave visa mudar o curso da história e promover um final feliz.

Se você acessar a carta na íntegra, verá que a solução para o problema nessa narrativa é clara no trecho: *"O Instituto Alexander de Negócios, Cursos e Serviços Modernos* é o Instituto Americano que provou seu poder em alavancar homens para altas posições executivas."

5) Visão otimista: Uma visão extraordinária do futuro caso o segredo seja adotado e a solução seja alcançada. "De acordo com os números do último ano, dentre os 73 mil homens que entraram no Instituto, 13.534 são presidentes de empresas; 2.826, vice-presidentes; 5.372, secretários; 2.652, tesoureiros; 21.260, gerentes; 2.626, gerentes de vendas; 2.876, contadores."

6) Continuação: Essa etapa deve apresentar um mapa com os próximos passos da jornada rumo à salvação. Em palavras mais exatas, ela conduz o leitor para o mesmo futuro glorioso de seu personagem principal. "Para cumprir o propósito de grandes pensadores, o Instituto Alexander publicou um livro de 112 páginas, intitulado *Criando Negócios à Frente*. [...] Preencha o cupom e envie."

Este capítulo apresentou *três esqueletos* que podem ser usados na criação de seu *StorySelling:* "Modelo 3E", "Fórmula 4W" e "Estrutura 6E".

Exercício Prático:

Crie uma pequena história usando a estrutura "começo, meio e fim". Faça isso respondendo às quatro perguntas: Quem? Quando? Onde? Por quê? Publique-a num blog, rede social, envie por email ou mostre a um amigo ou familiar e pergunte o que ele achou da narrativa. Esse contato entre sua história e outras pessoas servirá para você observar que tipo de reação ela causou no interlocutor.

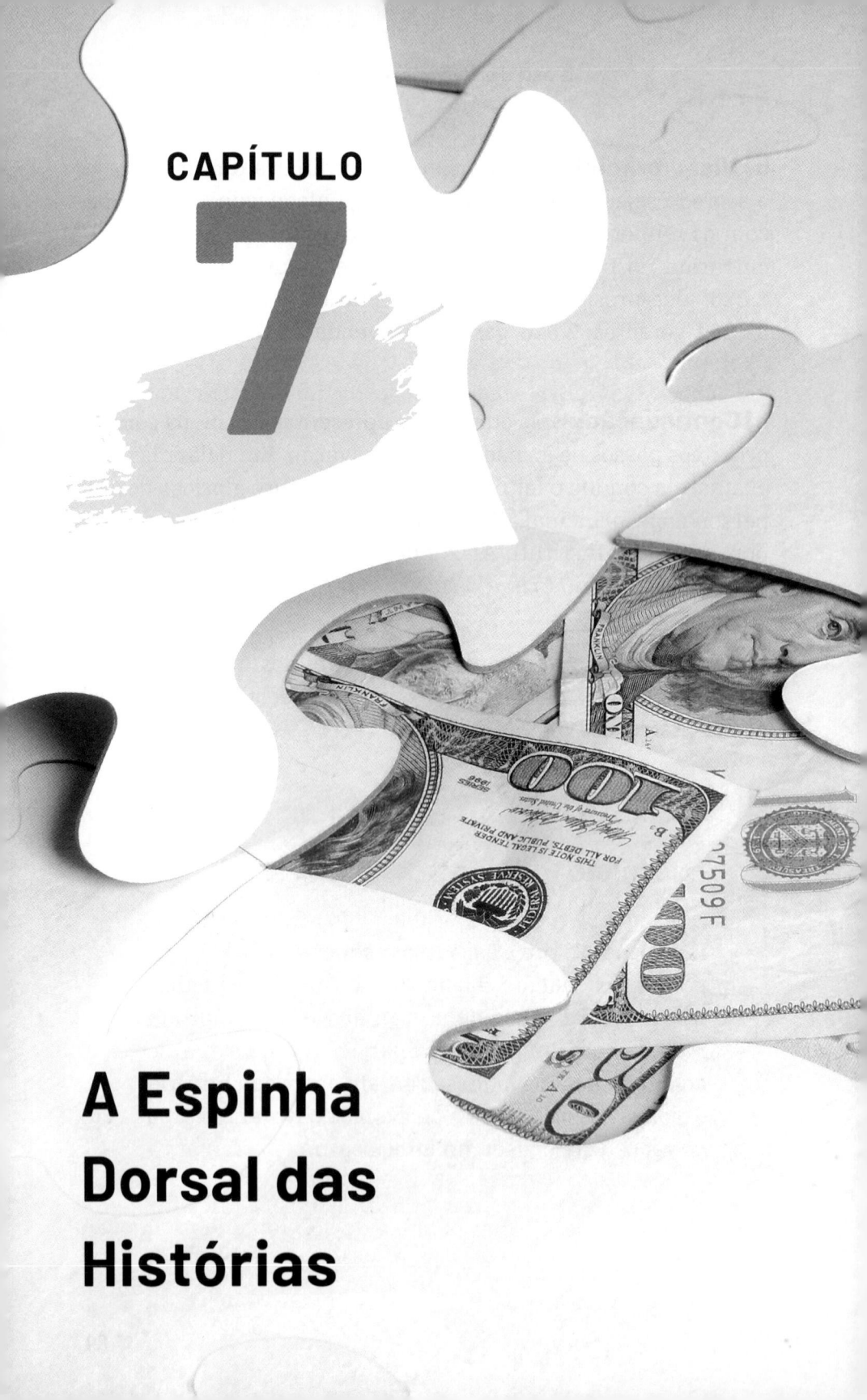

CAPÍTULO

7

A Espinha Dorsal das Histórias

Paulo Maccedo

Era uma vez um jovem pobre da periferia carioca que sonhava em viver de escrita. Ele alimentava esse sonho desde o primário, época em que rabiscava poesias nas folhas do caderno.

Anos mais tarde, já casado e com desafios de adultos para enfrentar, cansado de atuar como vendedor de porta em porta e rejeitando a estagnação financeira, com frustrações emocionais e dores intensas no joelho direito...

Ele decidiu encontrar um caminho para conquistar seu grande sonho!

Todas as noites, após trabalhar o dia inteiro prospectando novos clientes, começou a procurar por novos caminhos que o levassem até a conquista do seu objetivo.

Sentava seu bumbum na cadeira em frente a um computador e ficava horas pesquisando no Google coisas como:

- "Como fazer marketing na internet";
- "Como vender pela internet";
- "Como ganhar dinheiro na internet";
- "Como ganhar dinheiro escrevendo";
- "Como viver de escrita".

Analisando as possibilidades, aquele jovem tentou de tudo, de *dropshipping* a programa de afiliados. No entanto, tudo que conseguiu foi *mais frustração emocional e desânimo!*

Sua vida como vendedor direto ia de mal a pior. Não tinha mais prazer em caminhar debaixo do sol, forçando seu joelho para receber dezenas de "nãos" de clientes mal-educados.

Ele desejava continuar vendendo e, claro, recebendo suas comissões, mas sem aquele tremendo esforço físico diário estava acabando com sua saúde física e mental.

Desejava não desperdiçar mais um dia sem tirar vantagem das maiores mudanças de sua geração. Não queria se acomodar com pouco diante de um mundo que tornou as coisas tão fáceis e extraordinárias. Percebia ser possível desfrutar das liberdades que a revolução digital promovia para inconformados como ele.

Aquele jovem ficou nesse ciclo de desejo-decepção por longos meses, até que um dia...

Ele percebeu uma lacuna no mercado digital. Identificou que poucos redatores dominavam bem as técnicas de vendas que ele aprendeu na rua. Então, com uma ideia simples que levava do ponto A ao ponto B, entrou de cabeça no mercado atuando como redator *freelancer*.

Não um redator *freelancer* comum, mas alguém que poderia vender usando palavras. No Ponto B, aquele jovem descobriu que existia um oceano de possibilidades que lhe permitia unir sua habilidade em escrita e sua experiência em vendas.

Foi aí que começou a desenvolver um modo infalível de penetrar na mente e no coração de seus leitores, o que incluía a narração de histórias. Assim, finalmente, ele realizou seu sonho de ganhar a vida com sua habilidade de escrita.

E, desde então, nunca mais parou de escrever e ganhar dinheiro.

Talvez você não tenha percebido, mas eu usei uma conhecida estrutura de narrativa para contar a história que você acabou de ler. Se você não conhece esse modelinho ainda, é difícil identificá-lo, mas ele está ali alicerçando a narrativa.

Mary Coleman, do *Head of Creative Development*, diz que a estrutura da história pode ser vista como a fundação de um prédio. Caso você não tenha essa fundação sólida, quando começar a subir paredes, pilares e outros detalhes, o prédio pode vir abaixo.

Para construir a narrativa do jovem redator, usei o famoso *Story Spine*, "a espinha dorsal da história", popularizado pelo criador Ken Adams.

A Pixar usa muito essa estrutura para produzir muitos dos filmes hollywoodianos que conhecemos e amamos hoje. Essa espinha é formada da seguinte forma:

1. Era uma vez;

2. Todo os dias;

3. Até que um dia;

4. Por causa disso;

5. Por causa disso;

6. Por causa disso;

7. Até que finalmente;

8. E desde então.

Às vezes o processo é resumido em seis ou sete passos, tirando um ou dois *por causa disso*, como podemos ver na análise a seguir...

Construindo Histórias Incríveis Com Sete Etapas da Espinha Dorsal

Exemplo: "O Mágico de Oz."

■ **Era uma vez:** Independentemente de você usar essas exatas palavras, essa abertura nos lembra que nossa primeira responsabilidade como contadores de histórias é apresentar personagens e cenários, ou seja, colocar a história no tempo e no espaço.

Vamos relembrar: instintivamente, seu público-alvo quer saber *sobre quem é a história* (quem), *quando ela acontece* (quando), *em que lugar ela acontece* (onde) e *por qual motivo isso está acontecendo* (por quê)?

Você não precisa fornecer todos os detalhes, mas deve fornecer informações suficientes para que o público tenha tudo o que precisa para entender a história que se seguirá.

■ **Todos os dias:** Com os personagens e o cenário estabelecidos, você pode começar a contar ao leitor como é a vida nesse mundo todos os dias.

Em "O Mágico de Oz", por exemplo, as cenas de abertura estabelecem que Dorothy se sente ignorada e sonha com um lugar melhor "além do arco-íris". Esse é o "mundo em equilíbrio" de Dorothy. Isso não implica que tudo esteja bem, apenas que é assim que as coisas são.

■ **Até que um dia:** Algo acontece que desequilibra o mundo do personagem principal, forçando-o a fazer algo, mudar, alcançar algo que restaure o antigo equilíbrio ou estabeleça um novo equilíbrio.

Na estrutura da história, esse momento é chamado de "incidente incitante" e é o evento central que lança a história. Em "O Mágico de Oz", o tornado provocou o incidente, aparentemente transportando Dorothy para muito longe de casa.

- **E por causa disso:** Seu personagem principal, ou seja, o protagonista, começa a busca de seu objetivo. Em termos estruturais, esse é o começo do Ato II, o corpo principal da história.

Depois de literalmente cair na Terra de Oz, Dorothy quer desesperadamente voltar para casa, mas lhe dizem que deve viajar a pé até a Cidade Esmeralda para encontrar um misterioso bruxo. Ao longo do caminho, ela encontrará vários obstáculos (árvores que jogam maçãs, macacos voadores etc.), que tornam a narrativa mais interessante.

- **E por causa disso:** Dorothy atinge seu primeiro objetivo — conhecer o Mágico de Oz —, mas esse não é o fim da história. Por causa dessa reunião, ela agora tem outro objetivo: matar a Bruxa Malvada do Oeste e entregar sua vassoura ao Mago. Em histórias mais curtas, você pode ter apenas um "por causa disso".

- **Até que finalmente:** Entramos no Ato III e abordamos o momento da verdade da história. Dorothy é bem-sucedida em sua tarefa e apresenta ao Mago a vassoura da bruxa falecida, então agora ele deve cumprir sua promessa de ajudá-la a retornar ao Kansas. E é isso que ele faz, mas não exatamente da maneira que esperamos.

- **E desde aquele dia:** Depois que sabemos o que aconteceu, as cenas finais nos dizem o que a história significa para o protagonista, para outros na narrativa e, não menos importante, para nós, o público.

Quando Dorothy acorda em sua própria cama e percebe que nunca saiu do Kansas, ela aprende a lição da história: o que procuramos geralmente está dentro de nós o tempo todo.

Na próxima vez em que você ficar paralisado ao escrever uma história, tente seguir sua narrativa com essas etapas. Mesmo que seus personagens não estejam seguindo uma estrada fantástica, como nas narrativas de ficção, essas sete etapas podem ajudá-lo a chegar aonde está indo.

Essa também é uma das várias estruturas que podemos usar para construir *StorySelling*. E, como muitas coisas eficazes no marketing, é simples. Não duvide. Você pode usar esse conceito para vender praticamente tudo que quiser, basta ter uma boa história e usar a estrutura que acabei de mostrar.

Exercício Prático:

Desenvolva uma pequena narrativa utilizando a estrutura *Story Spine* e publique em algum lugar.

FEDERAL RESERVE
CJ18059703 A
J10
THIS NOTE IS LEGAL TENDER FOR ALL DEBTS, PUBLIC AND PRIVATE
SERIES 2001
100
HB52550883H
KB46150459
ONE HUNDRED
Secretary of the Treasury.
FRANKLIN

CAPÍTULO
8

Problema, Agite, _____, Resolva

Gustavo Ferreira

Agora, vamos abordar uma das formas mais fáceis de contar uma história que criará uma ligação com o produto que você está vendendo. Essa fórmula é conhecida como *Problema, Agite e Resolva* (ou Solucione), como você já viu na explicação do Paulo. Gosto de acrescentar um passo extra, e já vamos falar disso.

O que é essa fórmula "Problema, Agite e Resolva"? Simples!

- **Passo 1 (Problema):** Eu tinha uma dor ou problema;
- **Passo 2 (Agite):** Tive essas dificuldades, dúvidas, desafios e/ou conflitos;
- **Passo 3 (Resolva):** Consegui resolver o problema com essa solução (que geralmente é a narrativa que abre caminho para apresentar seu produto ou serviço).

Aqui estão alguns exemplos dessa estrutura:

◆ **Exemplo 1:**

• **Problema:** "Eu estava estudando para uma carreira pública, e prestei dez concursos em um ano.

• **Agite:** Imagine minha decepção quando não passei em nenhum, nem para a segunda fase. Comecei a me sentir um completo burro, e pensei seriamente em desistir.

• **Resolva:** Mas, conversando com uma amiga psicóloga, ela estava estudando exatamente aquilo. Não era um problema de memória, ou inteligência. Era um problema emocional.

Mais especificamente, inteligência emocional.

Quem presta provas de concursos sente muita pressão. Então, junto com minha amiga, fomos desenvolvendo um método que me ajudou a passar no cargo xyz, e hoje decidimos mostrar como você também pode se beneficiar disso."

◆ **Exemplo 2:**

• **Problema:** "Fulana convivia com rinite desde criança, apesar de nunca resolver totalmente, conseguiu manter sob controle.

• **Agite:** Mas, quando ela foi morar na Espanha, a rinite atacou, e era impossível para ela respirar. Passou em cinco médicos diferentes, tomou remédios por seis meses e nada resolvia.

• **Resolva:** Uma conhecida dela estava fazendo acupuntura, e decidiu tentar uma técnica diferente. Ela não acreditava naquilo, mas também já estava desacreditada dos médicos. Em uma semana de tratamento, parecia que nunca teve rinite antes. E, então, decidiu estudar sobre aquele método estranho que havia acabado de ver."

O maior segredo ao usar essa estrutura é na hora da "agitação", abordar "seus" pontos de dor, dúvida, medo e insegurança, mas que também refletem na vida do seu cliente.

Porque ele também passa pelas mesmas dores que você. E é isso que torna esse modelo tão poderoso e importante de ter sempre à mão como uma "carta coringa".

E veja nesses exemplos como a resolução já entra em uma narrativa natural para posicionar uma "solução" como um produto a ser vendido.

> **Exercício:**
>
> Crie três histórias usando o modelo *Problema, Agite e Resolva*. Novamente, não se preocupe se está "certo". Mas pratique para conseguir criar esse arco, esse "buraco" que precisa ser fechado em um problema até a solução. O tamanho das histórias pode variar, mas ainda não se preocupe com isso.

Nosso objetivo neste capítulo é criar a ponte entre um problema e a solução, passando pela carga emocional. Agora, como você é um leitor atento, deve ter reparado que o título deste capítulo é **"Problema, Agite, ____ e Resolva"**.

O que é esse "buraco" no meio da fórmula? É uma técnica que aprendi com Roy Furr, que se chama "Invalidar".

Ou seja...

Nós vamos invalidar soluções que outros concorrentes fazem (e que seu cliente provavelmente já ouviu falar ou testou).

Aqui está um exemplo mais elaborado para você se inspirar e poder praticar. Esta é uma história "quase" real, fiz alguns ajustes para ficar um exemplo mais didático e deixar você curioso para ler até o fim do livro.

• **Problema:** "Eu estava com muitas dívidas, e com dificuldade para pagar as contas em casa. Mesmo assim, ainda conseguia levar a vida. Bem, pelo menos eu achava."

• **Agite:** "Eu estava assistindo à televisão com minha esposa e vi que meu filho estava inquieto. Ele deitava no sofá, ia para a cozinha, abria a geladeira e voltava. Um ou dois minutos depois, ele voltava para a cozinha, abria o armário, e voltava, sem pegar nada.

Ele fez isso algumas vezes, até que perguntei: 'Filho, o que foi?'

Vi que ele ficou sem jeito, mas ele disse em toda sua inocência: 'Papai, estou com fome.'

Pensei que ele apenas não estava achando algo de que gostasse, mas abri a geladeira e o armário... e estavam praticamente vazios.

Minha esposa veio até a porta da cozinha e apenas olhou para mim, sem falar nada.

Mas eu sabia que ela também estava cansada de sempre ter que rezar até saber se o cartão de crédito seria aprovado no mercado.

Aquele dia foi a gota d'água. Porque eu sabia que só teria algum dinheiro em dois dias, e a maior parte já estava comprometida com dívidas.

Então percebi que precisava fazer algo pela sobrevivência da minha família, e não podia mais esperar.

Naquele dia pedi dinheiro emprestado pela última vez para meu irmão, apenas para comprar comida. E disse para ele: 'Até o fim do ano, vou devolver tudo que você me emprestou.'

Eu sei que ele não acreditou, mas eu tinha uma chama nova dentro de mim."

• **Invalide:** "Já havia lido muita coisa na internet, e passei a maior parte daquela noite montando um plano do que iria fazer.

O primeiro passo era simples: colocar tudo em um papel ou planilha para saber *realmente* o tamanho do buraco em que eu estava (e era mais fundo do que pensei: estava devendo R$ 22.547, e só os juros eram maiores que meu salário na época).

Então passei os próximos vinte dias seguindo a ferro e fogo tudo o que os educadores financeiros falavam.

Renegociei dívidas, cortei despesas, fiz tudo que dava. Organizei o orçamento doméstico, fiz previsão e separei cada centavo para um destino certo.

Não vou falar que não ajudou, porque realmente consegui estancar alguns buracos. Mas, na real? Aquilo não fez a menor diferença. Percebi que continuaria endividado pelos próximos oito anos se continuasse seguindo esse plano.

Eu precisava, de fato, encontrar algo que resolvesse meu problema."

- **Resolva:** "Então decidi testar outra abordagem. Na verdade, eu percebi um problema em todos os materiais que encontrei. Eles só focavam a parte de gastos. E, por mais que cortasse gastos e renegociasse dívidas, isso tinha um limite. Eu precisava mexer do outro lado. E então, finalmente, depois de anos, eu vi uma luz."

Como disse, adaptei essa história para se tornar um exemplo didático. E perceba como adicionar a "invalidação" é poderoso. Porque, nesse exemplo, se seu cliente está em uma situação financeira parecida, provavelmente ele já viu exatamente esses conselhos.

E, ao nos posicionar como alguém que também já passou por aquilo, e mostrando que não deu certo, colocamos o espectador em uma posição do tipo "Caramba, o que eu faço agora? Porque era exatamente isso que eu achava que iria funcionar".

Da forma que conduzi a "resolução", comecei a usar o modelo de história "Eu vi a luz", que você verá mais à frente.

Agora vamos ver de uma forma mais simples para você praticar:

- **Problema:** "Eu estava acima do peso e um dia passei mal."
- **Agite:** "O médico disse: 'Ou você emagrece, ou você morre.'"

- **Invalide:** "Tentei academia, esteira, correr, e todas as dietas que você já ouviu falar, mas isso não funcionava para mim."

- **Resolva:** "Quando estava no oitavo médico tentando descobrir o motivo, ele disse que eu tinha um gene que me impedia de emagrecer. E precisava de um método diferente de dieta e exercícios para conseguir perder peso.

  E você acredita que cerca de 42% das pessoas acima do peso têm esse gene e não fazem ideia disso?"

Perceba que estou adicionando algumas construções de frase que auxiliarão você a chegar em uma mensagem de vendas de forma mais suave.

Agora vamos voltar no exemplo da rinite que mostrei antes (se você prestar atenção, já deixei um passo de invalidação camuflado no exemplo original, aqui vou apenas mudar uma frase).

- **Problema:** "Fulana convivia com rinite desde criança. Apesar de nunca resolver totalmente, conseguiu manter sob controle."

- **Agite:** "Mas, quando ela foi morar na Espanha, a rinite atacou, e era impossível para ela respirar."

- **Invalide:** "Ela passou em cinco médicos diferentes, e fez tudo que eles recomendavam. Tomou injeções, remédios com corticoide, fez inalação e até limpeza do nariz. E nada funcionava."

- **Resolva:** "Uma conhecida dela estava fazendo acupuntura e decidiu tentar uma técnica diferente. Ela não acreditava naquilo, mas também já estava desacreditada dos médicos. Em uma semana de tratamento, parecia que nunca teve rinite antes. E então decidiu estudar sobre aquele método estranho que havia acabado de ver."

Percebe a diferença de acrescentar especificamente soluções que o cliente também tenta?

Aqui está outro detalhe muito importante: todo o processo de invalidação é feito com respeito.

Nós não podemos acusar médicos, ou mesmo pessoas, e os desrespeitar publicamente.

Por exemplo, não sou fã da "Fórmula de Lançamento" (famoso modelo de vendas usado no marketing digital), e procuro invalidar essa solução de forma respeitosa.

Geralmente faço construções de textos como:

"Não concordo com métodos que prometem fazer seis ou sete dígitos em uma semana e que fazem isso parecer fácil, porque eu sei que tem muito mais trabalho por trás para chegar nisso.

Existem situações em que isso funciona, mas não acredito que é o caso para a maioria das pessoas...

Se você está aqui, também acredito que está em busca de um método sólido de conseguir resultados, sem promessas irreais.

E é isso que quero mostrar."

Não se engane! Já usei mais de uma vez a metodologia de "lançamentos" para vender meus próprios produtos e os de clientes, o que também não invalida o trecho que acabei de mostrar.

> **Exercício:**
> Volte nas histórias anteriores (ou crie novas) e adicione o passo de Invalidação.

Com a prática, essas estruturas vão se tornar naturais para você. E, conforme você conhecer e usar os modelos e roteiros que apresentamos neste livro, suas histórias sairão de histórias "ok" para histórias poderosas. Ou melhor, se tornarão narrativas milionárias.

Após criar as histórias, é natural entrar um processo de refinamento.

Algumas frases você precisará ajustar, adicionar ou retirar. Talvez precise aprofundar o conflito, ou até diminuir um pouco.

Antes de encerrar este capítulo, quero fazer uma proposta de prática para você, caso tenha dificuldade em escrever as histórias.

Em cada passo, comece apenas com uma frase:

• **Problema:** "Eu sentia dor ao sentar para trabalhar."

• **Agite:** "Um dia, não consegui levantar, de tanta dor que senti."

• **Invalide:** "Fui carregado até o hospital, o médico me deu uma injeção, que não funcionou."

• **Resolva:** "Comecei a pressionar um ponto na minha perna, fazendo uma massagem, até aliviar."

Novamente, não se preocupe em criar uma história real. Essa sugestão é para caso você esteja com dificuldades.

Depois que você fizer isso, acrescente mais duas frases em cada passo:

- **Problema:** "Eu sempre tive muitas dores, mas isso nunca me afetou. No entanto, nos últimos anos, isso piorou. Eu sentia dor ao sentar para trabalhar."

- **Agite:** "Um dia, não consegui levantar, de tanta dor que senti. Parecia que tinha uma faca cortando minha perna. Acho que é uma dor parecida com um parto."

- **Invalide:** "Fui carregado até o hospital, o médico me deu uma injeção, que não funcionou. Ele até sugeriu dar morfina ou fazer uma cirurgia, mas eu disse que não porque sabia que isso também não resolveria."

- **Resolva:** "Tomei mais uma injeção, que conseguiu gerar um alívio, e voltei para casa. Liguei para uma amiga que era terapeuta e perguntei o que eu poderia fazer. Comecei a pressionar um ponto na minha perna, fazendo uma massagem, até aliviar."

De onde tiro essas histórias, ganchos e reviravoltas?

Boa parte da minha cabeça.

Sempre me disseram que eu era quieto, e, de certa forma, sou distante das pessoas (tenho pouquíssimos amigos com quem converso regularmente).

Mas, apesar dessa distância que conservo, sempre tive um olhar atento para a vida das pessoas, suas dores e angústias.

Sempre tive paixão por mergulhar fundo nas emoções das pessoas, e perceber por que elas se comportavam de determinada maneira.

E apenas aprendi a traduzir esse olhar atento (e até apaixonado) em palavras e histórias.

O que sempre nos traz ao limiar ético.

Brinco há muitos anos falando que copywriters não vão para o céu. Se você usar esse conhecimento para enganar pessoas, provavelmente não irá.

Mas, se você sempre mantiver sua integridade e tiver um compromisso e motivação reais em ajudar as pessoas, suas palavras não serão "venda".

Nós podemos ser os *botes salva-vidas* de inúmeras pessoas com nossas histórias.

Lembre-se sempre disso. Esse negócio não é sobre "escrever para ganhar dinheiro". Estamos em um negócio de transformar vidas.

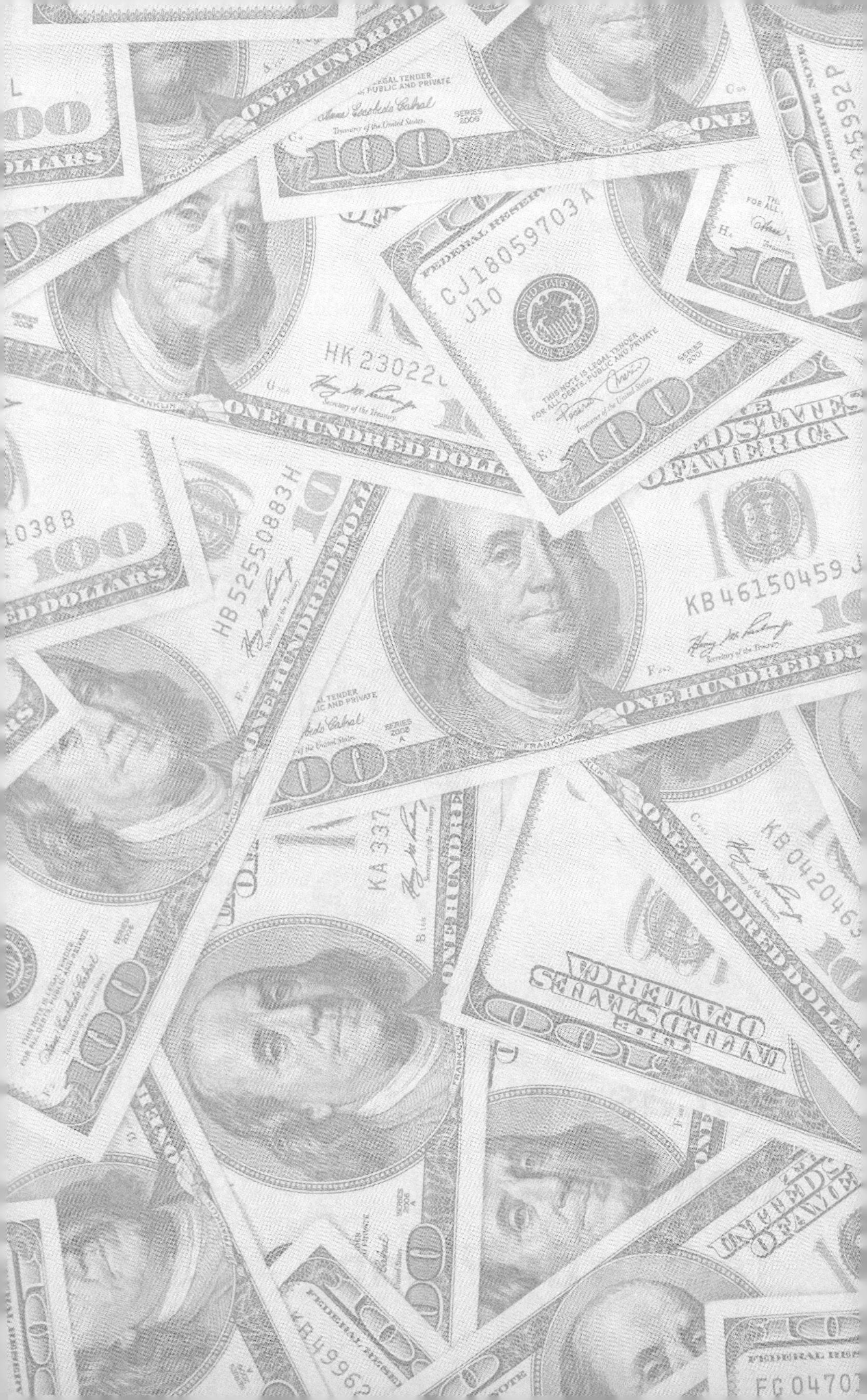

CAPÍTULO 9

Peças de Dominó e Teclas de Piano

Paulo Maccedo

Você sabe o que Mark Twain, F. Scott Fitzgerald, Salman Rushdie e Joseph Heller têm em comum? Bem, se você se interessa por literatura mundial, deve saber que são renomados autores de ficção. Mas talvez haja uma coisa que você não saiba: antes de serem romancistas, todos atuaram como copywriters.

Alguns provavelmente diriam que copywriting e a criação de obras literárias não têm nada em comum. No entanto, o sucesso desses autores consagrados diz o contrário: se olharmos para suas carreiras como escritores, veremos que muito do que usamos em copy pode ser usado em literatura, e vice-versa.

A narração de histórias é um dos pontos de ligação entre essas artes. Há uma razão pela qual o lendário anúncio de John Caples ainda é considerado uma das peças mais brilhantes de copywriting de todos os tempos.

Caples não simplesmente fez uma oferta, ele contou uma história. Uma história que dialogava com seus leitores, trazendo à tona seus desejos, esperanças e sonhos. E isso lhe permitiu transformar esses leitores em clientes de forma muito mais eficaz do que qualquer outro discurso persuasivo.

Essa é a essência do bom copywriting.

Há algo que surge na minha cabeça quando penso em escrita de copy. Algo que tem a ver com fazer o leitor deslizar até o momento da chamada para ação.

Algo como fazê-lo percorrer etapa por etapa, sem que ele perceba, até chegar onde de fato o persuadimos a agir. O mesmo princípio pode ser usado em qualquer *StorySelling*.

No copy, há uma expressão comum chamada "efeito dominó", que diz que o objetivo de um parágrafo é fazer com que o prospecto leia o próximo. Assim, o trabalho é levá-lo:

- Do título à introdução;
- Da introdução ao corpo;
- Do corpo à oferta;
- Da oferta à chamada para ação.

Uma trilha com peças de dominó caindo até o momento de pedir a compra. Para explicar isso com mais clareza, podemos recorrer a um modelo difundido por outro mestre da escrita de copy, Victor Schwab. Ele chamava isso de: **Oito Pontos Para Uma Venda.**

1. Esse anúncio chamou minha atenção;

2. A *headline* ganhou meu interesse;

3. Esse interesse me levou ao primeiro parágrafo;

4. O primeiro parágrafo me levou a continuar lendo;

5. Este anúncio me interessou, me convenceu; assim...

6. Esse produto deve ser bom; e...

7. Eu vou conseguir isso algum dia; ou...

8. Vou obtê-lo agora.

Esse modelo mostra a sequência mais básica de uma mensagem de vendas. Tudo está conectado, todos os pontos se complementam e tudo flui para o objetivo comum: fazer com que o cliente em potencial tome a ação desejada.

Existem muitos meios de "preencher esses campos", fazendo o prospecto dizer *SIM* ao que está sendo ofertado.

É por isso que muitos livros são escritos e muitos treinamentos, produzidos. Como bem disse Dale Carnegie, "em todo o saber, há poucos princípios e muitas técnicas".

No entanto, uma das formas mais categóricas de levar um cliente em potencial (ou seja, o leitor de seu texto) a chegar até o fim é fazendo-o não apenas acompanhar sua escrita, mas inserindo-o nela. E a melhor forma de inserir alguém numa escrita é (adivinhe?) contar uma história.

Responda-me: não parece fácil entrar no mundo de um personagem que tem tudo o que temos ou que, ao menos, é tudo o que gostaríamos de ser? Esse é o poder de uma boa narrativa!

Sabe o que é mais impressionante? A maioria das histórias são apenas variações de um mesmo tema. Olhe para a maioria dos filmes de ação de Hollywood. Eles seguem praticamente a mesma estrutura narrativa.

Nos filmes de ação, tudo vai bem até que um conflito é gerado e o mocinho tem que lutar para salvar o dia. Os filmes de romance apresentam o rapaz que conhece a moça, eles se apaixonam, tudo é lindo, então algo acontece para separá-los, mas o amor vence e eles superam tudo para ficarem juntos.

As histórias de aventura mostram um personagem do mundo comum sendo conduzido a uma missão, superando diversos obstáculos e combatendo vários inimigos até chegar ao objetivo.

Os filmes de terror mostram pessoas seguindo a vida normalmente até que uma assombração ou monstro surge tentando matar todo mundo; a tensão cresce, levando todos ao clímax que antecede o desfecho, em que o fantasma é exorcizado ou o monstro, eliminado.

Mesmo sabendo o resultado final da maioria dos filmes que seguem esses padrões, continuamos a assisti-los e, na maioria das vezes, gostamos deles.

Isso prova que não é preciso inventar histórias geniais, ainda mais quando falamos de copywriting – um estilo de escrita que precisa ser simples, objetivo e convincente.

No entanto, para chegar a esse grau de simplicidade, você precisa conhecer os fundamentos, as estruturas e as técnicas. Assim, se tiver um bom produto e encontrar uma ótima história, basta organizá-la e dramatizá-la. Às vezes, isso pode ser comparado a procurar o gancho ou uma proposta única de vendas.

Muitas vezes, a história vem escondida com o cliente e você precisa colher isso dele. A história do criador do produto (chamado de especialista) pode ser usada para criar empatia com os clientes em potencial, dar esperança e inspirá-los.

Se eles sabem que você esteve onde eles estão atualmente e que passou e lutou para estar onde está agora, você cumpriu o seu papel. Assim mostra que sentiu a dor que eles sentem hoje e que pode se relacionar com todas as provações e tribulações do problema que estão enfrentando.

Você também pode criar confiança e credibilidade, à medida que você os informa sobre todas as coisas que você tentou no passado para superar o problema e sobre toda a pesquisa, tempo e dinheiro que investiu na busca de uma solução.

Assim, temos a essência do que eu chamamos de *StorySelling*, conceito que vamos embasar mais no próximo capítulo. Para fechar este, mergulharemos numa análise criteriosa do famoso anúncio de John Caples, citado no começo deste capítulo. Primeiramente, vamos conferir a tradução:

Eles Riram Quando me Sentei ao Piano. Mas, Quando Comecei a Tocar...

"Ele sabe mesmo tocar?", uma menina sussurrou.

"Céus, não!", Arthur exclamou.

"Ele nunca tocou uma nota em sua vida."

Arthur acabara de tocar "O Rosário". A sala ressoou com os aplausos. Decidi que esse seria um momento perfeito para minha estreia. Para a surpresa de todos os meus amigos, caminhei com confiança até o piano e me sentei.

"Jack está tramando seus velhos truques", alguém riu. A multidão riu. Eles estavam certos de que eu não conseguiria tocar uma única nota.

"Ele sabe mesmo tocar?", eu ouvi uma garota sussurrar para Arthur.

"Céus, não!", Arthur exclamou. "Ele nunca tocou uma nota em toda a sua vida... mas observe ele. Essa vai ser boa."

Decidi aproveitar ao máximo a situação. Pra tirar uma onda, peguei um lenço de seda e espanei levemente as teclas do piano. Então me levantei e dei uma leve mexida no banco giratório do piano, exatamente como eu tinha visto um imitador do Paderewski fazer em um show de artes variadas.

"O que você acha da execução dele?", disse uma voz vindo de trás. "Somos a favor!", voltou a resposta. E a multidão caiu na gargalhada.

Então Eu Comecei a Tocar

Instantaneamente, um silêncio tenso caiu sobre os convidados. A risada morreu em seus lábios como se fosse mágica. Toquei os primeiros compassos da imortal "Moonlight

Sonata", de Beethoven. Ouvi suspiros de espanto. Meus amigos ficaram sem fôlego, encantados!

Continuei tocando e, conforme fui tocando, esqueci as pessoas ao meu redor. Esqueci a hora, o lugar, os ouvintes sem fôlego. O mundinho no qual eu vivia parecia desaparecer – parecia escurecer –, algo irreal. Apenas a música era real. Apenas a música e as visões que isso me trouxe. Visões tão bonitas e tão mutáveis quanto o vento soprando as nuvens e o luar flutuante que há muito tempo atrás inspirou o mestre compositor. Parecia que o próprio mestre da música estava falando comigo – falando através da música, não em palavras, mas em acordes; não em frases, mas em melodias requintadas!

Um Triunfo Completo!

Quando as últimas notas de Moonlight Sonata (Sonata ao Luar) acabaram, a sala ressoou com uma repentina explosão de aplausos. Eu me vi cercado por rostos animados. E como meus amigos continuaram! Homens me cumprimentaram – parabenizavam-me loucamente –, batiam nas minhas costas com seu entusiasmo! Todos estavam exclamando com alegria – me bombardeando com perguntas... "Jack! Por que você não nos disse que sabia tocar assim?"; "Onde você aprendeu?"; "Há quanto tempo estuda?"; "Quem é seu professor?"

"Eu nunca nem vi meu professor", respondi. "E há pouco tempo atrás eu não conseguia tocar uma nota." "Pare de brincar", riu Arthur, sendo ele um pianista talentoso. "Você tem estudado por anos. Eu consigo perceber."

"Estou estudando há pouco tempo", insisti. "Eu decidi manter isso em segredo, então assim eu poderia surpreender todos vocês."

Então eu contei a eles toda a história.

"Vocês já ouviram falar da Escola de Música dos EUA?", perguntei.

Alguns dos meus amigos balançaram a cabeça dizendo que sim. "Essa é uma escola por correspondência, não é?", perguntaram. "Exatamente", respondi. "Eles têm um novo método simplificado que pode ensinar você a tocar qualquer instrumento por correio em apenas alguns meses."

Como Eu Aprendi a Tocar Sem Professor

E então expliquei como há anos eu ansiava por tocar piano.

"Há alguns meses", continuei, "vi um anúncio interessante da Escola de Música dos EUA – um novo método de aprender a tocar que custa apenas alguns centavos por dia! O anúncio contou como uma mulher dominou as técnicas do piano em seu tempo livre em casa – e sem professor! E o melhor de tudo, o maravilhoso novo método que ela usava não exigia escalas complexas, nem exercícios cruéis, nem práticas cansativas. Parecia tão convincente que preenchi o cupom solicitando a aula gratuita de demonstração.

"O livro grátis chegou rapidamente e comecei naquela mesma noite a estudar a aula de demonstração. Fiquei surpreso ao ver como era fácil tocar desse jeito novo. Então, eu fiz o pedido do curso."

"Quando o curso chegou, descobri que era exatamente como o anúncio dizia – tão fácil quanto o ABC! À medida que as lições continuavam, ficava cada vez mais fácil. Antes que eu percebesse, estava tocando todas as músicas que eu mais gosto. Nada me parou. Eu conseguia tocar baladas ou clássicos ou jazz, tudo com a mesma facilidade! E nunca tive nenhum talento especial para música!"

Toque Qualquer Instrumento

Agora você também pode aprender sozinho a ser um músico talentoso – em casa – na metade do tempo. Não tem como dar errado com este novo e simples método que já mostrou a 350 mil pessoas como tocar seus instrumentos favoritos. Esqueça a ideia ultrapassada de que você precisa ter um "talento" especial. Basta ler a lista de instrumentos no painel, decidir qual você quer tocar e a Escola de Música dos EUA fará o resto. E tenha em mente que, independentemente do instrumento escolhido, o custo em cada caso será o mesmo, apenas alguns centavos por dia. Não importa se você é apenas um mero iniciante ou já demonstra um ótimo desempenho, você ficará interessado em aprender sobre esse novo e maravilhoso método.

Solicite o Nosso Livreto Gratuito e Aula de Demonstração

Milhares de nossos estudantes de sucesso jamais sonharam que possuíam habilidades musicais até que tal habilidade foi revelada a eles por um notável "Teste de Habilidade Musical", que enviamos inteiramente sem custo com o nosso interessante livreto gratuito.

Se você está realmente interessado em tocar seu instrumento favorito – se você realmente deseja ter felicidade e aumentar sua popularidade –, solicite imediatamente o livreto gratuito e a aula de demonstração. Sem custo – sem compromisso. No momento, estamos fazendo uma oferta especial para um número limitado de novos alunos. Assine e envie este cupom, que é superconveniente, agora mesmo, antes que seja tarde demais para obter os benefícios desta oferta. Instrumentos fornecidos quando necessário, dinheiro ou cartão.

Escola de Música dos EUA, 1031 Brunswick Bldg., Nova York.

As técnicas que foram usadas nesta história foram:

• **Pegar o leitor pela mão:** Repare como Caples faz isso logo no título do anúncio, com "Eles riram quando me sentei ao piano, mas, quando comecei a tocar..." Isso é colocar o leitor dentro da história logo no primeiro contato. É como segurá-lo e dizer: "Venha aqui que eu vou mostrar uma coisa."

• **Ser visual, ou seja, pintar imagens na mente do leitor:** "Arthur acabara de tocar "O Rosário". A sala ressoou com os aplausos. Decidi que esse seria um momento perfeito para minha estreia. Para a surpresa de todos os meus amigos, caminhei com confiança até o piano e me sentei." Diga-me se você não imagina a cena do moço indo até o piano e se ajeitando em frente ao instrumento?

• **Abrir brechas para que o leitor interaja:** O autor de uma narrativa pode inserir perguntas e frases para que o leitor responda mentalmente, como: "O que você faria no lugar dele?" Mas, às vezes, a própria narrativa se encarrega de levar a pessoa a interagir inconscientemente. Isso ocorre num simples ato de se imaginar na cena.

• **Despertar emoções criando um elo entre o personagem e quem está lendo:** Não sei você, mas, ao conferir trechos da história do pianista, senti-me emocionado. A emoção surgiu logo no trecho: "Instantaneamente, um silêncio tenso caiu sobre os convidados. A risada morreu em seus lábios como se fosse mágica. Toquei os primeiros compassos da imortal 'Moonlight Sonata', de Beethoven. Ouvi suspiros de espanto. Meus amigos ficaram sem fôlego, encantados!"

• **Apresentar fatos relevantes (e descartar tudo o que não importa):** Ao ler o anúncio de Caples do começo ao fim, percebemos que ele é claro, objetivo e não faz rodeios; a narrativa flui de modo natural, não há voltas desnecessárias e explanações enfadonhas. Você vai sendo carregado levemente até o clímax da história.

- **Promover um diálogo, apresentando sua história como uma conversa:** É fácil imaginar um amigo sentado na sala narrando enquanto adoça o café: "Decidi aproveitar ao máximo a situação. Pra tirar uma onda, peguei um lenço de seda e espanei levemente as teclas do piano. Então me levantei e dei uma leve mexida no banco giratório do piano, exatamente como eu tinha visto um imitador do Paderewski fazer em um show de artes variadas."

Mostrar um personagem que o público se identifique: Veja se não é fácil se identificar com Jack – um jovem sendo zombado por sua suposta falta de capacidade musical que apresenta uma performance impecável da "Moonlight Sonata" de Beethoven em uma noite de apresentações. Até mesmo quem nunca sentiu na pele o desdém sobre as próprias capacidades torceria por ele!

Fazer a trama girar em torno de um conflito a ser resolvido no desenvolver da história: O conflito é claro na narrativa de John Caples: Jack foi ridicularizado, a multidão riu, seus amigos zombaram, as garotas duvidaram (esse é o conflito). Mas ele surpreendeu a todos os presentes com sua performance no piano (esse é o desfecho).

Então, pronto para usar essas técnicas em sua próxima história?

Exercício:

Que tal criar uma história inspirada na narrativa de John Caples? Talvez isso possa ser feito com uma situação em que duvidaram de você, mas você provou que estava certo; ou deu a volta por cima; ou se superou de alguma forma. Se for possível, faça ponte entre essa narrativa e algum produto ou serviço. Se não houver algo que possa ser vendido, apenas narre e insira uma moral da história no final. Isso o ajudará a desenvolver o seu senso de narrativa.

CAPÍTULO 10

O *StorySelling*

Paulo Maccedo

StorySelling, como o nome sugere, é "histórias que vendem". Mesmo que você use o conceito para algo sem objetivo diretamente comercial, ainda estará vendendo ideias, argumentos ou crenças com uso de histórias.

Ainda amarrando com produtos ou serviços, acredito que aqui podemos *desenhar* basicamente o processo de criação/encaixe de histórias na intenção de fazer uma venda. Posso resumir as etapas desse processo da seguinte forma:

1. Você encontra ou desenvolve um bom produto com forte apelo para um determinado público;

2. Você encontra uma boa história que possa fazer ponte com a solução que esse produto entrega;

3. Você constrói a história usando uma estrutura testada e validada (apresentarei algumas em capítulos posteriores);

4. Você cria a mensagem usando essa estrutura, inserindo a oferta e uma forte chamada para ação.

Claro que, quando falamos de vendas, há outros fatores envolvidos, como estratégia, planejamento, tráfego (como fazer a oferta chegar até as pessoas), ferramentas etc. Mas, falando de forma geral, é assim que um *StorySelling* toma forma.

A ideia parece simples, e de fato é, mas precisamos deixar claro que, assim como qualquer um pode escrever em poucas etapas como construir uma casa, poucos teriam a habilidade para construir uma sem a orientação técnica de profissionais mais experientes.

É exatamente isso que estamos procurando fazer aqui: **apresentar as técnicas de "construção de alicerces e assentamento de tijolos" que você precisa conhecer para escrever histórias que vendem.**

Assim como, na construção, uma planta é desenhada pelo arquiteto, podemos agora "desenhar" o conceito de *StorySelling*. A partir desse conceito, é possível **criar (ou encontrar) histórias** inspiradoras contextualizadas com o produto para **envolver emocionalmente o consumidor** — e deixá-lo pronto para tomar uma **decisão de compra, de preferência, imediata.**

Acredito que já esteja claro, mas, para fins de fixação, também apresento a seguinte afirmação: "Tenha uma oferta irresistível com uma chamada para ação precedidas de uma história emocionalmente envolvente".

"Uhm, consegui compreender... mas onde isso pode ser aplicado, Paulo?"

Os pontos a seguir respondem:

- Anúncios;
- Páginas de captura/cadastro;
- Funis de email;
- Cartas de vendas;
- Páginas de vendas;
- Scripts comerciais;
- Vídeos e podcasts;
- Campanhas;
- Lançamentos;
- Reuniões de negócios;
- Palestras e apresentações;
- Aulas e mentorias.

Ou qualquer meio que lhe permita atrair, engajar, educar e envolver pessoas — desde um simples *post* de rede social até blogs, artigos, infográficos, descrições de produtos etc. Sua visão e criatividade é que determinam onde o *StorySelling* será aplicado.

Na primeira turma do treinamento em vídeos dedicado a esse conceito (na época, com outro nome), fiz alguns desenhos que ajudaram os alunos a compreender o *StorySelling* numa aplicação de cartas de vendas e anúncios.

A narrativa abordou o copy do título ao meio do corpo, pouco antes da apresentação da oferta. Se você observar o anúncio de John Caples, analisado no capítulo anterior, verá que, de certa forma, ele seguiu esse modelo. Caples inseriu o leitor na história e o carregou até o momento de apresentar o produto.

Claro que esse é um modelo e não uma regra que deve ser seguida à risca. É **possível narrar apenas em um parágrafo** (falarei disso) ou mesmo **fazer com que a história preencha tudo**, da primeira à última linha — o que determina a eficácia de um ou de outro é a sua habilidade e o seu *feeling*.

No entanto, o que acabei de explicar faz com que a maioria dos anúncios e cartas de vendas funcionem com o apoio de uma história.

Todo profissional de marketing ou vendedor aprende que uma boa oferta é determinante para uma venda. No entanto, uma oferta isolada, sem um envolvimento emocional antes, tende a ser pouco ou nada eficaz.

Ao construir uma oferta, temos alguns pontos como:

- Apresentação do produto (nome, características, benefícios, proposta única de vendas);
- Preço (ancoragem, quebra, desconto etc.);
- Prova (mostras que o seu produto funciona/pessoas falando sobre ele);

- Bônus (geração de valor, elevação das vantagens);
- Garantia (segurança);
- Avisos (atenção, PS etc).

Isso tudo apresentado após um aquecimento, um cortejo, um **envolvimento emocional** será mais bem aceito do que com uma apresentação fria. Dito de outra forma, mesmo a oferta sendo o elemento principal para a conversão, é preciso deixar a pessoa aberta para recebê-la.

A ideia então é fazer o prospecto *dizer sim várias vezes* antes de chegar até o ponto da venda. O prospecto diz sim para os comandos ocultos que você dá durante o trabalho de envolvimento, por exemplo:

"Sim, é realmente melhor ser um bom pianista do que viver sendo alvo de chacotas!"...

"Sim, é melhor autoeducar-se do que viver como um fracassado!"...

"Sim, é melhor perder peso do que viver com vergonha de ocupar dois assentos no ônibus!"...

Assim o prospecto chega pronto para aceitar uma solução que fará com que ele mantenha o compromisso mental que fez durante o percurso.

Certa vez, eu disse que mudar mentes é diferente de mostrar que tem argumentos. Persuasão requer paciência, habilidade e discernimento. Isso cabe perfeitamente aqui.

Se só mostrar um argumento de vendas fosse suficiente, não precisaríamos estudar persuasão. Bastaria aprender sobre o produto, dominar todas as suas características e benefícios.

Um infográfico publicado no *New York Times* apresenta informações que explicam por que a narrativa é tão poderosa.

Basicamente, se lemos um relatório ou assistimos a uma apresentação em PowerPoint com informações frias e gráficos chatos, apenas duas áreas do nosso cérebro são ativadas. Os cientistas chamam essas áreas de Broca e Wernicke.

No geral, as informações atingem nossas partes de processamento de linguagem no cérebro, onde decodificamos as palavras em significados. E é isso, nada mais acontece.

No entanto, quando nos contam uma história, as coisas mudam drasticamente. Nesse caso, não são apenas ativadas as partes cerebrais responsáveis pelo processo de linguagem, mas até sete regiões tremeluzem com luz e atividade.

Se alguém nos fala sobre uma ótima música que ouviu no rádio, nosso córtex auditivo acende; se nos é contado que algo se moveu, nosso córtex motor é acionado; se a informação dada trata de gosto e cheiro, os sentidos olfativos e palatares se ativam, e assim por diante.

Para fechar a lição, lembro da primeira vez em que tive um *"click"* sobre o *StorySelling*. Eu estava lendo a carta de vendas *O Nerd Desesperado de Ohio*, de Gary Halbert, e fiquei tão encantado com a abordagem que me baseei na mesma estrutura de história para vender minha expertise em cartas de vendas. Em poucas horas, eu colocava no ar a seguinte peça de copy:

Os R$ 21.752,00 Mais Importantes da Minha Vida

Veja como isso pode levar você do poço das baixas conversões ao faturamento na internet

"Quase todos os problemas da vida podem ser resolvidos com uma carta de vendas." — Gary Halbert, o redator mais habilidoso do mundo.

Story$elling

Da mesa de Paulo Maccedo

Caro amigo,

Se você precisa resolver os problemas de baixas conversões em vendas e aumentar seu faturamento, esta é a mensagem mais importante que você vai ler.

Em poucas linhas, você vai descobrir como os R$ 21.752,00 mais importantes da minha vida apontam o caminho para você ter...

UM NEGÓCIO MAIS LUCRATIVO
(E À PROVA DE FALÊNCIA).

Aqui está o porquê: meu nome é Paulo Maccedo e, há cerca de dois anos, eu simplesmente quebrei.

Meu negócio estava arrebentado a ponto de entrar para as estatísticas de empresas que fecham por falta de lucro.

Naquela situação, eu não podia pagar o salário de minha assistente e muito menos o aluguel da sala que usava como escritório.

A verdade é que eu não estava apenas quebrado, eu estava desesperado.

No meio dessa situação, tive que viajar do Rio de Janeiro a São Paulo para um evento com milionários...

Por ironia do destino, o meu "eu falido" respiraria o mesmo ar que homens bem-sucedidos no mundo dos negócios.

Para cumprir o compromisso, tive que fazer o que eu mais temia: pedir dinheiro emprestado.

Quem me deu auxílio nesse momento foi minha sogra, cedendo R$ 200,00.

Sem ter como pagar hospedagem ou viajar de avião, peguei um ônibus e decidi fazer um "bate e volta".

Precisei tomar banho na rodoviária e comer em restaurantes com comida barata.

Fiz milagres com aquele pouco dinheiro.

A situação estava realmente difícil.

É como se minha autoestima tivesse sido jogada numa caçamba de lixo.

Passados alguns dias após o evento, ainda com um fardo emocional nas costas, respirei fundo e decidi usar todo o meu potencial como escritor.

Busquei total inspiração no meu íntimo para escrever...

Um tipo específico de carta.

Uma carta para vender um produto que eu tinha acabado de pensar em criar.

Eu achava a ideia boa demais, mas ainda não tinha nada para entregar.

Ou seja, tinha apenas a ideia, o desejo e uma oferta.

Depois de criar um grupo no Facebook e outro no WhatsApp para receber os clientes, e de criar um link no PagSeguro...

Escrevi a carta e comecei a fazer chamadas e, pasme, as pessoas começaram a pagar pela minha ideia.

Então, consolidei o produto, entreguei aos primeiros compradores, que ficaram satisfeitos, e passei a divulgar ainda mais a carta.

Você pode imaginar o que aconteceu depois?

Em apenas 12 meses, aquela única carta me trouxe nada menos que...

R$ 21.752,00

Sem uso de anúncios pagos ou compra de mídia, apenas usando o "boca a boca on-line".

Exatos R$ 21.752,00 vendendo um produto que não existia inicialmente, mas que foi criado e devidamente entregue após as compras.

Com isso, eu (re)comecei do zero e saí do extremo sufoco. Essa grana pode parecer pouca para alguns, mas salvou o meu negócio da falência. Com ela eu pude respirar, pagar o salário da minha assistente, arcar com o aluguel do escritório e, claro, devolver os R$ 200,00 à minha sogra.

Essa mesma carta continua no ar hoje e gera um empilhamento de vendas e comissões mensais. Só nos últimos três meses, ela me trouxe 216 vendas, como pode ver no print adiante.

A mesma carta me permite olhar para o painel do aplicativo de recebimento que eu uso para vender on-line e me deparar com previsões de ganchos como estas.

Hoje eu posso entender que a frase de Gary Halbert, o redator mais habilidoso do mundo, expõe a verdade que mudou completamente a minha vida:

> "Quase todos os problemas da vida podem ser resolvidos com uma carta de vendas."

Eu nunca mais parei de escrever cartas.

Se você entrar no meu site, por exemplo, verá que cada produto meu tem pelo menos uma carta no ar.

Uma delas fez com que o meu último livro virasse um *best-seller* nacional, esgotando a primeira tiragem em apenas 24 dias.

Esse livro ultrapassou os 10 mil exemplares no mercado e foi indicado pela Época Negócios como um dos livros de marketing mais vendidos. Meu negócio chegou ao patamar dos múltiplos seis dígitos quando repliquei a mesma essência em várias cartas de vendas.

Felizmente, nunca mais passei por um sufoco como aquele.

Por isso costumo dizer que hoje tenho um negócio à prova de falência.

Não que não exista o risco de eu quebrar novamente, mas estou certo de que, se precisar voltar à sarjeta comercial, poderei escrever outras cartas de vendas para vender algum produto que permita fazer caixa.

Pode apostar...

Cartas de vendas facilitam a vida em qualquer caso

Porque são destinadas a persuadir o leitor a comprar um determinado produto ou serviço na ausência de um vendedor.

O objetivo é "conversar com o cliente" e dizer que você entende o que ele está sentindo.

Depois é mostrar a ele como o produto pode ajudá-lo a mudar de vida...

A cartas também respondem às objeções, eliminando possíveis barreiras para que as vendas aconteçam...

Por fim, fazem com que o leitor tome ações específicas, como clicar num botão e preencher os dados do cartão de crédito.

A maioria das pessoas tende a achar uma tarefa complicada vender um produto sem soar fanfarrão ou exagerado.

Na verdade, não é tão difícil se você souber preparar o terreno e listar objetivamente os benefícios do produto...

Bem como destacar os ganhos que o cliente terá ao adotar sua ideia.

Aprendi que, à primeira vista, escrever uma carta de vendas é uma questão simples:

1. Você escreve um título arrebatador no topo da carta;

2. Começa com uma provocação ou informação chocante;

3. Expõe um problema e aponta a solução;

4. Vende o produto destacando seus pontos fortes;

5. E finalmente "fecha" pedindo a venda.

O que poderia ser mais fácil que isso?

No entanto, a maioria dos homens de negócios que chegam ao mercado digital não tem a habilidade para fazê-lo.

Essa falta de habilidade transparece nos negócios que não vendem e descem a ladeira rumo às estatísticas das empresas que quebram.

É aí que entra o trabalho do copywriter profissional, o especialista mais bem preparado do planeta para escrever cartas de vendas.

Ao ter uma carta bem-elaborada e bem-escrita por um copywriter profissional, você pode...

1) Arrebatar os seus leitores.

Cartas de vendas são abertas com informações chocantes e quebras de padrão.

Elas tendem a deixar o cérebro do leitor hipnotizado pela mensagem.

É justamente isso que o prepara para conhecer, desejar e obter a oferta.

2) Explorar as necessidades do cliente.

A carta de vendas também ressalta as dores do cliente em potencial.

Isso faz com que ele perceba ainda mais valor na solução que você está oferecendo.

Em alguns casos, tudo o que ele pensa em fazer é sacar a carteira e dar o dinheiro para receber o que você prometeu.

3) Matar objeções.

Você é obrigado a conhecer as principais objeções do seu cliente.

Assim você pode criar uma comunicação que elimine essas objeções e garanta a oportunidade de venda.

Batendo em objeção linha por linha, seu potencial cliente fica disponível para obter o que você vende.

4) Expor informações importantes sobre sua solução.

Você inclui as principais informações sobre a sua solução.

Cria mais valor sobre o produto ou serviço.

Expõe bônus, garantia e diferenciais de entrega.

5) Induzir à ação.

Uma carta de vendas possui vários elementos de persuasão.

Tais elementos buscam conduzir o usuário a realizar uma ação.

Ao expor esses elementos corretamente, basta fazer uma chamada para ação.

Mark Morgan Ford é um norte-americano que atua como escritor, empresário, editor, investidor imobiliário, cineasta, colecionador de arte e consultor de marketing.

Também é autor *best-seller* do New York Times, tendo escrito inúmeros ensaios e livros sobre empreendedorismo, geração de riqueza, economia e redação.

Em entrevistas, Mark Ford fala sobre como sua primeira carta de vendas realmente bem-sucedida o afetou financeiramente.

Quando a escreveu, sua renda anual chegou a US$ 70 mil.

No ano seguinte, a renda saltou para cerca de US$ 350 mil. E, no ano seguinte, ele faturou seu primeiro milhão.

Como ele ficou tão bom em escrita e geração de riquezas?

Estudando, criando e testando cartas de vendas em seus negócios.

Mark Ford é um dos homens que me fez ver que, para desfrutar de recompensas financeiras e pessoais, é preciso dominar a arte e ciência da persuasão. E não há maneira mais rápida de fazer isso do que escrever cartas de vendas.

Ao adotar "a mentalidade das cartas", você não só economizará tempo e dinheiro, mas descobrirá que isso ajudará você a criar um marketing melhor.

O que significa ter melhores resultados em vendas e mandar lucro diretamente para o bolso.

Antes que você perceba, as cartas de vendas o ajudarão a elevar seu *status*, assim como o de Mark Ford.

Considere tudo isso como uma introdução aos estudos de cartas de vendas.

E um convite pessoal a ter minha habilidade como escritor de cartas bem-sucedidas no seu negócio.

Se, depois de tudo o que eu disse aqui, você sente que uma das minhas cartas podem resolver algum problema seu...

Ou mesmo turbinar seus resultados com o marketing...

...livrando você de poços de baixas conversões e sarjetas comerciais...

Por favor, clique no botão abaixo e preencha o formulário.

[SIM! EU QUERO VENDER MAIS USANDO O PODER DAS PALAVRAS]

Ao seu sucesso,

Paulo Maccedo.

PS.: É preciso verificar a disponibilidade de agenda, pois estou semanalmente ocupado queimando meus neurônios enquanto escrevo cartas de vendas para negócios de clientes meus.

PPS.: A essência das cartas de vendas também pode ser adaptada a outros formatos, como vídeos, comunicações por e-mail, anúncios e editoriais. Sei bem como fazer isso e aplicar testes que podem ser indiscutivelmente lucrativos.

CAPÍTULO 11

Títulos, Abordagens e Introduções

Paulo Maccedo

> *"Cheguei à conclusão de que alguns copys mais fortes não são variedade tradicional de hard-sell, com superlativos, benefícios e instruções. Uma abordagem mais sedutora, indireta e oblíqua me parece a onda do futuro."*
> – Don Hauptman, premiado redator de resposta direta com mais de trinta anos de carreira.

Estou aqui para acender o seu cérebro. Isso é possível — a ciência prova. Vamos voltar a falar disso em menos de sessenta segundos. Agora, deixe-me contextualizar:

Muita gente fala de criação de títulos atraentes. Vários especialistas evangelizam sobre o poder de uma boa *headline*. Usam estatísticas como "o título vende 80% do produto" etc.

Entretanto, poucos mostram como fazer títulos realmente IMPACTANTES.

Títulos como estes:

- "Eles riram quando eu sentei no piano, mas, quando eu comecei a tocar..."
- "O sensacional segredo para fazer dinheiro de um nerd desesperado de Ohio!"
- "O avanço da visão: Quando coloquei o par de óculos, não pude acreditar no que eu vi. Nem você acreditará"
- "A história de um homem de 76 anos que me fez entrar em forma com o melhor físico da minha vida"

Os autores dessas *headlines* são John Caples, Gary Halbert, Joe Sugarman e Matt Furey.

Esses títulos têm algo em comum: contam uma história. E certamente você não percebeu, mas o seu cérebro se iluminou ao ler cada uma delas. E se você ler de novo, o mesmo vai acontecer. Um infográfico científico publicado no *New York Times* explica isso.

Por meio de ressonância magnética, descobriu-se que, enquanto apenas duas partes do cérebro são ativadas quando consumimos dados e fatos, até sete áreas são ativadas quando estamos envolvidos com uma história. No experimento, essas sete áreas se iluminavam quando as narrativas eram passadas.

Sabe o que isso significa? Que criar um título contando uma história é uma das melhores formas de agarrar a atenção do leitor imediatamente. Vamos conferir mais exemplos:

1. "AVISO: você pode ficar tão indignado quanto eu fiquei ao conhecer o segredo de John"
2. "Filho de um policial choca o mundo: Ele começou uma empresa com US $ 7.500... e agora está assinando acordos de bilhões de dólares com as maiores empresas de tecnologia da América"
3. "Fim do câncer? O segredo que Hitler não conseguiu levar para o túmulo"
4. "Companhia do Texas explora $ 2,8 trilhões de reservas de petróleo sob a Torre Eiffel"
5. "Consultor bem pago: Como criei um negócio de consultoria de $ 175 mil por mês"
6. "A impressionante história do escritor que imprimiu a própria mente"
7. "A história real de um deficiente físico que ficou milionário vendendo salsichas"
8. "Faz vinte anos que não tomo um copo de água..."

Intencionalmente, trouxe *headlines* bem diferentes umas das outras. Quis mostrar como é possível narrar algo por meio de títulos, mesmo de forma implícita, como alguns casos.

> **Exercício:**
> Crie títulos inspirados nesses exemplos que acabou de conhecer.

Abordagens

Num contexto geral, chegamos num ponto da escala de evolução comercial em que anúncios não funcionam sem um grau de encantamento. Sem encantamento, sem vendas. Seth Godin afirma: **"Marketing não é mais sobre o que você faz, mas sobre as histórias que você conta."**

Raramente compramos um bem, ou seja, um produto ou serviço. Compramos o sonho ou a esperança de que aquilo nos fará pessoas melhores.

Se você não souber exatamente como escrever boas histórias, será difícil se tornar um vendedor de sonhos e esperanças e, consequentemente, de produtos ou serviços.

Muitas vezes, o principal ingrediente que falta na mensagem de vendas é uma história interessante. Uma boa narrativa como componente vital de uma campanha, *headline* ou proposta única de vendas.

Isso se torna cada vez mais evidente aos atentos. Mas há os que insistem em empurrar produtos e forçar vendas por meio de anúncios frios e não estimulantes.

Parece que há muitos resquícios da velha forma de fazer vendas, da ideia de que basta exaltar as qualidades do produto que a magia acontece. No entanto, a única magia possível nesse caso é o *feitiço da rejeição*.

Anúncios mais diretos, que soam como megafones, podem até funcionar num primeiro contato. Mas só se atingirem quem já está plenamente consciente e já tem interesse no produto — alguém que já passou pelas etapas de reconhecimento do problema, identificação de soluções e está considerando opções.

Fora isso, esse tipo de anúncio será completamente ignorado por grande parte das pessoas. Ao apostar nesse tipo de abordagem direta, você corre o risco de se tornar um mero "panfleteiro". E quem, além das gráficas, realmente gosta de panfletos?

Agora imagine uma história atrelada à mensagem de vendas de um curso de inglês. Como a história de Roberta Costa, mulher negra e ex-moradora de uma periferia paulista que foi de repositora de supermercado (com um salário comercial mínimo) a diretora de uma empresa de relações internacionais (com um ganho financeiro mensal dez vezes superior).

Que tal desenhar que a diferença na vida de Roberta foi o inglês ensinado na empresa *You Speak English!*? Pense em quantas pessoas podem ser atingidas com esse tipo de história.

Saber se devemos ou não ser explícitos sobre a oferta depende de alguns fatores. As ideias de um lendário copywriter do século XX podem nos ajudar muito a descobrir que tipo de abordagem usar e como usar histórias contextualizadas com essa abordagem.

Eugene Schwartz foi um dos maiores redatores de todos os tempos e até hoje roubamos ideias que ele deixou registradas. Schwartz era especialista em campanhas de mala direta e até meados dos anos 1990 (época em que faleceu), escreveu dez livros que revelam alguns de seus segredos.

Numa de suas obras mais famosas, *Breakthrough Advertising*, de 1966, Schwartz deixou uma das mais interessantes teorias de copywriting de todos os tempos. Gustavo vai se aprofundar nela no próximo capítulo.

Com base no conceito de Schwartz, o que eu desejo que grave agora é isto: quando se trata de ações de vendas, basicamente existem dois tipos de abordagens gerais: direta e indireta.

No caso da abordagem direta, você vai direto à oferta mencionando produto, o preço, descontos, garantias e tudo o que é apresentado na *headline* e na introdução da mensagem. Esse modo é muito eficaz quando você já tem um prospecto pronto para comprar.

Chamada de abordagem direta:

Assine Meu Newsletter Privado e Exclusivo e Receba Semanalmente Segredinhos Valiosos Sobre Marketing Poderoso e Copywriting Que Converte De Verdade

Lições viscerais escritas por mim + áudios no Telegram + bônus incríveis entregues numa área de membros por apenas: 9x de 9,66

[Assinar agora]

Já a abordagem indireta pode ajudar a superar alguns obstáculos simples, como se seu cliente em potencial não sabe quem você é ou como seu produto pode resolver os problemas dele. Esse tipo pode ser especialmente útil se você tiver um cliente menos consciente ou cético:

Story$elling

Chamada de abordagem indireta:

AVISO: Você Pode Ficar Tão Indignado Quanto Eu Fiquei Ao Conhecer...
"O Segredo de John"

Repare que, no primeiro caso, não há dúvidas de que algo está sendo vendido. No segundo, há uma história, e o leitor não faz muita ideia de onde a chamada o levará — o que ajuda a matar objeções e *aquecer* o consumidor até a oferta.

Ambos os modelos podem ser poderosos e o uso deles depende apenas do objetivo que você está tentando alcançar.

De um modo geral, quanto mais alto a pessoa está na escala de consciência, mais direto você precisa ser. Logicamente, quanto mais baixo ela estiver, menos direto você deve ser (Gustavo vai explicar isso melhor no capítulo posterior).

Em resumo, você usará uma abordagem direta quando seu cliente em potencial já tiver consciência sobre o problema e estiver procurando a solução para o que enfrenta, quando seu produto já for conhecido do público ou quando não há muito tempo para educar o prospecto para a compra.

Ou vai usar uma abordagem indireta quando seu cliente em potencial não souber praticamente nada sobre você, seu produto exigir explicações mais detalhadas, seu prospecto for cético e você tiver que trabalhar para fazê-lo superar isso ou se seu produto tem uma conexão com algo grande que está acontecendo na mídia, no mercado, no mundo.

Você só precisa ficar atento porque, embora abordagens indiretas possam gerar algumas *headlines* e introduções realmente interessantes, você corre o risco de demorar muito ou ser muito chato antes de chegar ao produto em si.

No caso das abordagens diretas, você corre o risco de soar intrusivo, agressivo e acabar afastando as pessoas que não estão interessadas no que você vende.

Entretanto, como explica Michael Masterson e John Forde em *Great Leads*: "Você descobrirá que pode fazer o tipo de *lead* funcionar direta ou indiretamente. Vai depender de para quem está escrevendo, o que eles sabem e para que tipo de produto você está escrevendo."

Aliás, já que citei o clássico *Great Leads*, podemos usá-lo como base para reforçar a importância dos *leads*.

Introduções

Já ouvimos várias vezes que muito do sucesso de uma mensagem de vendas depende da *headline* — e isso é verdade. Muitos profissionais, porém, ignoram a importância crítica do *lead* (introdução).

Michael Masterson e John Forde rompem isso e fornecem um guia claro, conciso e fácil de seguir para escrever *leads* bem-sucedidos.

Eles examinam aspectos cruciais sobre como escrever *leads* poderosos e mostram como esse processo começa muito antes de uma palavra ser colocada no papel.

Segundo eles, "cerca de 80% do impacto emocional de qualquer copy é determinado pelos primeiros 20% dele". Depois de explicações sobre isso, eles listam os seis tipos de *leads* mais comuns:

1. Oferta;

2. Promessa;

3. Solução de problemas;

4. Grande segredo;

5. Proclamação;

6. História.

Todos são importantes e podem se encaixar em diferentes contextos, a depender do nível de consciência, mas, por motivos óbvios, vamos focar o sexto modelo.

> "O *lead* de história: essa pode ser não apenas a maneira mais indireta de abrir uma carta de vendas, mas também uma das mais consistentemente poderosas. Todo mundo adora uma história. Além disso, as histórias podem envolver leitores que não conhecem bem você ou o produto, ou podem vacilar em uma afirmação mais direta e inacreditável. Depoimentos, biografias de gurus, provas históricas ou histórico — todos geram *leads* de história. Apenas certifique-se de contar a história rapidamente e mantê-la no contexto da promessa/ideia central maior da promoção."

Para exemplificar, vou listar alguns trechos de cartas clássicas que usam o *lead* de história:

"Arthur acabara de tocar 'O Rosário'. A sala ressoou com os aplausos. Decidi que esse seria um momento perfeito para minha estreia. Para a surpresa de todos os meus amigos, caminhei com confiança até o piano e me sentei." (Escola de Música dos EUA, John Caples, 1925)

"Caro leitor, em uma bela tarde de primavera, 25 anos atrás, dois jovens se formaram na mesma escola. Esses jovens eram muito parecidos. Os dois foram estudantes melhores que a média, ambos eram bem apessoados e os dois - como jovens colegas de graduação são - eram cheios de sonhos ambiciosos para o futuro." (*The Wall Street Journal*, Martin Conroy, 1974.)

"Len é um amigo meu que tem um senso para bons produtos. Um dia ele me ligou animado para falar sobre um par de óculos de sol que ele possui. 'É tão incrível', ele disse, 'quando você olha a primeira vez pelas lentes de um par, você não acredita.' 'O que eu vou ver?' perguntei. 'O que pode ser tão incrível?'" (*Avanços da Visão*, Joseph Sugarman, 1987)

"Há um cara na Califórnia chamado Carl Palmer que, até recentemente, era muito rico e muito entediado. Ele ficou rico (pela primeira vez) ao abrir uma empresa em 1970, que vendeu para a Coca-Cola apenas três anos depois, em 1973." (Seychelle Technologies, Gary Halbert, ano desconhecido).

Todos são exemplos bem-sucedidos e provam que começar uma mensagem de vendas com uma boa história é uma excelente forma de agarrar a atenção do leitor.

Esses são os princípios básicos por trás das *headlines, abordagens e introduções* — aconselho que você os encare como orientações, em vez de regras inflexíveis.

CAPÍTULO 12

Níveis de Mercado e Histórias ao Longo do Tempo

Gustavo Ferreira

Agora teremos uma visão de "quando" você conta diversos formatos de histórias com base no nível de consciência do seu cliente.

Por exemplo, existem pessoas que já estão diretamente à procura do seu produto. E há pessoas que não fazem ideia de que têm um problema a ser resolvido.

Isso é chamado de Nível de Consciência do Mercado, apresentado por Eugene no livro *Breakthrough Advertising*, já citado pelo Maccedo no capítulo anterior. Esta é uma versão adaptada que uso:

```
              /\
             /$ \
            /Produto\
           /--------\
          /   $$     \
         /  Produtos  \
        /--------------\
       /     $$$        \
      /    Soluções      \
     /--------------------\
    /       $$$$           \
   /      Problema          \
  /--------------------------\
 /        $$$$$$$             \
/  Não conscientes do problema \
--------------------------------
```

Vamos começar pelo topo: existem pessoas que já conhecem você, sua solução e seu produto. Apenas precisam de um pequeno empurrão para comprar. Ou seja, essas pessoas estão conscientes do seu produto.

Ao mesmo tempo, há pessoas que estão procurando vários produtos para atender às necessidades delas.

É como se fosse uma pesquisa de preço do mesmo produto em várias farmácias (comparando diversas marcas e preços).

São pessoas conscientes de que existem produtos que atendem à necessidade delas, e estão procurando qual vai atender melhor.

O próximo espectro mostra pessoas que estão procurando soluções para um problema, por exemplo, emagrecer. Uma solução é fazer exercícios. Outra, é fazer uma dieta. Outra solução é fazer uma cirurgia.

Ou seja, são pessoas que ainda estão explorando as diversas formas possíveis de resolver um determinado problema, mas ainda estão "longe" de ter uma consciência direta do seu produto.

No quarto nível, estamos falando de pessoas que sabem que têm um problema, mas não necessariamente estão procurando uma solução ainda, por exemplo, diabetes. Esse é um problema na vida de milhões de pessoas, mas poucas estão ativamente buscando soluções para resolver.

E, no último nível, há pessoas completamente inconscientes que têm um problema que precisa ser resolvido.

Por exemplo, você sabia que, se os pelos da perna próximos ao calcanhar começarem a cair sem motivo aparente, isso pode indicar um problema cardíaco? Agora está consciente de que pode existir um problema na sua vida.

Esse nível inconsciente é o mais "distante" de uma compra, porém, é o que mais nos aproxima do maior número de pessoas. E, com o tempo, mantendo um relacionamento com essas pessoas (meu canal favorito para isso é o e-mail marketing, e acredito que este continuará sendo o meio mais lucrativo por uns bons anos), elas potencialmente virarão clientes.

Agora... o que falamos em cada um desses estágios? Aqui está a imagem com alguns exemplos:

$
Produto
Exemplo: Método xyz, com 15 minutos por dia
Use depoimentos e estudos de caso

$$
Produtos
Invalidar concorrentes COM RESPEITO
("tentei 'isso' e não funcionou por causa 'disso'")

$$$
Soluções
Exemplo: Treinos de 15 minutos por dia
Invalide soluções diferentes (1 hora de academia, dietas restritivas)

$$$$
Problema
Como mães solteiras mantêm o
corpo sarado (perfil ideal) Foco no benefício

$$$$$$
Não conscientes do problema
Como <avatar> consegue <benefício>
(depois mostra a solução) Chamadas "click-bait"

Perceba como há uma evolução da mensagem que você pode trabalhar.

Se são pessoas que já estão acompanhando você, estão em sua lista de e-mails, seguem você etc., é possível apresentar diretamente uma história com depoimentos ou estudo de caso, mostrando os resultados específicos que podem ser alcançados com o seu produto.

Da mesma forma, se você quer atrair um público novo, pode criar mensagens mais genéricas, com histórias que definem o seu público-alvo ideal.

Você poderia contar uma história sobre como mães solteiras acima dos quarenta anos conseguem manter o corpo sarado.

Percebe como é uma mensagem ampla, e que você precisaria de mais conteúdos e histórias para conduzir seu público até a "venda" em si?

Algumas ideias:

- **Consciente do produto:** "Por que apenas com este livro de *StorySelling* João conseguiu criar uma história de R$ 1 milhão?"

- **Consciente de produtos:** "O código secreto das histórias que vendem."

- **Conscientes de soluções:** "Como você também pode contar histórias que vão transformar você na próxima celebridade."

- **Consciente do problema:** "O segredo das pessoas que conseguem milhares de seguidores nas redes sociais."

- **Inconscientes de problema:** "A história da bisavó que saiu de desconhecida a 200 mil seguidores no YouTube."

De outro nicho:

- **Consciente do produto:** "Janaína eliminou quatro quilos em três semanas com apenas quinze minutos de exercício diário. Veja como."

- **Consciente de produtos:** "Não aguento mais academia", ela disse. Hoje, está magra.

- **Conscientes de soluções:** "Três formas inusitadas para perder peso."

- **Consciente de problema:** "Como mães solteiras acima de quarenta anos estão mantendo o corpo sarado."

- **Inconscientes de problema:** "Mãe. Solteira. Profissional. Sarada."

Perceba também que não há "limites fixos" entre onde começa ou termina um nível. O mais importante agora é você compreender que cada nível de consciência precisa de histórias diferentes.

> **Exercício:**
> Analise seu produto e crie ganchos que abordam cada um dos níveis de consciência.

"Mas, Gustavo, indo além dos níveis de consciência: o que posso falar em cada um desses níveis?"

Que bom que você perguntou!

Veja abaixo:

Não conscientes de Problema

O foco é chamar a atenção, com ênfase nas imagens e headlines
Precisa despertar curiosidade e mostrar um benefício, ou desejo/medo implícito.

Problema	Soluções	Produtos	Produto
Entregue Valor • Quiz • Vídeo • Relatório • Ebook etc Temas possíveis para abordar • "Como" isso é um problema • "Por que" é preciso resolver • Curiosidades + benefício de resolver o problema Pode ser o "1º vídeo" de um lançamento, e/ou abordar os temas em 1 a 3 e-mails	Temas possíveis para abordar • O que funciona • O que não funciona • Caso próprio, ou de terceiros Pode ser o "2º vídeo" de um lançamento, e/ou abordar os temas em 1 a 3 e-mails	Temas • Histórias de sucesso • Histórias de fracasso • Erros e acertos Pode ser o "3º vídeo de um lançamento, e/ou abordar em 1 a 3 e-mails	Depoimentos Todos os modelos de histórias Pode ser o "4º vídeo" de um lançamento, e criar uma sequência "Hard Sell" de 2 a 8 e-mails

> Você também pode criar um "único vídeo" de 30 a 50 minutos que passe por todas as fases de consciência. Você também pode criar um artigo/advertorial/página de vendas, que passa por todas as fases de uma vez, ou ainda "dividir" cada etapa em páginas diferentes.

Essa é uma visão "horizontal" dos níveis de consciência. A "venda" em si acontece na ponta do triângulo.

Todo o processo anterior são os passos em que você pode contar as histórias.

Você pode contar uma única história em um vídeo de vendas de cinquenta minutos... ou pode criar um advertorial ou página de vendas enorme (veja o exemplo que o Paulo inseriu após falar sobre *long copy*), e que passe por todos os níveis de consciência de uma só vez.

Essa é uma alternativa que funciona muito bem, mas, geralmente, você precisa de um nível de habilidade mais refinado para isso.

Por isso, na maioria das vezes, prefiro criar um mínimo de quatro "etapas" para cada nível de consciência.

Imagine que você quer seguir a fórmula de lançamento clássica, com quatro vídeos. Cada um dos vídeos pode abordar um nível de consciência.

Além dos vídeos, você também pode criar e-mails e anúncios que vão "andando" com seu cliente conforme ele avança os níveis de consciência (e, mesmo sem vídeos, apenas e-mails são uma estratégia completa por si).

Eu uso esse "triângulo" em quase todas as minhas campanhas para conseguir atingir o maior número possível de pessoas com as minhas mensagens.

Em um projeto que iniciei em 2020, e que foi sendo ajustado ao longo de 2021, criamos uma sequência principal de dezoito e-mails. Cada e-mail ia "andando" por cada um dos níveis, contando histórias diversas ligadas ao produto.

E, claro, desde o primeiro e-mail ofereço a opção da pessoa que está lendo comprar o produto que está sendo oferecido (caso ela já esteja consciente do produto). Com essa estratégia, conseguimos uma conversão média de 10% a 20% em produtos que têm o ticket médio de R$ 500,00.

Aliás, para entender mais o "mundo mágico dos e-mails", leia também meu livro *E-mails que Vendem*, no qual exploro com detalhes toda a minha estratégia nesse canal.

> **Exercício:**
>
> Aqui você pode continuar do exercício anterior ou começar do zero: com base nos níveis de consciência, monte um "mapa" de quais histórias e/ou conteúdos podem ser criados em cada etapa da comunicação. Esse exercício já é um pouco avançado. Se tiver dificuldade, volte aqui depois de terminar a leitura deste livro.

CAPÍTULO 13

A Arte de Pintar Telas na Mente do Leitor

Paulo Maccedo

Chegou a hora de você aprender a narrar com um mestre, e o ponto de partida deste capítulo é uma citação do grande Robert Collier:

> "A mente pensa em imagens. Uma boa ilustração vale mais que mil palavras. Mas uma imagem clara construída na mente do leitor por suas palavras vale mais que mil desenhos, pois o leitor colore essa imagem com sua própria imaginação, que é mais potente do que todos os pincéis de todos os artistas do mundo."

Vamos a um primeiro exemplo:

"Você pega um copo com suco de laranja na cozinha, caminha até a sala, liga a TV com o controle remoto e se ajeita no sofá. Pega o celular que havia deixado no móvel ao lado, desbloqueia a tela e clica no app do Facebook. O primeiro post que você vê é um meme tão engraçado que quase lhe faz cuspir o último gole do suco."

Esse texto é um exemplo simples de texto descritivo. Ele simplesmente descreve uma cena usando detalhes como "copo com suco de laranja", "controle remoto", "sofá", "app do Facebook" etc. Há um destaque para quase cuspir o gole de suco, ou seja, contém **imagem e ação.**

O texto descritivo envolve a descrição de algo, seja um objeto, seja uma pessoa seja um acontecimento. Sua intenção é, sobretudo, transmitir as impressões e as qualidades de algo.

Usando outros termos, o texto descritivo capta as impressões, de forma a representar a elaboração de uma cena, como uma "imagem pintada" por meio das palavras.

Não se pode falar em narração de histórias sem o texto descritivo, pois um bom narrador de histórias sabe como descrever cenas. Sua habilidade com *StorySelling* será outra quando você começar a treinar o texto descritivo.

O maior dos romancistas brasileiros, Machado de Assis, autor de crônicas, contos e romances — gêneros literários predominantemente narrativos —, fez uso da descrição para elevar o nível de sua produção textual. Machado é reconhecido internacionalmente por sua proeminência com as descrições, como esta:

"Era uma moça de dezesseis a dezessete anos, delgada sem magreza, estatura um pouco acima de mediana, talhe elegante e atitudes modestas. A face, de um moreno-pêssego, tinha a mesma imperceptível penugem da fruta de que tirava a cor; naquela ocasião tingiam-na uns longes cor-de-rosa, a princípio mais rubros, natural efeito do abalo. As linhas puras e severas do rosto parecia que as traçara a arte religiosa." (Helena, 1876).

Importante: uma descrição pode ser objetiva ou subjetiva, isto é, seu foco pode estar no objeto ou ser descrito, sem juízo de valor, ou, ainda, no julgamento da pessoa que a produz.

Retomando o exemplo da personagem Helena, Machado acrescenta o ponto de vista, com as impressões que a moça causa ao irmão na primeira vez em que se encontram:

"Se os cabelos, castanhos como os olhos, em vez de dispostos em duas grossas tranças lhe caíssem espalhadamente sobre os ombros, e se os próprios olhos alçassem as pupilas ao céu, **disséreis um daqueles anjos adolescentes que traziam a Israel as mensagens do Senhor**. Não exigiria a arte maior correção e harmonia de feições, e a sociedade bem podia contentar-se com a polidez de maneiras e a gravidade do aspecto. **Uma só coisa pareceu menos aprazível ao irmão:** eram os olhos, ou antes o olhar, cuja expressão de **curiosidade sonsa e suspeitosa** reserva foi o único senão que lhe achou, e não era pequeno."

Nos trechos em negrito podemos perceber o uso de adjetivos e figuras de linguagem, criando uma imagem completa da personagem e como ela é vista por outras pessoas. Essa é a chamada descrição subjetiva.

Um exemplo de descrição objetiva seria a técnica, presente em manuais de instrução e artigos científicos, por exemplo. Nesses gêneros textuais, a objetividade é responsável por expor as características do objeto com a máxima clareza e precisão, fazendo uso preferencial de linguagem denotativa.

Um exemplo simples de textos objetivos:

"O céu está bem azul, não há nuvem. Há gaivotas voando sobre o mar e pescadores trabalhando em seus barcos. Na areia, pessoas tomando banho de sol – algumas lendo seus livros, outras brincando com crianças."

Outro exemplo:

"O vaso de plantas é preto com ornamentos gregos. Tem um formato arredondado e é bastante comprido. Nele, cabe uma quantidade considerável de flores, mas, vazio, também serve como decoração."

Aprender a descrever bem é saber pintar imagens na mente do leitor. Escritores com essa capacidade se destacam entre os seus pares. Por isso, não ignore isso se quiser ser um bom *storyseller*.

Agora que já formamos uma base usando até mesmo exemplos clássicos, vamos clarear as ideias para usar esse tipo de recurso na criação de anúncios. O primeiro exemplo é a introdução de uma carta de vendas que usei para vender a assinatura de um clube de redação:

"Pego uma lata de Coca-Cola na geladeira antes de sentar para escrever isto.

Ainda sinto o frio na mão esquerda que ficou gelada no caminho da cozinha até a mesa do escritório.

Coloco a lata ao lado do notebook, estalo os dedos e começo a digitar isso que você lê agora.

Mais um gole no refrigerante e vamos em frente...

Esta é minha primeira carta aberta do ano de 2020, ano em que decidi que amplificaria o poder do trabalho que iniciei há dois anos.

Talvez você não saiba, mas sou o fundador de um clube. Não um clube comum, mas o primeiro clube de copywriting do Brasil. O foco dele está na orientação de novos profissionais para o uso da escrita.

Nós não formamos poetas ou romancistas, se bem que muitos deles se dariam bem com isso. Não saem daqui novos Drummonds ou Machados de Assis, mas especialistas capazes de vender qualquer tipo de produto com o que escrevem.

Alguns membros se tornam tão peritos que seriam capazes de vender esta lata de Coca aqui do lado para o diretor de marketing da Pepsi. Não ache que exagero, já já eu vou provar isso.

Mas, antes, deixe-me compartilhar um detalhe importante: esses profissionais se cansaram de falsas promessas. Promessas vazias, de mudanças de começo de ano, que nunca eram cumpridas.

(...)"

O segundo exemplo é de uma carta de vendas usada para ofertar o meu treinamento sobre *StoryTelling:*

Caro amigo, cara amiga.

Permita-me descrever a cena...

Você está sentado diante de sua mesa com as mãos no teclado do computador.

Você acaba de tomar um gole do café quente recém-coado.

Você pensa numa nova carta de vendas para um produto transformador.

Depois de encarar a página em branco na tela por alguns segundos, mentaliza palavras que poderia usar.

Então digita "Caro leitor" e, em seguida, acrescenta uma vírgula.

O primeiro passo foi dado.

Você se sente bem, calmo, relaxado. Respira fundo, estica a coluna, organiza os pensamentos. Com um sorriso nos lábios, procura na caixa das memórias uma história para compartilhar com os seus leitores.

Então lembra daquela situação desesperadora que viveu, aquele momento em que sentiu medo, angústia, dúvida...

Você se recorda da vez em que, deitado na cama, pensou em desistir de tudo.

Você chorou em silêncio.

Foi como se tivessem decretado um fim para sua história.

Imediatamente, porém, você se lembra de que, no dia seguinte, levantou-se decidido a encontrar uma saída. Portando-se como um herói, você encontrou a solução que mudou sua vida e deu a volta por cima.

Foi isso que fez você chegar até aqui...

Depois de ter passado por essa situação transformadora, há confiança em seu espírito.

Você sabe que agora pode mostrar a outros como sair de situações semelhantes.

Você se vê como uma pessoa de SORTE, porque essa história tem a ver com o produto que você vende.

Então você escolhe uma estrutura de histórias que aprendeu num treinamento inédito recém-lançado que acabou de adquirir.

Aplica as técnicas que pegou numa das aulas.

Ainda seguindo o passo a passo ensinado pelo professor, você escreve, lapida e edita.

Depois da narrativa pronta, você acrescenta uma boa oferta e uma chamada para ação.

Então prepara o terreno, publica e, depois de alguns dias, quase que por mágica...

As vendas começam a acontecer.

(...)"

Veja como é possível pintar boas imagens até mesmo em anúncios e mensagens de vendas. Esse é o poder do texto descritivo.

Você só precisa tomar cuidado para não errar a mão nem para mais, nem para menos. Stephen King explica que "a descrição pobre deixa o leitor confuso e míope. Enquanto a descrição exagerada o enterra em detalhes e imagens. **O truque é encontrar um bom meio-termo.** Também é importante saber o que descrever e o que deixar de lado enquanto você se concentra no trabalho principal, que é contar uma história".

King também ensina que "a descrição começa com a visualização do que você quer que o leitor experimente. E termina com a tradução do que você vê em sua cabeça para as palavras no papel. Está longe de ser fácil. Como falei, antes todos nós já ouvimos alguém dizer: 'Cara, foi tão fantástico (ou horrível/estranho/engraçado) que eu não sei nem como descrever!'. Se quiser ser um escritor de sucesso, você precisa ser capaz de descrever a cena, e de uma forma que faça o leitor sentir um comichão de reconhecimento. Se conseguir isso, será recompensado pelos seus esforços, e merecidamente. Se não, vai receber muitas cartas de rejeição e talvez explorar uma carreira no fascinante mundo do telemarketing".

Agora, para fechar com chave de ouro, apresento um exemplo retirado de meu *swipe file* pessoal (arquivo de furto). A carta de vendas foi endereçada aos leitores do *Laissez Faire Club* e recebe a assinatura de Doug Hill.

Não sei dizer o resultado desse copy, mas posso dizer que essa é uma das melhores cartas que eu já li com o uso do texto descritivo. Meu conselho é que, se possível reescreva a parte inicial desta carta várias vezes para absorver a inspiração dessa excelente narrativa.

Story$elling

=== CARTA DE VENDAS ===

A história de como seis leitores do Laissez Faire que responderem HOJE a esse convite podem usufruir da aventura de uma vida. E, se assim desejarem, nunca mais voltar...

Seu Convite Exclusivo Para o Segredo Mais Bem Guardado da Fronteira do Pacífico

Como Criar um Estilo de Vida "Além do Primeiro Mundo" Para Você e Sua Família na Joia Oculta da Coroa da Fronteira do Pacífico

Caro leitor da Laissez Faire Letter,

Permita-me pintar a cena...

Você está em um carro... as janelas estão abertas. Música agradável toca suavemente em segundo plano. Você silenciosamente batuca os dedos no ritmo enquanto absorve os raios quentes do sol.

Seu motorista está levando você exatamente para onde você precisa estar. Tudo o que você precisa fazer agora é... relaxar... e permitir-se envolver com o clima incrível.

O ar é terno e convidativo. Você sente-se energizado pela brisa fresca e pelo leve cheiro do oceano nas proximidades.

Você respira o mais fundo que pode...

E para.

Tem alguma coisa faltando... você se sente... mais leve.

Pela primeira vez até onde você se lembra, você percebe... a ansiedade que você tinha onde morava. Aquela ansiedade chata e constante sobre economia... sobre aposentadoria... o estado do mundo...

A dívida nacional... contas... taxas de desemprego... a enxurrada constante de coisas que você "deveria" se preocupar, de acordo com a grande mídia...

... O que quer que seja...
Parece estar a mil... não...
Um milhão de quilômetros de distância...
E está se afastando mais a cada segundo.

Aquelas noites virando de um lado para o outro da cama sem conseguir dormir. Agora elas são apenas uma memória distante.

Você deixou tudo isso escapar e ir embora da sua mente... e você sorri.

"Chegamos", diz o motorista, parecendo tão animado por você quanto você.

Você vê os portões mais à frente.

Sua empolgação começa a aumentar conforme você se dá conta...

É real. E este é apenas o começo.

Ao passar pelos portões, você vê uma família feliz andando a cavalo à sua esquerda. À sua direita, um macaco mastiga silenciosamente algumas folhas enquanto descansa em uma árvore.

Um pouco mais pra frente... um jardim orgânico exuberante, coberto com verduras lindas e fresquinhas. O ar fica ainda mais suave... o oceano está perto.

Um pouco mais longe... dá pra ver trilhas de caminhada entre flores tropicais, mato e árvores. Seu motorista diz que só nessa área existem mais de 600 acres de reservas naturais...

Ah, e tem trilhas para bicicleta também...

Um pouco mais adiante... você para no Centro de boas-vindas...

Você sai do carro e caminha em direção ao centro, que é pequeno e bem convidativo... Você congela.

Uma vista panorâmica se abre logo abaixo de você, descendo a colina...

Você olha para baixo... impressionado com a beleza...

Ondas que fluem para sempre... casas lindas... vida selvagem vívida e enérgica... colinas e penhascos enormes... pescadores confortavelmente sentados e reunidos... banhistas bronzeados... surfistas observando a praia...

O jeito descontraído que todos estão andando, conversando, rindo...

Você vê tudo isso.

É quase como se o mundo inteiro tivesse se aberto... só para você.

Você conseguiu.

Você entra no Welcome Center (Centro de Boas Vindas). Você é cumprimentado por um membro da equipe muito amigável que diz,

"Nós estávamos esperando você."

Ele entrega sua chave e lhe dá boas vindas.

O Segredo Além do Estilo de Vida Secreto Além do Primeiro Mundo

O que eu acabei de descrever é a minha experiência quando entrei nessa preciosidade escondida na fronteira do Pacífico...

E pensando como seria poder chamá-la de lar.

Como seria, você pergunta?

Bem...

Imagine por um momento... praias privadas e desertas...

um clima sublime... paz e sossego... tempo para descansar, pensar e refletir... uma pequena comunidade de indivíduos independentes com a mesma mentalidade... coquetéis à beira da piscina... cozinha cinco estrelas... casas maravilhosas à beira-mar e à beira dos penhascos...

Lazer diário que é quase impossível de encontrar na correria do dia a dia.

"Noventa e cinco por cento do mundo vive assim", nosso diretor de vendas do Rancho Santana, Marc Brown disse em nossa última visita.

"Níveis de estresse alarmantes", disse ele, "são um problema exclusivo do primeiro mundo".

É exatamente por isso que alguns de meus colegas criaram o Rancho Santana há muitos anos atrás. Eles queriam um lugar que eles próprios não se importariam mesmo de chamar de lar.

E é também por isso que eles não o projetaram para ser apenas uma pequena fuga da realidade ... Eles construíram cuidadosamente o Rancho Santana como um estilo de vida.

Um estilo de vida... alguns americanos perceberam que poderiam ter e optaram por ter.

Um estilo de vida... muito poucas pessoas em todo o mundo ocidental conseguem sequer começar a entender.

Um estilo de vida... você merece, e se você o alcançar, segure-o e permita-se tê-lo. É assim, realmente fácil.

É por isso que muitos dos meus colegas... amigos... e leitores vieram ao Rancho Santana e decidiram chamá-lo de lar... torná-lo um segundo lar... ou deixá-lo lá disponível para a necessidade eventual de uma "escotilha de fuga"...

... Alguns até reservaram propriedades como um investimento que tem a possibilidade de dobrar... triplicar... ou até quadruplicar seu dinheiro a longo prazo.

Eu sei o que você pode estar pensando... Se é tão bom, por que todo mundo não vai? Por que as pessoas não estão migrando para lá em bandos? Por que não se ouve isso nas notícias?

Bom, na maioria das vezes, ele tem permanecido o segredo mais bem guardado da Fronteira do Pacífico. Só recentemente a grande mídia descobriu de fato essa jóia escondida.

Eles a chamam de "a comunidade padrão ouro na Costa Riviera do Pacífico da Nicarágua... e um playground privativo com 2.700 acres de morros e florestas, trilhas e cinco praias separadas".

E mesmo que muitos especialistas mais convencionais tenham visitado... aproveitado... e relatado para centenas de milhares de pessoas em todo o mundo...

Ninguém... nenhum deles terá acesso – ou mesmo ouvirá – a oportunidade que eu vou lhe contar já já...

Você é um dos relativamente poucos com a oportunidade de ter "acesso privilegiado" a tudo o que esse tranquilo hot spot, esse "crème de la crème" tem a oferecer...

E se você está falando sério sobre fincar sua bandeira em uma área que se empenha para ser 100% autossuficiente (horta orgânica, fazenda de galinhas, projeto de energia eólica, entre outras coisas) ou apenas botar algum dinheiro no exterior sem levantar nenhum **sinal vermelho**...

Nunca houve um momento melhor do que agora para considerar o que estou prestes a mostrar. Continue lendo...

Esta Preciosidade Centro-Americana Escondida Em Breve Poderá Ver Seu Maior Crescimento Até Hoje

A localização é, obviamente, o Rancho Santana na Nicarágua.

Você leu tudo sobre ele em sua última edição da Laissez Faire Letter no artigo Se Los Perros Existe ... Compre.

O que este artigo não te contou é a incrível oportunidade que o Rancho Santana é para pessoas que procuram oportunidades únicas de estilo de vida (ou investimento) fora dos EUA.

Esta não é a Nicarágua de seu pai: aqui você encontrará estradas e rodovias recém-pavimentadas. SUVs brilhando. Salões da moda. Cafés lindos. Ótima comida. **Oportunidade**.

Audrey Scott, do blog Uncornered Market, escreveu isso durante sua última visita...

Você já voltou a um país e sentiu como se estivesse visitando pela primeira vez, as experiências e os locais tão completamente diferentes do que antes? Essa foi a nossa recente visita à Nicarágua.

A **U.S. News** recentemente nomeou a Nicarágua em sua lista de **Melhores Opções de Aposentadoria no Exterior Para 2013**. Eles disseram aos leitores que a Nicarágua "tem tudo o que a Costa Rica e o Panamá têm, mas é menos explorado e desenvolvido e está disponível para aventureiros e eco-viajantes a preços de pechincha".

Na mesma linha, a **CNN Money** considera que a Nicarágua é a "Próxima Costa Rica". E embora a grande mídia esteja lentamente despertando para o vasto potencial na Nicarágua... Eles não têm a mínima ideia do que está por vir.

Apenas um pequeno círculo de "pessoas de dentro" do Rancho Santana sabe o que está prestes a acontecer há apenas 15 minutos da entrada do Rancho.

Se você quiser uma prova disso, peço que tente encontrar o que aprenderá em breve na Internet. Google encontrou zero buscas.

Você não encontrará nem um pedacinho. Eu tentei.

E quando você terminar de ler esta carta, você saberá o que apenas um punhado de americanos sabe sobre esta Brilhante Pedra Preciosa da Fronteira do Pacífico.

Você também saberá o que precisa fazer hoje para tirar vantagem... e criar uma nova vida na sua própria fatia do paraíso...

Você também descobrirá como pode ter um lugar pra chamar de seu no Lindo Rancho Santana.

Uma Oportunidade de Investimento Para Gerações Por Vir

Como um leitor instruído da Laissez Faire Letter, sei que você está ciente dos problemas que enfrentamos na América.

Eu também sei que você gostaria que muitas coisas fossem diferentes neste país... Mas aqui está uma pergunta:

Você está realmente pronto para a mudança em sua vida?

Note que eu disse em sua vida... não na América... não em seu estado ou cidade ou cidadezinha... Ou até bairro ...

Sua vida.

Caso sim, você tem duas opções.

Sua primeira opção é fácil.

Você pode esperar a mudança acontecer ao seu redor...

Mas se você decidir fazer isso, como sabe, pode não gostar do que recebe...

A segunda opção é muito mais emocionante, rejuvenescedora e empoderadora: Você pode agir. Assumir o controle.

E mudar sua vida **além de qualquer coisa que você possa imaginar ser possível**. Isso é – em poucas palavras – o objetivo desse convite.

Por favor permita-me explicar...

Enquanto você se senta na sua cadeira lendo esta carta, eu estou dando os toques finais em uma viagem. Este é o seu convite oficial para se juntar a mim.

Esta viagem pode ser uma das experiências que irão definir o rumo da sua vida...

Ela pode ser uma aventura frequentemente comentada e vivenciada repetidamente dentro do seu círculo de amigos, família e além... para as próximas gerações.

Neste convite, mostrarei por que **agora mesmo** é o melhor momento possível para tomar a atitude... e potencialmente mudar sua vida para sempre.

Primeiro, é por isso que acho que é uma ótima oportunidade para você...

Quase todos os dias eu recebo cartas de leitores como você que estão horrorizados com o que a América se tornou...

Leitores que estão pedindo uma revolução, como essa...

Nossos Pais Fundadores viram este dia se aproximando desde o dia em que a Constituição e Declaração de Direitos foram assinados. Nós, o povo dos Estados Unidos precisa se unir e chutar todos os vagabundos mentirosos e ladrões pra fora de Washington.

Leitores que esperam o pior, assim como este...

Haverá muitos que só sobreviverão até seus medicamentos acabarem. Eu tenho água boa, madeira, comida, munição e armas para sobreviver por vários meses se eu puder permanecer sem ser descoberto. E morar longe dos centros cosmopolitas pode atrasar o avanço das quadrilhas.

E leitores que já se saturaram e saíram completamente, exatamente como este que escreveu...

Eu, de fato, concorri ao Congresso em 2008 e 2010, dei 22.000 cópias da Constituição dos EUA e perdi no primeiro turno para um político interesseiro cada uma das vezes. Eu deixei o país no início de 2012. Literalmente, vendi a fazenda, caminhão, trator e tudo e morar no exterior é o que tenho feito desde então. Aos 63 anos, sou velho demais para lutar, mas sou inteligente o suficiente para ver o que está por vir.

Eu entendo cada um desses pontos de vista... e simpatizo com eles.

Do jeito que as coisas estão indo... quem sabe o que vai acontecer? Tenho certeza que você concorda que pode até piorar antes que melhore.

E como eu disse antes...

Você pode sentar e esperar por "mudança"...

Ou você pode assumir o comando e tomar o que pode ser uma das melhores decisões da sua vida.

Obviamente, essa oportunidade não é para todos. Mas se você está pronto para a mudança... mudança de verdade... mudar para melhor... **não procure mais nada além deste convite**.

O que estou prestes a revelar é a sua chance de investir não apenas na sua sanidade... seu futuro financeiro... e potencialmente a futura segurança da sua família...

Mas também ganhar um lar relaxante longe do nosso lar – para as próximas gerações.

Imagine a minha emoção quando me disseram que nossos leitores poderiam ter acesso a novas oportunidades de terra na melhor comunidade do mundo "além do primeiro mundo".

Antes de lhe explicar os detalhes, deixe-me mostrar exatamente por que essa é uma grande oportunidade.

O E-mail Interno Que me Levou a Trazer na Hora Esta Carta Para Você Hoje

Recentemente, Marc Brown, nosso diretor de vendas do Rancho Santana, disparou um e-mail urgente com estas notícias inovadoras...

Foi isso que ele disse...

Houve três eventos que fizeram disparar significativamente o valor das propriedades.

Ainda há mais um, que começará em quatro meses. Quanto a esse quarto evento, eu garanto que ele vai ocorrer e é coisa muito grande. Na verdade, é a maior virada de jogo que ocorrerá pra sempre nessa área.

Antes de eu lhe mostrar esse quarto evento que vai mudar o jogo aqui, estes são os três primeiros, conforme descrito por Marc...

1. **Melhorias na estrada**: "A Rodovia Pan-Americana vai do México até a América do Sul, porém estradas ao longo dela são difíceis de se achar. Não foi até 2000 que as estradas pavimentadas ganharam espaço em Rivas que vai até uma

pequena vila chamada Tola, que fica a 32 km da entrada de Rancho Santana. Isso foi enorme."

2. **Tecnologia**: "Agora há Wi-Fi, sinal 3G para celular, Netflix e até futebol americano da NFL, se você quiser."

3. **Investimento**: "O cara mais rico da Nicarágua, Carlos Pellas, trouxe para cá um hotel cinco estrelas e um campo de golfe impressionante, desenhado por David Kidd, 8 km daqui."

Pellas também está construindo uma estrada em torno do Rancho para ficar mais fácil para os moradores de Rancho Santana se deslocarem facilmente.

Esse desenvolvimento possibilitou ao Rancho Santana construir uma comunidade quase 100% autossuficiente em um lindo paraíso tropical.

Que tipo de comunidade? Bom, as crianças estão indo para a escola agora mesmo, bem na frente da horta orgânica em sua nova escola. Uma equipe de gerenciamento de propriedades mora no local para manter a sua propriedade em excelente estado enquanto você estiver ausente. O serviço de concierge está sempre disponível para ajudá-lo a ir onde precisa... ou encontrar o que deseja enquanto estiver em casa.

Cada detalhe é levado em consideração: a água filtrada sai de cada uma das torneiras; a comida é capturada ou colhida no local, a alguns metros da sua mesa de jantar; os móveis são construídos em uma carpintaria com mais de 10.000 metros quadrados no rancho mesmo e são feitos pelos artesãos mais qualificados do país...

E muito mais...

OK... então você provavelmente está se perguntando...

O que é esse quarto desenvolvimento "revolucionário"?

Do ponto de vista do investimento e do estilo de vida, é enorme... e desencadeará um nível de crescimento, eu prevejo, diferente de tudo que a Nicarágua já viu antes.

O Maior Desenvolvimento da Nicarágua: 15 minutos da sua Porta

Nas palavras de Marc, "o quarto evento que está prestes a começar em fevereiro: um aeroporto Internacional. São apenas 15 minutos da entrada do Rancho Santana!" E mais:

O governo concordou e vai participar.

A primeira fase da construção da pista receberá aviões com até 72 assentos. Não canso de falar da importância deste evento que se aproxima e seu impacto no valor das terras na área.

Quando o aeroporto estiver pronto, não divulgaremos mais o rancho, porque o mercado de compradores fara isso por nós. O mundo chegará à nossa porta.

Isso significa que, se você investir em Rancho Santana, terá muito mais facilidade para chegar ao rancho ... e, potencialmente, verá uma apreciação do valor do seu cantinho secreto.

Como se costuma dizer, uma maré alta levanta todos os barcos – e esse novo empreendimento significa que a maré alta está vindo para este país altamente subdesenvolvido.

Se você ainda não tem certeza da tamanha importância desse desenvolvimento, deixe-me explicar um pouco mais...

O aeroporto mais próximo fica na capital do país, Manágua. Do aeroporto para Rancho Santana é uma viagem de duas a três horas.

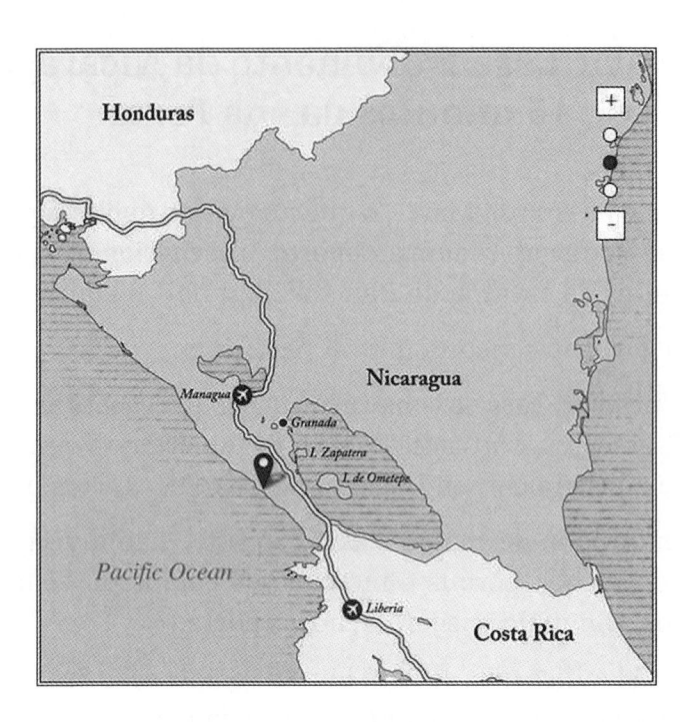

Por esse motivo, muitos possíveis residentes não querem passar pelo transtorno do deslocamento. Eles querem esperar até ficar fácil... até o aeroporto ser construído e eles só precisarem fazer a viagem de 15 minutos.

Mal sabem eles... a essa altura, muitas das ótimas propriedades já não estarão mais disponíveis. Problema deles.

Isso não significa que será a sua perda... não a longo prazo.

Seu Convite Para a Maior

"Escotilha de Fuga" do Mundo

Antes de nos sentarmos para escrever esta carta, conversamos com um morador, o senhor J.T. do Texas, sobre por que ele decidiu comprar um imóvel em Rancho Santana...

Foi logo depois que Obama assumiu o cargo pela primeira vez quando minha esposa e eu decidimos procurar maneiras de diversificar internacionalmente os investimentos sem levantar o sinal vermelho. Primeiro nós viajamos para a Costa Rica. Fiquei chocado ao encontrar imóveis quase tão caros quanto na Califórnia.

Então, recebemos um convite para um "Fim de Semana relaxante" em Nicarágua. Como não estávamos tendo muita sorte na Costa Rica, decidimos que valia a pena tentar. O que descobrimos superou todas as expectativas. Era muito mais bonito do que qualquer coisa que vimos na Costa Rica... cerca de um terço do preço. Ficou óbvio.

J.T. recebeu um convite exatamente como o que você está lendo. Ele percebeu a oportunidade à sua frente e imediatamente agiu, enviando um e-mail para o nosso contato no Rancho Santana, Marc Brown, diretamente em marcb@ranchosantana.com.

J.T. é uma das poucas pessoas que aproveitaram as poucas terras disponíveis na época. E ele está mais feliz do que nunca.

Aqui está o que J.T. tem a esperar pelo resto de sua vida...

Map

Story$elling

Um clube com spa... estábulos para cavalos... quadras de tênis... cinco praias diferenciadas de classe mundial... uma reserva natural de mais de 600 acres... todos aproveitando um dos climas mais fantásticos do mundo...

É dele, sempre que ele quiser.

OK, é aqui que VOCÊ entra...

Hoje, existem novos terrenos disponíveis... o suficiente para seis leitores que levam a sério um novo estilo de vida (e oportunidade de investimento) fora dos EUA.

Pouco antes desta carta chegar à sua caixa de entrada, recebi fotos de algumas delas diretamente do Marc.

Aqui está a vista do que pode ser sua porta da frente ...

DISPONÍVEL: Lote T-3

Tamanho: 0,93 acres

NOVO LANÇAMENTO: Lote U-4

Tamanho: 1,11 acres

À venda: Casa Paz P-6: 2 dormitórios (+cômodo bônus) /2.5 banheira, 730 m².

Estas belas propriedades, juntamente com algumas outras, estão disponíveis enquanto escrevo esta carta. Isso não significa que elas estarão por muito tempo.

E ninguém sabe quando os próximos terrenos serão disponibilizados depois que estes forem vendidos. Faz parte da Filosofia Rancho manter a densidade populacional incrivelmente baixa. Os desenvolvedores não estão enchendo o rancho até onde der.

Não é assim que o Rancho funciona. E não é assim que Rancho jamais funcionará. Os desenvolvedores do Rancho "comem da mesma comida que preparam". Lembre-se, eles moram lá também.

É assim que você pode ter certeza que eles estão comprometidos em cuidar do Rancho Santana mantendo-o especial e reservado.

Claro, eles não são tolos. Eles sabem que os terrenos que hoje não vende por um preço mais barato, no futuro valerão ouro.

E hoje você tem a chance de ver os novos lotes antes que qualquer outra pessoa os compre... E aqui está como...

Sua Chance Para Fazer Potencialmente o Melhor Investimento Em Sua Vida

Imagine acordar com a brisa fresca do oceano... o cheiro refrescante da água do mar... as vistas deslumbrantes... um ambiente descontraído e sem estresse... todas as manhãs.

É isso que estamos oferecendo...

Quero que você seja o primeiro.

E eu quero que você seja agora, antes que os valores das propriedades se ajustem devido ao aeroporto 100% funcional próximo do Rancho.

E confie em mim, com o novo aeroporto internacional em breve... não demorará muito para os preços duplicarem... triplicarem... possivelmente até quadruplicarem...

E terras em Rancho Santana se tornem muito mais difíceis de comprar.

Então, sem mais delongas...

O negócio é o seguinte:

Hoje estamos anunciando nosso primeiro **Laissez Faire Club "Fim de Semana De Boa".**

Estamos convidando um pequeno e seleto grupo de leitores para compartilhar a experiência do Rancho de 5 a 9 de fevereiro de 2014.

Meus afiliados realizaram alguns **"Fim de Semana De Boa"** no passado – todas eles foram um sucesso.

Chamamos isso de **"Fim de Semana De Boa"**, porque é isso que é... uma oportunidade para você relaxar em um dos lugares mais espetaculares da fronteira do Pacífico...

...e investigar algumas das últimas grandes "escotilhas de fuga" do mundo.

Mas não acredite só em mim.

Segue o que alguns moradores e visitantes do Rancho têm a dizer sobre suas estadias em Rancho Santana...

Primeiro, aqui está uma carta que recebemos de um casal feliz de Atlanta...

O que posso dizer... [minha esposa e eu] adoramos a ideia de uma área bem-estabelecida, bem mantida e segura. As cinco praias lindas, as pessoas amigáveis (locais e moradores). É fácil para chegarmos aqui de Atlanta (3,5 horas) sem conexão... as vistas que temos do nosso terreno... o vale e o oceano... a ideia de diversificar alguns de nossos bens fora de Obumba-land...

- Mark O., Atlanta, Geórgia.

E aqui está uma linda avaliação de mais de cem que encontramos, de Frank T., um visitante de longa data do rancho...

Quarta viagem para a linda Rancho Santana. Todo mundo é TÃO amigável. Aluguei uma casa com vista para a praia. Vistas panorâmicas excelentes. Embora difícil de acreditar, o restaurante (La Finca y El Mar) poderia competir com os melhores dos EUA (sério) e o preço é bem razoável. Busque no Google "La Finca e El Mar" e confira você mesmo os menus. O bar clubhouse ao lado (com excelente vista para o mar e uma TV bem grande para os fãs de esportes) também oferece coquetéis especiais e com desconto. Eles fazem ótimas bebidas com os runs nicaraguenses locais (Flor de Caña). Uma Bela Preciosidade.

- **Frank T., W.V.**

E outra avaliação que encontramos de Lisa P. Ela escreveu...

Rancho Santana é verdadeiramente um pedaço do paraíso – pra não ser esquecido! Meu marido e eu temos ido lá todos os anos nos últimos quatro anos e decidimos fazer o nosso casamento lá este ano. Nossos amigos e familiares AMARAM o resort e ficaram absolutamente impressionados pela qualidade da hospedagem, comida, comodidades, atividades, etc. "Rancho", como chamamos, tornou-se de fato um local cinco estrelas, com uma incrível atenção aos detalhes em todas as áreas.

- **Lisa P., Boulder, Colorado.**

Aí está. Moradores e visitantes viram o que Rancho Santana tem a oferecer e amaram cada pedacinho dele.

Aqui está tudo o que você precisa saber...

Você é Meu Convidado

5 a 9 de fevereiro de 2014

Antes de ligar para reservar seu lugar, veja como funcionará.

Meu nome, aliás, é Doug Hill.

Sou diretor do Laissez Faire Club e serei o anfitrião deste próximo **"Fim de Semana De Boa"**. Antes de mostrar o único passo que você precisa dar e correr pra cá e se juntar a mim... Existem algumas condições envolvidas neste acordo.

E uma oportunidade incrível de ter toda a sua viagem a Rancho Santana 100% paga. Primeiro, as condições.

CONDIÇÃO 1#:

As datas são intransferíveis. Não há flexibilidade sobre quando você pode vir e conferir o Rancho e conferir essas propriedades top de linha.

Portanto, vá em frente e marque na sua agenda de **5 a 9 de fevereiro de 2014**. Segunda condição?

CONDIÇÃO 2#:

Como mencionado, existem apenas seis vagas disponíveis.

E você é um dos quase 15.000 leitores do Laissez Faire que receberam este convite hoje. Muitos serão chamados... poucos terão o acesso concedido.

Mostrarei a você o único passo que você precisa dar para se instalar de vez aqui antes que o Rancho encha em pouco tempo.

Uma pequena dica: desde que você aja rapidamente neste convite... e mostre que está interessado em melhorar radicalmente seu estilo de vida, você tem uma boa chance de entrar.

OK, agora que já resolvemos isso, agora vem o mais importante e essencial...

Os **Fins de Semana De Boa** são descritos como uma oportunidade exclusiva e íntima de conferir um verdadeiro projeto "além do primeiro mundo" em um dos mercados que mais emergem no mundo.

Soberania em ação, se você preferir.

Estamos buscando algumas pessoas que desejam passar um longo fim de semana conosco e explorar esta enorme e espetacular parte da fronteira do Pacífico. Durante esse período, você (e um convidado, se você quiser) desfrutará de cinco dias e quatro noites de hospedagem em uma das acomodações mais completas em nossa propriedade.

Realizaremos **happy hours à noite, recepções e jantares à beira da piscina**... e também fornecer **transporte de e para o aeroporto de Manágua**.

Portanto, quando você chegar ao aeroporto não precisará se preocupar em chamar um táxi ou ônibus. Um de nossos motoristas irá buscá-lo e deixá-lo na porta de onde você estará hospedado.

Ou levá-lo diretamente ao restaurante e clube à beira-mar para um refrescante coquetel no cinco estrelas La Finca e El Mar.

É onde eu estarei.

Você não tem qualquer obrigação de comprar alguma coisa quando se juntar a nós neste Fim de Semana De Boa... na verdade, não há discurso de vendas. **Rancho Santana** ou "fala" com você... ou não fala.

Tudo o que você precisa cobrir é a sua passagem aérea até o aeroporto de Manágua e sua hospedagem dentro do rancho.

Mas, se você acabar decidindo que um imóvel no Rancho Santana é ideal para você, **nós creditaremos o custo de toda a sua viagem** ao seu preço de compra de qualquer imóvel dos desenvolvedores.

Ou seja, reembolsaremos a passagem aérea dos dois, mais o custo total da sua hospedagem durante a sua estadia.

Você pode ficar à frente da multidão enviando um e-mail para Marc Brown agora para obter todos os detalhes em marcb@ranchosantana.com.

Lembre-se: ao visitar Rancho Santana para um Fim de Semana De Boa, você não será abordado com um discurso de vendas botando pressão... esse simplesmente não é o nosso estilo. Não há aqueles escritórios de vendas que nos dão agonia... a sua experiência lá é você fazer o que bem entender...

Você não tem nenhuma responsabilidade além de ter um "Fim de Semana De Boa" em uma das últimas fronteiras.

E se o Rancho Santana "falar" com você, tenha certeza de que nosso diretor de vendas, **Marc Brown**, poderá mostrar-lhe a fazenda de quase 3.000 acres e responder a quaisquer perguntas que você tenha sobre investimentos na Nicarágua... Nº 3 na lista de lugares para visitar do New York Times 2013.

Se você ainda não tem certeza se é uma ótima oportunidade, veja o que alguns participantes disseram sobre os últimos **Fins de Semana De Boa**...

O Fim de Semana De Boa foi uma experiência de primeira classe que nos apresentou uma comunidade à beira-mar de classe mundial com praias e cenários espetaculares... e por uma fração do custo na vizinha Costa Rica!

- **John T., Plano, Texas**

O final de semana de boa foi realmente maravilhoso. Comparecemos com baixa expectativas, mas acabamos sendo surpreendidos pelo Rancho e pelas pessoas ligadas ao projeto... tanto que compramos um apartamento... finalmente, adoramos o potencial da valorização do investimento da Nicarágua de hoje e o projeto no Rancho Santana.

- **Gioia A., Nova Iorque, Nova Iorque.**

Novamente, temos um número muito limitado de vagas para este evento exclusivo. E nós estamos procurando apenas leitores interessados em oportunidades de investimento, em um porto seguro ou simplesmente em um novo estilo de vida fora dos EUA

Tenho que te avisar, porém, que para todo **Fim de Semana De Boa** anterior as vagas foram preenchidas em questão de dias...

Portanto, se você estiver interessado, te aconselho a agir rapidamente.

Se você deseja se juntar a nós em Rancho Santana, de **5 a 9 de fevereiro de 2014**, envie um e-mail ao nosso diretor de vendas, Marc Brown, imediatamente, aqui: marcb@ranchosantana.com. Ele pode fornecer a você todos os detalhes e confirmar sua reserva.

Espero vê-lo na Nicarágua.

Saudações,

Doug Hill

Diretor, Laissez Faire Club

Novembro de 2013

P.S. Novamente, se você estiver interessado, basta ligar ou enviar para Marc Brown em marcb@ranchosantana.com e ele fornecerá tudo o que você precisará.

Além disso, se você está simplesmente procurando férias baratas, a Nicarágua é um ótimo destino. Mas este não é o momento para isso. Por enquanto, permita-nos passar um tempo nesta viagem com os leitores interessado em oportunidades de investimento imobiliário no Rancho Santana.

══════ **FIM DA CARTA DE VENDAS** ══════

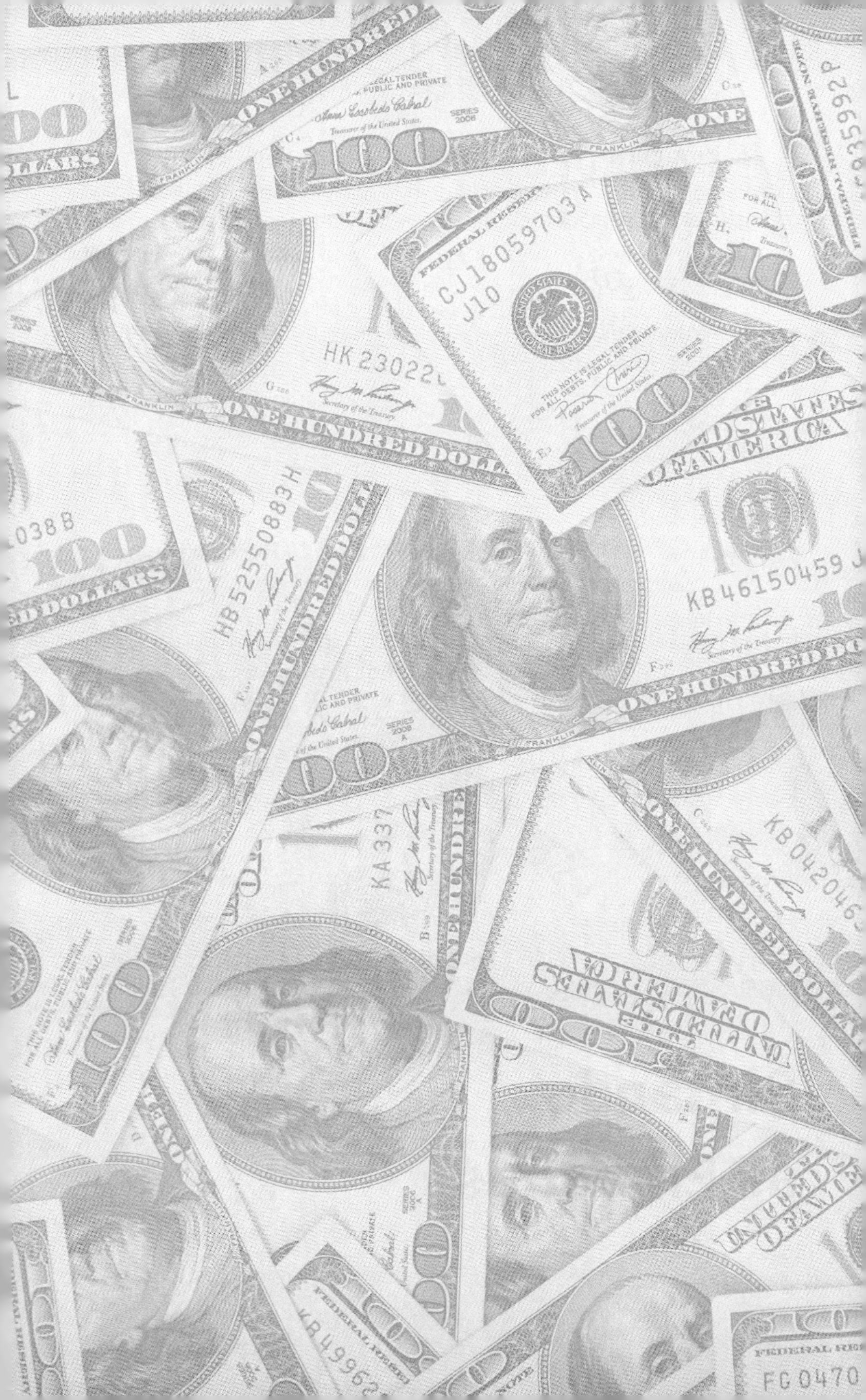

CAPÍTULO

14

Pintando as Emoções

Gustavo Ferreira

Agora que já vimos o essencial sobre a criação de histórias que vendem, quero aprofundar um pouco o aspecto das "emoções".

Podemos dizer que estas são algumas das principais emoções que sentimos, e que costumamos descrever em uma história:

- Felicidade;
- Tristeza;
- Desgosto;
- Raiva;
- Medo;
- Surpresa;
- "Mal-estar".

Em uma história, é comum contar algo como *"me senti muito feliz"*, ou *"senti muita raiva de tudo aquilo"*. Mas será que podemos ir além dessas emoções? Veja esta história:

"**Foram quatro anos inteiros dedicados a essa meta.**

Estudei oito horas por dia, e mesmo com o medo de saber se eu iria conseguir passar naquela prova, persisti.

No dia que saiu o resultado, decidi que estaria na praia. Seria para agradecer ou para chorar.

E, para minha sorte, foi para agradecer.

Não contive minha alegria quando vi o meu nome na lista de aprovados."

É uma história "ok", concorda? Não é espetacular, mas tem alguns dos gatilhos necessários para gerar um pouco de emoção e expectativa.

Agora, veja essa mesma história recontada e pintando emoções (vou adicionar destaques para você ver a diferença entre as frases).

"Foram quatro anos inteiros de <u>suor e lágrimas</u> dedicados a essa meta.
Estudei oito horas por dia, <u>minha mente parecia quebrada e o estresse acabava comigo. Sentia a solidão e o desespero</u> de saber se eu iria conseguir passar naquela prova, mas persisti.
No dia que saiu o resultado, eu estava <u>apático</u>. Decidi que estaria na praia. Para agradecer ou <u>para me afogar. Não suportaria a sensação de desperdiçar quatro anos da minha vida e continuar me sentindo tão inferior e inseguro.
Mas, naquela tarde, fiquei perplexo e chocado com o que vi.</u>
Não contive minha alegria quando vi o meu nome na lista de aprovados. <u>Dava saltos e gritos de amor, coragem e uma felicidade infantil que há muito havia perdido.</u>"

Você consegue perceber que é a mesma história, mas contada com uma profundidade emocional muito maior? Você também pode pintar essas emoções em suas histórias. Na verdade...

Não Tenha Medo de Pintar Emoções!

Mas agora você deve estar pensando *"Como?"*

Simples.

Eu não sei o autor deste desenho, chamado "Roda das Emoções".

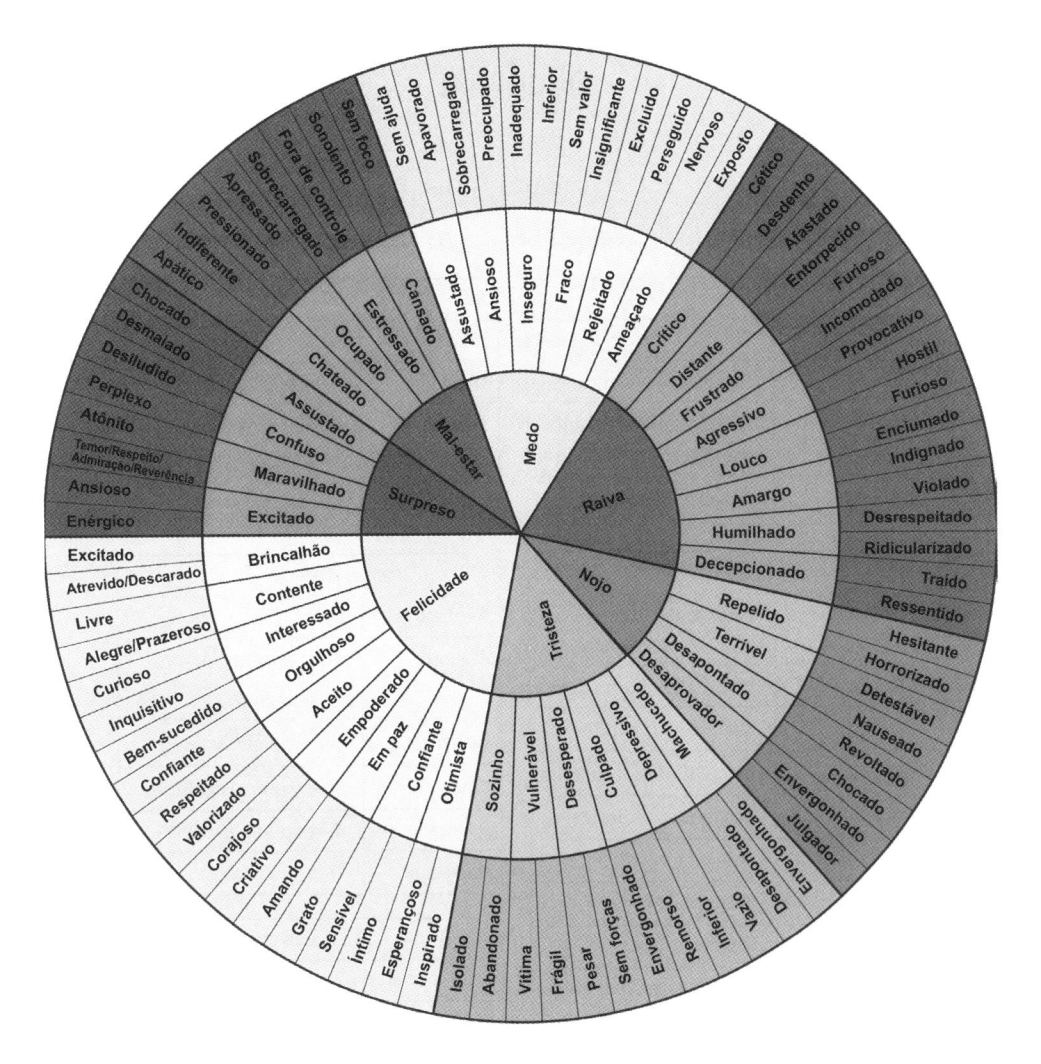

No círculo interno estão as sete emoções-base que mencionei no começo do capítulo (Felicidade, Tristeza, Desgosto, Raiva, Medo, Surpresa, "Mal-estar").

Veja que, ao redor, estão dois círculos, cada um com uma forma diferente de você descrever uma emoção.

Por exemplo:

Em vez de dizer que se sentia "feliz", poderia dizer que se sentia "aceito", ou "respeitado". Em vez de dizer que se sentia "triste", poderia sentir "culpa", ou "vergonhado".

Dessa forma você consegue dar nuances diferentes para as mesmas situações, e com um envolvimento emocional muito mais profundo.

Story$elling

Então, aqui está a lista com todos esses adjetivos, em uma tradução livre minha:

Surpreso	
Assustado	Chocado, desmaiado
Confuso	Desiludido, perplexo
Maravilhado	Atônito, temo/respeito admiração/reverência
Excitado	Ansioso, enérgico

Mal-estar	
Chateado	Indiferente, apático
Ocupado	Pressionado, apressado
Estressado	Sobrecarregado, fora de controle
Cansado	Sonolento, sem foco

Felicidade	
Brincalhão	Excitado, atrevido/descarado
Contente	Livre, alegre/prazeroso
Interessado	Curioso, inquisitivo
Orgulhoso	Bem-sucedido, confiante
Aceito	Respeitado, valorizado
Empoderado	Corajoso, criativo
Em paz	Amando, grato
Confiante	Sensível, íntimo
Otimista	Esperançoso, inspirado

Medo	
Assustado	Sem ajuda, apavorado
Ansioso	Sobrecarregado, preocupado
Inseguro	Inadequado, inferior
Fraco	Sem valor, insignificante
Rejeitado	Perseguido, excluído
Ameaçado	Nervoso, exposto

Tristeza	
Sozinho	Isolado, abandonado
Vulnerável	Vítima, frágil
Desesperado	Pesar, sem forças
Culpado	Envergonhado, remorso
Depressivo	Inferior, vazio
Machucado	Desapontado, envergonhado

Raiva	
Decepcionado	Traído, ressentido
Humilhado	Desrespeitado, ridicularizado
Amargo	Indignado, violado
Louco	Furioso, enciumado
Agressivo	Provocativo, hostil
Frustrado	Furioso, incomodado
Distante	Afastado, entorpecido
Crítico	Cético, desdenho

Nojo	
Desaprovador	Julgador, envergonhado
Desapontado	Chocado, revoltado
Terrível	Nauseado, detestável
Repelido	Horrorizado, hesitante

> **Exercício:**
> Pegue uma história que você já contou (ou crie uma nova), e pinte de forma mais profunda as emoções.

Bônus de capítulo: Benefícios dimensionais

Ainda no contexto de "pintar emoções", você também pode usar parte desse conhecimento para criar "benefícios dimensionais" do seu produto.

Um benefício de um "lápis" é "escrever bem", certo? Mas como seu cliente se SENTE usando esse lápis? Vamos conferir.

Imagine que um dos itens que você entrega em seu produto é um *Checklist para campanhas de marketing digital*. Você poderia criar um benefício "comum", como este:

"Com este Checklist de Marketing Digital você consegue encontrar 47 pontos únicos de melhoria das suas campanhas."

Um benefício dimensional também adiciona as três dimensões das histórias de forma natural nele:

"Com esse *Checklist de Marketing Digital* você consegue encontrar 47 pontos únicos de melhoria das suas campanhas.

Agora você nunca mais terá que ficar com aquela "cara de confusão" na frente do seu cliente se ele perguntar por que as campanhas não estão gerando os resultados que eram esperados. Porque agora todas as reuniões serão apenas para comemorar as vendas que você conseguiu entregar por 'estancar' desperdícios de tempo e dinheiro e triplicar a esteira de produtos e lucros."

Consegue perceber a diferença em adicionar dimensões em "benefícios"?

Gosto muito de um exemplo dado por Todd Brown (com quem realmente eu entendi como aplicar esse conceito):

"Agora, todos os dias, assim que você acordar verá as dezenas de notificações de vendas chegando em seu celular. Não importa onde esteja, ou o que esteja fazendo, você terá a certeza e tranquilidade de que as vendas para o seu negócio vão continuar vindo, e você não terá mais que se preocupar com a sua segurança ou da sua família."

Pegou a ideia?

Exercício:

Encontre alguns "benefícios" em seu produto, e dê dimensões a eles.

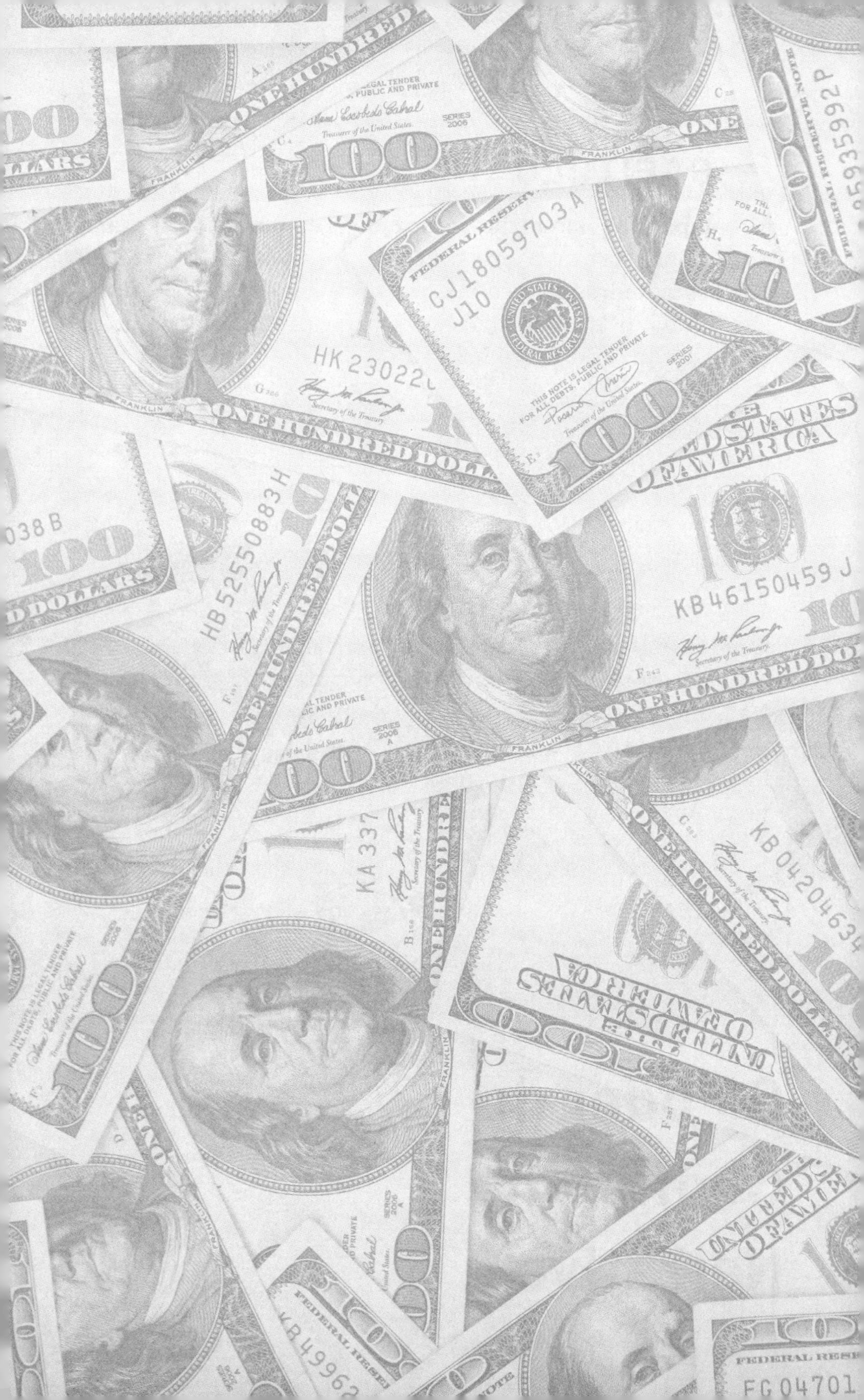

CAPÍTULO 15

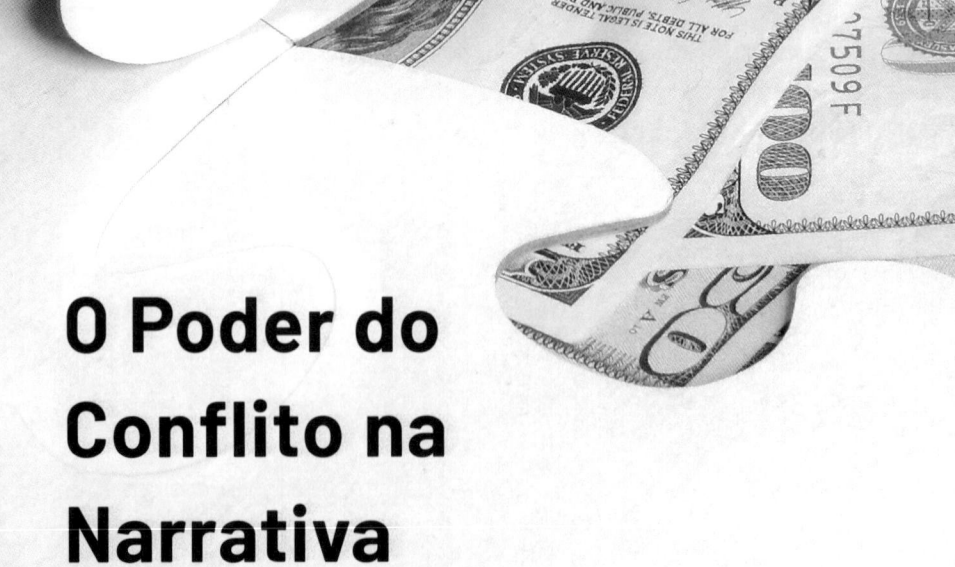

O Poder do Conflito na Narrativa

Paulo Maccedo

Moisés precisou enfrentar a fúria e a dureza do faraó no Egito para libertar seu povo da escravidão.

Hércules teve que executar uma série de doze tarefas como penitência para recuperar sua honra.

Chapeuzinho Vermelho teve que fugir do Lobo Mau.

Super-Homem já ficou sem poderes e teve que superar uma fase difícil.

Luke Skywalker teve uma galáxia inteira para salvar das garras dos vilões da saga *Star Wars*.

Os Vingadores viram Thanos dizimar parte do Universo e tiveram que superar um dos desafios mais complexos de todos os tempos.

Todas as histórias que nos rodeiam, dos contos infantis aos *best-sellers* e *blockbusters*, mostram personagens resolvendo problemas ou superando dificuldades.

Isso é o que chamamos de "Conflito".

Tradicionalmente, "Conflito" é um elemento literário importante da estrutura narrativa ou dramática que cria desafios em uma história, adicionando incerteza sobre se o objetivo será alcançado.

O "Conflito" foi descrito pela primeira vez na literatura grega antiga como o *agon*, ou disputa central na tragédia. Segundo Aristóteles, para manter o interesse, *o herói deve ter um único conflito.*

O *agon*, ou ato de conflito, envolve o protagonista (o "primeiro lutador") e o antagonista (um termo mais recente), correspondendo ao herói e ao vilão. O resultado do concurso não pode ser conhecido antecipadamente e, de acordo com críticos posteriores, como Plutarco, a luta do herói deve ser enobrecedora.

Mesmo na literatura moderna não dramática, os críticos observaram que o *agon* é a unidade central da trama. E, quanto mais difícil é o triunfo do protagonista, maior é o valor do drama. Tanto nos conflitos internos quanto nos externos, o antagonista deve agir sobre o protagonista e parecer, a princípio, superá-lo.

Apresentada a parte mais teórica, posso responder em alguns pontos o porquê de não pode faltar conflito numa boa narrativa de vendas.

Primeiro, quando vemos personagens em uma história com desafios e barreiras, com pessoas que discordam deles, discutem ou brigam — ou com questões complexas para resolver ou superar –, isso se torna emocionalmente estimulante.

Segundo, em nosso dia a dia, muitas vezes, precisamos "engolir sapos" e "calar a boca" — ou mesmo enfrentar guerras e tempestades sem questionar muito —, mas os personagens podem dar voz a coisas que desejamos ter a oportunidade e a coragem de dizer, além de mostrarem como algo pode ser vencido, apesar do alto grau de dificuldade.

Terceiro, os personagens não entram em conflito, a menos que haja algo de importante em jogo. É sempre algo valioso — como honra, um grande amor, dignidade, liberdade etc. — sendo defendido ou perseguido. Por isso, não caia no erro de criar conflitos com algo banal, fraco e inútil de alguma forma.

Outro ponto é que conflitos envolvem uma trama básica da vida humana: **alguém que necessita ou deseja muito uma coisa lutará por ela até o fim.**

Também temos o fato de que conflito é uma batalha de vontades e sempre existem perguntas como "Quem vencerá?" ou "Como vencerá?", que tendem a criar um cenário intrigante.

Por fim, o "conflito" é emocional. Quando os personagens estão envolvidos em uma luta, isso não é mero exercício de lógica, mas desperta sentimentos.

Alguns exemplos da vida real que podemos encontrar por aí:

- Um chefe de família que precisa enfrentar o monstro do desemprego para evitar que sua esposa e filhos passem necessidades;
- Um jovem com problemas escolares que precisa provar ao mundo que tem potencial intelectual;
- Uma moça obesa que descobre problemas de saúde relacionados à obesidade e decide emagrecer para ter mais saúde;
- Um homem que morou na rua e decide sair daquela vida criando um negócio de sucesso;
- Um profissional de marketing que fracassou em sete projetos consecutivos, teve depressão e precisa sair do fundo do poço.

Repare que todos os exemplos escondem conflitos que podem dar sabor a uma narrativa de vendas. Por isso, via de regra, uma boa narração de história é construída em torno de bons conflitos: eles são essenciais para mover o protagonista para frente dentro do arco da história.

Robert Mckee, um dos maiores pesquisadores e mestres no assunto, diz que "sem conflito não existe movimento" e, portanto, não há uma boa história. Narrativas que só mostram pessoas felizes, tudo dando certo e nenhum desafio ou transformação não costumam conquistar a audiência.

Falando dos tipos básicos de conflito, na ficção temos comumente as seguintes classificações:

- Homem contra homem;
- Homem contra natureza;
- Homem contra si.

Embora citados com frequência, esses três tipos de conflito não são universalmente aceitos. Ayn Rand, por exemplo, argumentou que "o homem contra a natureza" não é um conflito porque a natureza não tem livre-arbítrio e, portanto, não pode fazer escolhas.

Às vezes, um quarto conflito básico é descrito: "homem contra a sociedade". Alguns dos outros tipos de conflito mencionados incluem "homem contra máquina" (*O Exterminador do Futuro*), "homem contra o destino" (*O Iluminado*) e "homem contra Deus" (*Um Cântico para Leibowitz*).

Vamos passear por esses conceitos...

1) Homem contra homem: O conflito "homem contra homem" envolve histórias em que os personagens estão um contra o outro. Esse é um conflito externo.

Esse tipo pode ser de oposição direta, como em um tiroteio ou um assalto, ou pode ser um conflito mais sutil entre os desejos de dois ou mais personagens, como em um romance ou em um épico familiar.

Na literatura, o confronto de Tom Sawyer com Injun Joe em *As Aventuras de Tom Sawyer* é um exemplo desse tipo de conflito.

Na publicidade, alguns ganchos que sugerem esse conflito são: "Até minha família estava contra mim", "Eles riram quando me sentei ao piano", "Meu patrão não acreditava no meu potencial", "Eu sofria *bullying* na escola todos os dias na hora do recreio (mas me tornei um nerd milionário)".

2) Homem contra natureza: O conflito "homem contra natureza" é uma luta externa que posiciona o personagem contra um animal ou uma força da natureza, como uma tempestade, um tornado ou uma nevasca.

O conflito "homem contra natureza" é central para Ernest Hemingway em *O Velho e o Mar*, em que o protagonista luta contra um marlin (peixe azulado que chega a medir quatro metros).

No copy, esse conflito pode ser desenhado por um personagem que superou algum tipo de catástrofe natural, como enchente, terremoto, *tsunami.*

3) Homem contra si: Neste conflito, a luta é interna. Um personagem deve superar sua própria natureza ou fazer uma escolha entre dois ou mais caminhos: bem e mal; lógica e emoção; anjo e demônio interior.

As narrativas de histórias em quadrinhos do Homem-Aranha exploram esse tipo de conflito. Frequentemente, vemos o herói pendurado em algum prédio refletindo sobre seus conflitos interiores.

No copy, isso pode ser representado pela luta do seu *eu desanimado e conformado* contra seu *eu ambicioso e perseverante.*

4) Homem contra a sociedade. Às vezes, um quarto conflito básico é descrito, "homem contra a sociedade". Nele o homem se opõe a uma instituição criada pelo homem (como a escravidão, o preconceito, o sistema comunista ou capitalista).

Nessas histórias, os personagens são forçados a fazer escolhas morais ou são frustrados pelas regras sociais na tentativa de atingir seus próprios objetivos.

Esse conflito é usado no nicho de empreendedorismo com *A corrida dos Ratos,* termo usado para um exercício sem fim, autodestrutivo ou inútil. Evoca a imagem dos esforços inúteis de um rato de laboratório tentando escapar correndo em uma roda ou em volta de um labirinto.

Em uma analogia com a cidade moderna, muitos ratos em um mesmo labirinto despendem um esforço intenso correndo aleatoriamente (trabalho industrial), para, ao fim, não atingirem nenhum objetivo coletivo ou individual (fracasso financeiro). O termo foi popularizado com o livro *Pai Rico, Pai Pobre,* de Robert Kiyosaki.

No copy, o conflito pode surgir em forma de um desafio, de uma dificuldade ou quando há necessidade de escolha entre algumas situações que podem ser consideradas incompatíveis.

Assim, pode representar um excelente gancho para mostrar que o produto é a solução para o problema que a pessoa enfrenta, ou seja, o seu produto é o elemento que falta para a resolução do conflito.

Para fechar este capítulo, trago como exemplo a narrativa que o copywriter Alexandre Viveiros inseriu num copy de venda e consultoria. Veja como ele insere "conflitos internos e externos" na mensagem (o texto foi usado num script de vídeo, por isso mantive o estilo):

Se você Já Lançou um Produto Digital...

Mas... se sente completamente perdido, sem nem saber por onde começar neste universo...

Se sente solitário, sem ter com quem conversar sobre estratégias, modelos de negócios, escala...

Ou até mesmo se sente Travado em alguma parte do processo...

Assista a este vídeo até o final.

Meu nome é Alexandre Viveiros e, nos últimos 2 anos e meio, participei ativamente na construção de copys e estratégias de vendas de 37 lançamentos de produtos digitais que, somados, venderam até agora mais de 96 Milhões de Reais...

Mais especificamente, foram lançamentos para: treze Especialistas de dez Nichos em seis Modelos de Negócios Diferentes.

Foram Lançamentos de:

Coaching para Pastores, Liderança e Inovação, Gestão da Emoção, Recomendação de Investimentos, Criatividade, Educação Financeira, Leilão de Imóveis, Produtividade, Educação Parental e Programas de MBAs.

Eu já escrevi copy para vender desde livro físico, passando por curso on-line, clube de recorrência, recomendação financeira, evento físico, mentoria...

Já escrevi copy tanto para produtos de R$39,00 reais como para programas de Mentoria de R$25 mil reais.

E eu sei...

Eu sei o que você está pensando agora. Tá...

Mas Viveiros, porque eu nunca ouvi falar de você antes?

Simples, porque eu estava preso!

Brincadeira!

A verdade é que, antes de escrever e participar de tantos lançamentos de sucesso nos últimos anos...

Story$elling

Antes de conviver e aprender tudo sobre lançamento e *StoryTelling* com este cara aqui.

Eu cometi muitos erros e fiz uma promessa a mim mesmo. Mas... antes de falar da promessa, preciso te contar do processo.

16 Outubro de 2013 – 09:45

<u>Foi nesse exato dia e horário que tomei uma atitude que mudaria completamente o direcionamento da minha carreira, da minha forma de pensar e dos meus resultados financeiros...</u>

Mas que, antes disso, quase destruiria meu casamento.

E aqui está a prova:

Foi neste dia que eu fui contaminado com o #rochavírus. Fui apresentado ao modelo de lançamentos de infoprodutos e ao tal do "Marketing Digital".*

- Eu não gosto desse nome, "Marketing Digital", pra mim é tudo Marketing, mas vamos lá.

Eu lembro (como se fosse ontem) de ter pensado:

- Meu... isso faz muito sentido.
- Vou transformar o que eu sei em um curso on-line e já era.

Mergulhei de cabeça nas aulas... criei as páginas, gravei os vídeos, esqueci que tinha esposa e alguns meses depois... lancei minha ideia: Vídeo 1, Vídeo 2, Vídeo 3, Vídeo 4.

E... Resultado: R$0,00

Foi um baque. Eu realmente não estava preparado para aquilo.

Sério, na época... eu estava me achando o super-lançador expert que sabia fazer tudo sozinho.

Mas, com o resultado na tela... não tem conversa.

E... àquela altura da vida... a autoestima foi no pé... as crises no casamento vieram, as críticas e as pessoas rindo de mim – falando que não fazia o menor sentido esse negócio – também.

Pensei em desistir? Sim! Para ser honesto, quase todos os dias... Porém, mesmo quebrado emocionalmente eu pensei: investi zero reais no lançamento, então, ainda estou no lucro.

E, como eu aprendi muito com todo aquele processo... sabe o que fiz?

Peguei e comecei a aplicar tudo aquilo no meu trabalho de consultoria em Planejamento Estratégico (que era o que eu fazia na época).

Além de ajudar as empresas a planejarem seus negócios, comecei a vender: a produção de e-books, e-mails, artigos, roteiros para vídeos e estratégias de vendas para produtos on-line.

Com isso, recuperei muito rápido o investimento no Fórmula de Lançamento.

Aí... Meses depois, fiz um novo lançamento (investindo zero em tráfego de novo) e: 8 Vendas, R$1.985,84

E sabe como eu me senti?

Triste. Muito triste mesmo. Porque na época... eu havia criado na minha cabeça uma imagem errada sobre o mercado de lançamentos.

Eu pensava que, se não fizesse um seis em sete, eu não era ninguém.

E pior... Para onde eu olhava, parecia que todo mundo sabia fazer um seis em sete, menos eu.

Eu via as pessoas subindo no palco para receber o troféu e pensava... o que tem de errado comigo? E claro, isso refletiu na minha vida pessoal.

Eu não quero expor muitos detalhes aqui... mas...

Toda essa pressão que eu coloquei sobre isso... mais o acúmulo de brigas do dia a dia, chegou a um ponto em que eu me vi saindo de casa com as malas... planejando nunca mais voltar...

Sem dúvida, esse foi o pior momento da minha história...

E, por mais que eu não tenha nenhum orgulho disso, sinto que preciso falar sobre... porque você precisa entender uma coisa: o seu marido ou esposa não tem obrigação nenhuma de entender o que você está tentando fazer neste universo digital.

Acredite...

O primeiro cliente....

A primeira pessoa para quem você precisa vender a ideia do seu infoproduto é para ele(a). Fechado?

Agora, voltando àquela parte em que eu me sentia um derrotado...

que eu não percebia naquela época... passando por tudo aquilo... era o quanto eu estava aprendendo sobre marketing, estratégia, lançamento e, principalmente, sobre copy.

E mais... Eu sequer percebia o quanto financeiramente aquele conhecimento já estava impactando a minha vida.

Eu comecei a cobrar mais pelos meus serviços.

Fui afiando o meu machado, ficando cada vez melhor na "arte da escrita"... Porém...

Ainda assim, sempre que eu olhava para o tal do lançamento, olhava para aquela história dos quatro vídeos...

Eu confesso: ficava com aquele sentimento de perdedor, sabe?

Só que a vida tinha que continuar, os boletos serem pagos e eu precisava salvar meu casamento.

Foi então que eu e minha esposa tivemos... Nossa Primeira Experiência com Deus.

E relaxa que eu não vou ficar aqui tentando te converter não. Isso é entre você e Ele, eu tô de boa.

Mas... no meu caso... Deus sabia que eu jamais iria para a Igreja se não fosse pela Dor.

Eu sempre detestei pastor, igreja, gritaria e achava que todos eles eram aproveitadores. Mas... a crise no casamento foi o ponto de partida para a quebra destes preconceitos e para uma mudança profunda em nossas vidas.

E foi então... numa noite fria e chuvosa de Maio... que Deus apareceu lá em casa... por meio de um casal de pastores... Nossa mente se abriu. Nossos corações abriram... e Deus entrou.

E, para resumir a história, cuidamos tão bem do casamento que, em Maio de 2015... eu recebi uma grande notícia.

Eu finalmente havia executado um lançamento semente do qual eu iria me orgulhar para sempre...

Minha Esposa Estava Grávida E, acredite, este foi um dos dias mais felizes das nossas vidas.

Especialmente por um detalhe: segundo a Medicina, minha mulher jamais poderia ter um filho.

Daquele dia em diante, nossas vidas nunca mais foram as mesmas. Pois... uma vez que Deus entrou pela porta da frente, o sentimento de derrota e incapacidade foi embora pela porta dos fundos.

E tudo... tudo foi sendo desbloqueado. Para você ter ideia... foi neste mesmo período que compramos um terreno, construímos nossa casa e as consultorias de conteúdo deram ainda mais certo.

Foi literalmente tudo junto. Era copy pra lá... Cimento pra cá e Mamadeira a cada três horas Até que em Setembro de 2017, depois de ter voltado de uma conferência... trabalhando em meu computador à noite, recebi uma nova missão.

Deus falou claramente em meu coração: "Eu quero que você faça algo de graça... para esta pessoa". E veja bem... a única coisa que eu poderia fazer de graça era oferecer meus serviços de marketing, estratégia e copy.

E foi o que eu fiz. O que eu não podia imaginar era que, logo na sequência, o pessoal da agência que lançava este expert iria me contratar como copywriter... E que, meses depois, eu iria receber uma ligação.

Então, em 03 de Fevereiro de 2018 (dia do aniversário do meu filho) esse cara [aparece foto na tela] me ligou. E, 45 minutos depois, eu estava contratado para um teste. Sorte?

Na verdade não. Eu estava sendo preparado para este momento desde o dia 16 de Outubro de 2013... lembra?

E aí... o resto foi, literalmente... história.

Dezenas de lançamentos, dezenas de 7 em 7... Muito trabalho, estratégias, suor e copy.

Conseguiu identificar os conflitos no exemplo?

CJ18059703 A
J10
THIS NOTE IS LEGAL TENDER FOR ALL DEBTS, PUBLIC AND PRIVATE
SERIES 2001
Treasurer of the United States
100
KB46150459 J
Secretary of the Treasury
ONE HUNDRED
FRANKLIN

CAPÍTULO 16

Nêmesis

Gustavo Ferreira

Como o Maccedo explicou, o elemento importante em toda boa história é o "Conflito". E muitas vezes renegamos esse ponto nas histórias. Mas por que isso é importante?

Porque o "Conflito" é o que faz a história andar — e também é o momento em que acontece a conexão emocional com seu cliente.

Podemos entender que existem duas formas de conflito: o primeiro, é o conflito interno, que fala de nossas próprias emoções internas.

É quando expressamos como estamos nos sentindo no nível emocional. Aqui entram as descrições emocionais:

"Eu não aguentava mais, eu estava no meu quarto sozinho, chorando e me perguntando se eu queria continuar a viver naquela situação, ou se seria mais fácil tirar a minha vida e acabar logo com toda essa dor."

Esse é um exemplo de um "conflito interno" que podemos descrever dentro da nossa história, e que obviamente você adapta para seu contexto e sua realidade (o copy do Viveiros mostrado no capítulo anterior traz esse tipo de conflito).

A outra forma de conflito é o "conflito externo". Ou seja, a partir de um evento externo, nós somos empurrados para dentro da história:

"Chegou a fatura do cartão de crédito e eu não tinha como pagar R$ 1.0000 daquela fatura naquele mês.

Ou eu comprava comida, ou pagava uma parte do cartão! Foi então que percebi que realmente precisava fazer algo em relação a isso."

Agora, a pergunta que fica é: quando usamos um ou quando usamos o outro? Vamos pensar de outra forma...

Em uma história, há algum conflito que leva à resolução. Geralmente, antes de acontecer esse "evento", nós estamos em nossa "vida comum". De preferência, essa vida comum deve ser similar à vida comum do seu cliente.

Mães solteiras que trabalham. Arquitetos, engenheiros e empreendedores com dificuldade em conseguir vendas; mulheres com dificuldade de se conectar com seus cavalos (é sério, isso existe); pessoas que acabaram de se divorciar e não sabem o que fazer...

É o contexto de algo que você já passou, e que seu cliente potencialmente está passando. É esse contexto externo que nos leva a um conflito interno.

Antes de chegar à resolução (de uma situação com dívidas para uma situação sem dívidas), nós passamos por uma história de conflito. É nossa briga mental interna, nossos conflitos e dúvidas. E estas são as mesmas dúvidas que seu cliente enfrenta:

- "Será que realmente vou conseguir fazer isso?"
- "Será que sou capaz?"
- "Será que eu também um dia vou conseguir faturar 1 milhão de reais?"
- "Eu estava completamente sozinho e abandonado, totalmente isolado do mundo. Não havia ninguém que pudesse estender uma mão para me ajudar."

Em 2021, foi lançada na Netflix a série *Round 6*, que rapidamente alcançou sucesso mundial. Gosto de analisar essas séries e filmes de sucesso para entender os elementos que conectam com o público. E, de forma bem simples, essa série mergulhou nos conflitos emocionais que muitas pessoas enfrentam (ou já enfrentaram).

Se você estivesse atolado em dívidas e não visse nenhuma esperança à frente, o que faria? Se te oferecessem 1 bilhão de dólares para participar de um jogo, mas sabendo que só teria um ganhador, você se arriscaria? Teria algo que faria você se arriscar a tal ponto?

Round 6 explorou essas questões, e por isso é uma aula profunda sobre os conflitos e emoções humanas.

Agora, voltando às nossas narrativas, na maioria das histórias nós começamos com o *setup*, ou seja, o "mundo comum" e "depois" acontece o conflito.

Mas podemos começar a história com um conflito. Veja este trecho de um e-mail que criei para um cliente:

"Seu vagabundo."

Foi isso que escutei do meu sogro quando eu tinha dezesseis anos, minha esposa, quinze (na época namorada), e demos a feliz notícia de que ele seria avô.

"Como você vai sustentar uma família? Você é um vagabundo!"

Escutei isso mais algumas vezes pelos próximos quatro anos.

Afinal... um moleque, pai com dezessete anos...

E pior, queria ficar "brincando" de locução e não ter um trabalho de verdade.

Veja, não culpo meu sogro.

Provavelmente eu falaria a mesma coisa para meus filhos.

Mas, no dia que demos a notícia para ele...

Eu Havia Morrido

Porque eu não sabia com quem conversar.

Não sabia o que fazer.

Na época eu só brincava de imitar os Mamonas Assassinas (e ganhei um prêmio cantando Fábio Jr., mas essa é outra história).

O que seria da minha vida dali pra frente?

Agora tinha uma filha para criar, e nunca tinha trabalhado antes.

Acho que nunca chorei tanto na minha vida, fechado no meu quarto. Passei três dias em que parecia um morto vivo, mal conseguia comer.

Até passei a me conformar.

Era só conseguir um trabalho, pagar as contas, e ia "dando jeito"

Afinal, precisava né?

Aquilo me corroía por dentro, e sentia como uma grande sombra tomando conta de mim.

Meu sogro ainda foi complacente, e devo muito a ele.

Porque me deu um emprego na loja dele, e aprendi muito depois disso. Mas teve uma coisa...

Um único momento que me fez "voltar à vida".

No meio dessa montanha russa, no "terceiro dia" do caos da minha vida, que estava sem rumo nenhum, uma pessoa me deu uma oportunidade.

Fiz um "job" rápido de locução para uma rádio local...

    E aquilo me deu VIDA

E, a partir daquele dia, tudo mudou."

Você percebe como é possível adicionar muito mais emoção à uma história se começamos com o conflito?

O já citado Michael Hauge, consultor de Hollywood com quem tive o prazer de estudar, diz que boas histórias começam com um conflito.

Outro exemplo:

"Outro dia falei com um empreendedor que estava completamente falido.

Ele havia acabado de ser notificado pela Receita Federal porque, sem saber, havia deixado de pagar quase 300 mil reais em impostos, e agora precisava pagar tudo.

De um negócio que até chegava a faturar 30 a 50 mil reais por mês, ao longo dos anos esse saldo invisível foi se acumulando, acumulando, acumulando.

E o que antes era uma vida de sonho, com viagens, uma boa casa e vida boa, agora é um mergulho no mar de desespero. Sem casa, sem carro, sem dinheiro, sem família. Ele estava ferrado. E, se soubesse que havia uma solução simples para resolver esse problema, nada disso teria acontecido.

Agora, o que tenho para revelar é que esse empreendedor que antes tinha tudo, e da noite para o dia faliu... sou eu."

Faça esse exercício em suas histórias: tente inverter a ordem dos fatos. Em vez de começar com o "mundo comum", comece com o "conflito", e perceba como a carga emocional aumenta. (Obs.: se você acha que começar com o conflito não ajudou sua história, talvez precise contá-la de outra forma.)

O inimigo comum

Outro elemento muito poderoso é o "inimigo comum". A típica narrativa "nós contra eles", usada há séculos para polarizar pessoas e a sociedade, em parte se alinha com isso.

No Marketing, a forma mais comum de usar essa narrativa é como meio de "culpar o sistema". É comum você encontrar narrativas como esta:

"Você nunca soube disso porque a indústria médica não quer que você descubra."

Essa engenharia tem seu espaço, e muitas vezes a uso com frequência. Mas, pensando em aumentar o conflito e a conexão emocional, podemos "pessoalizar" o inimigo e torná-lo real. Esse é um termo conhecido como "Nêmesis".

Na mitologia, e em várias histórias em quadrinhos, Nêmesis é um inimigo difícil de vencer. E que ativamente joga contra o personagem principal.

Na próxima vez que estiver assistindo a um filme ou série, preste atenção em quem é o "inimigo". E preste atenção neste detalhe: "vilões" mal elaborados, sem motivações reais, deixam a história mais fraca.

Claro, em nossas histórias não precisamos criar um arco de filme (lembre-se de que nosso objetivo é vender). Mas podemos criar um inimigo "real".

Ao invés de serem "médicos e a indústria farmacêutica", é "o Dr. João". Veja este exemplo baseado numa história real:

"Houve uma época em que eu precisei buscar tratamento para ejaculação precoce, e, já tendo tentado várias alternativas, sem saber muito mais o que procurar, fui ao médico, um especialista na área que se chama Dr. André.

Contei a ele que eu já tinha buscado dezenas de soluções alternativas para tentar resolver, mas ele olhou para mim e deu para ver que ele desdenhava de tudo aquilo.

Ele simplesmente falou: "Ah, você vai ter que conviver com isso.'

E deu risada, receitou um remédio de 2 mil reais e me mandou embora.

Saí do consultório do Dr. André querendo matá-lo. Como assim? Eu já estava há meses tentando uma solução para ejaculação precoce e não conseguia.

Você não consegue imaginar minha satisfação quando, dois meses depois, voltei lá para dar a ele de presente o remédio que ele havia me receitado.

Ele me perguntou se funcionou, e eu disse: 'Não. Mas eu resolvi o problema. Só vim deixar isso aqui com você mesmo porque não serve para nada.'

Ele ficou paralisado com minha resposta, e não sabia mais o que falar. Só me olhava com aquela cara de surpresa e confusão, enquanto eu calmamente levantava e ia embora.

O que até queria contar para o Dr. André é que descobri uma forma xyz etc."

Admito que criar uma narrativa com uma pessoa envolvida é um degrau acima da maioria das histórias, eu mesmo às vezes tenho dificuldades. Mas, sempre que é possível adicionar esse elemento, um peso é dado à narrativa.

Você pode trabalhar também questões familiares ou amorosas como fonte de conflito e motivação para resolução.

Porque, quando mostramos que estamos "lutando contra algo" em nome da família, a maioria das pessoas entendem a nossa dor e desejo. Quantas mães e pais não fazem tudo por seus filhos?

E claro, com a prática, você pode trazer situações e personagens inusitados. Aqui estão dois exemplos de ganchos que já usei em algumas histórias:

"Se tem uma pessoa que eu odeio com todas as minhas forças, na minha vida, é a minha ex-namorada."

"Minha esposa, Andréa, odeia quando fico ansioso.

Minha cachorra Luca também odeia quando fico estressado.

Acho que até meu porteiro odeia quando fico ansioso porque outro dia o portão estava aberto, e mesmo assim apertei a campainha.

E obviamente...

Não gosto de ficar ansioso.

Mas temos um problema.

VOCÊ está me deixando ansioso."

Essas ideias "fora da caixinha" você alcança apenas com a prática. E, como já aconselhei, não se preocupe com a dificuldade inicial. Pratique e escreva, e é apenas uma questão de tempo até você começar a ter maestria nessa habilidade poderosa.

> **Exercício:**
> 1. Escreva uma história começando com um conflito.
> 2. Crie um inimigo "real" em uma história.
> 3. Crie um inimigo, personagem ou situação inusitada, que pode servir de gancho para sua história.

CAPÍTULO 17

Sete Estruturas Impactantes para Construir Narrativas

Paulo Maccedo

Embora o *StoryTelling* tenha ganhado força nos últimos anos, muitos redatores e vendedores ainda acreditam que devem simplesmente expor os fatos e argumentos de maneira aleatória, sem recorrer por um momento às narrativas.

Essa crença equivocada faz com que textos com potencial se tornem mornos, percam o impacto e o encantamento simplesmente porque seus autores não contaram uma história — esse é um dos motivos deste livro ter sido escrito.

Um estudo feito pelo psicólogo Jerome Bruner indica que a probabilidade de nos lembrarmos de algo que foi contado a partir de histórias é cerca de 22 vezes maior do que quando recebemos somente uma informação genérica. Ou seja, **contar histórias muda tudo!**

Os seres humanos são conectados por histórias. Nós naturalmente gostamos de cenários, personagens, tramas, conflitos e conclusões satisfatórias. Histórias têm o poder de gerar empatia entre o receptor da mensagem e os personagens. Elas ensinam, agregam, registram e atendem a um propósito muito maior do que simplesmente comunicar.

O idealismo do *StorySelling* defende que quem trabalha com vendas tem a missão de conduzir o leitor por uma jornada que o inspire, o envolva e o motive em diferentes camadas. Mas sabemos que manter uma audiência interessada atingindo níveis mais profundos de conexão, seja nos canais diretos, seja nos indiretos, não é tarefa das mais fáceis.

Para ajudá-lo a superar esse desafio, decidi listar aqui sete estruturas que, se bem usadas, ajudam muito a capturar a atenção e despertar as emoções do seu público. Confira!

1) A Jornada do Herói e seu incrível poder de gerar conexão

Uma das mais poderosas e antigas técnicas de *StoryTelling* é a Jornada do Herói. Não é difícil entender seu tamanho poder e fascínio, afinal, quem não quer alguém para amar, se inspirar e confiar? O herói é a figura que inspira e encoraja dentro das histórias (falamos um pouco disso em capítulos anteriores).

Chamada eruditamente de *Monomito*, a Jornada do Herói é uma estrutura cíclica de *StoryTelling* que foi desenvolvida pelo antropólogo Joseph Campbell, em 1949, na obra *O Herói de Mil Faces*. Anos mais tarde, foi adaptada por Christopher Vogler, no livro *A Jornada do Escritor*.

O fato é que, mesmo antes de ser sistematizada em livros teóricos, a Jornada do Herói já existia intuitivamente em contos folclóricos, mitos e escritos religiosos. Ela está presente há muitos séculos, na literatura e no cinema, especialmente nas narrativas de romance e aventura.

Veja se esta jornada lhe parece familiar...

O herói é convidado a deixar sua casa e seguir um percurso difícil. Ele sai de um lugar comum e seguro para partir rumo a um território desconhecido e ameaçador. Aposto que você conhece pelo menos uma narrativa assim. Aliás, já deve ter lido ou visto uma porção delas.

Resumidamente, o herói passa por inúmeras aventuras e desafios no caminho, até voltar mais forte para sua casa, com conhecimento, experiência e poderes especiais que acumulou na jornada.

A Jornada do Herói tem a capacidade de:

- Levar o público a viajar pela história;
- Mostrar o benefício de correr riscos;
- Demonstrar como todos podem sair da zona de conforto;

- Comprovar que é possível aprender e vencer, apesar das dificuldades.

De forte apelo emocional, a Jornada do Herói faz com que leitores se conectem mais facilmente à história, porque o herói atua como um espelho de quem o vê. É comum que essa pessoa se identifique instantaneamente e perceba que há uma sintonia entre sua própria história com a história da personagem central da narrativa.

Se antes a Jornada do Herói era fundamental para conectar os leitores às narrativas ficcionais, hoje essa poderosa técnica de *StoryTelling* é essencial para contar histórias de marcas e aumentar o engajamento da audiência. O princípio é o mesmo: **gerar identificação e conexão.**

O *Monomito* pode humanizar a comunicação em diversos níveis, uma vez que a presença de um personagem com dores, desafios e um desfecho feliz ativa sentimentos como esperança, coragem e resiliência. Mas, se você for atento, deve lembrar que dissemos anteriormente que é mais difícil usar essa estrutura com eficácia em mensagens de vendas, e que ela funciona melhor em livros e filmes.

Então por que estou falando dela aqui? Porque se trata de uma estrutura clássica, e achei por bem inseri-la para fins didáticos. Além disso, há o fato de que "difícil" não significa "impossível". Por isso, faça uso da criatividade e, se preciso, use a Jornada do Herói.

Como eu disse anteriormente, o trajeto no *Monomito* é cíclico. Ele se divide em doze estágios diferentes e evolutivos. Para explicar cada estágio, vamos usar a famosa narrativa de *Star Wars* como exemplo:

a) Mundo comum: O primeiro estágio forma o ambiente normal, onde o herói vive junto a outras pessoas, antes de iniciar sua grande aventura.

Luke Skywalker é um jovem com um vida simples que vive numa fazenda com seus pais de criação (que na verdade são seus tios).

b) A chamada: Aqui um desafio surge e acaba influenciando o herói a sair de sua zona de conforto para solucionar um problema.

Junto a seu tio (que é seu tutor), Luke compra dois dróides, R2-D2 e C3PO; o primeiro lhe mostra uma mensagem holográfica da Princesa Leia com um pedido de socorro, destinada a Obi-Wan Kenobi, e Luke se lembra do ermitão Ben Kenobi (na realidade é Obi-Wan Kenobi), que mora nas montanhas, e vai até ele.

c) Recusa ou reticência: O personagem tende a recusar ou demorar a aceitar a chamada, resistindo a embarcar na aventura. Quase sempre é porque tem medo, sente-se inseguro ou incapaz.

Ao visitar Ben, Luke descobre que seu pai, Anakin Skywalker, foi um cavaleiro Jedi que foi morto pelo terrível Darth Vader. No começo, Luke não deseja se unir a Obi-Wan para resgatar Leia, mas, quando seus tios são mortos pelos soldados imperiais, aceita acompanhá-lo.

d) Mentoria: No quarto estágio, o herói se encontra com um mentor, sábio ou oráculo; recebe uma ajuda divina ou sobrenatural que o motiva a aceitar a chamada, concedendo-lhe o conhecimento e a sabedoria para encarar a aventura.

[Isso já começa a acontecer no estágio anterior] Luke recebe de Obi-wan o sabre de luz de Anakin para começar o próprio treinamento Jedi.

e) Cruzamento do primeiro portal: O herói sai do mundo comum e ultrapassa um portal que leva a um mundo especial, mágico, uma outra dimensão.

Para salvar Leia, Luke e Obi-Wan contratam o piloto Han Solo e seu fiel escudeiro Chewbacca, e vão a bordo da nave Millenium Falcon para tentar chegar ao planeta de Leia.

f) Provações, aliados e inimigos: No sexto estágio, o personagem passa por testes, enfrenta problemas e incógnitas surgem. Nesta etapa ele também encontra aliados, enfrenta inimigos e acaba aprendendo as regras do novo mundo.

Luke, juntamente com seus aliados, enfrenta soldados do Império e inimigos diversos para cumprir a missão.

g) Aproximação: O herói vence as provações.

Luke se une à Aliança Rebelde e vai com o esquadrão X-Wing para destruir a Estrela da Morte, e, com muitas perdas, conseguem.

h) Provação difícil ou traumática: A maior dificuldade da aventura aparece, como um caso de vida ou morte; a parte mais dolorida do enredo.

Após participar de um treinamento com Mestre Yoda em Dagobah, Luke vai para o planeta Bespin, onde enfrenta Darth Vader. No duelo, Vader decepa sua mão direita e faz uma das revelações mais chocantes da história: diz que ele é, na verdade, o pai de Luke, Anakin Skywalker. Luke recusa-se a acreditar e, quando Vader tenta levá-lo para o Lado Sombrio da Força, ele se joga num buraco.

i) Recompensa: O personagem escapa do fim trágico, supera o medo e adquire a fórmula mágica, a recompensa por ter aceitado o desafio.

Luke é resgatado por aliados na Millennium Falcon e recebe uma mão biônica.

j) O Retorno: Retorna para o mundo comum, volta ao ponto de partida.

Uma espécie de retorno ocorre com Luke, que volta à vida comum até que recebe outra missão, a de salvar, junto à Leia, Han Solo das garras do asqueroso Jabba the Hut. Após isso, ele também retorna a Dagobah.

k) Ressurreição: Outro momento decisivo na vida do herói, mais um teste no qual ele enfrenta o perigo, a morte e deve usar com veemência tudo que foi aprendido, inclusive a fórmula mágica.

Luke recebe a missão de ir com Leia e Han Solo até a lua florestal de Endor, para desligar o escudo da nova Estrela da Morte. Eles se perdem e são orientados pelos pequenos Ewoks. Então Luke resolve se entregar ao Império para falar com seu pai e dizer que ainda há um pouco de bondade nele, o que Vader nega. Luke é levado ao Imperador, que tenta levá-lo para o Lado Negro e mostra-lhe as forças imperiais destruindo as naves rebeldes.

l) Regresso com a fórmula: O herói volta para casa com a fórmula, a fim de ajudar a todos de seu mundo comum.

Após lutar e destruir o inimigo, Luke pega uma nave e leva o corpo de Darth Vader para Endor, pouco antes da Estrela da Morte ser destruída. Em um funeral Jedi, o herói queima o corpo do pai, que se tornou um espírito da Força, aparecendo ao lado de Obi-Wan e Yoda.

Foi com essa estrutura que os produtores de *Star Wars* garantiram a maior bilheteria de todos os tempos na época, arrecadando mais de US$ 775 milhões. A produção de *Star Wars* é atualmente é a 97° maior bilheteria da história, quando ajustada pela inflação é a segunda maior bilheteria na América do Norte e a terceira maior bilheteria no mundo.

2) A Montanha e a escalada não linear até o topo

Originalmente nomeada como *The Mountain*, essa técnica impactante de *StoryTelling* é uma forma estruturada de mapear o drama e a tensão em uma narrativa.

Em parte, ela é parecida com a Jornada do Herói, pois, assim como no percurso do *Monomito*, a Montanha ajuda a demarcar certos eventos dentro das histórias.

Por outro lado, nessa segunda proposta de narrativa, não há necessariamente um final feliz ou conclusão gloriosa. O início da história é dedicado à ambientação e, na sequência, ocorrem ações e desafios não lineares que, posteriormente, vão culminar em um desfecho climático.

Em outras palavras, nessa técnica, quem escreve leva o leitor a passar por pequenas etapas antes de chegar ao topo da montanha e, enfim, aliviar a tensão no final do caminho íngreme e imprevisível.

Você já deve ter ouvido falar sobre o Pico da Neblina nas aulas de Geografia, certo? Ele é o ponto mais alto do nosso país. Tem mais de 2.900 metros de altitude.

Agora imagine como seria escalá-lo. Pense comigo: estou falando de um percurso desconhecido, com trechos mais desafiadores do que outros e alguns perigos escondidos.

Ainda que se trate de uma subida, provavelmente haveria altos e baixos físicos e emocionais no trajeto. É esse tipo de cenário – com todas as irregularidades, dramas, tensões e desafios – que traduz a essência da Montanha na construção de histórias.

Quem vivencia a experiência de escalar um pico, um monte ou uma montanha se submete a variáveis diversas. O final pode ser positivo ou não, mas geralmente é emocionante. O clímax acontece e, em boa parte dos casos, o risco é recompensador. Vale enfrentar a escalada para ter:

- Uma vista incrível do alto;
- A sensação de missão cumprida;
- Desejo de viver novos desafios;
- Superação pessoal.

Histórias baseadas na subida de uma montanha não são monótonas, também não garantem finais felizes, entretanto costumam ser muito envolventes, marcantes e inspiradoras.

As séries da Netflix são um exemplo real de como a escalada não linear funciona bem na construção de histórias! São vários episódios e cada um deles tem seus altos e baixos. Outro detalhe é que, salvo raras exceções, os finais de temporada apresentam grandes desfechos.

Vale destacar que essa técnica é uma ferramenta muito útil para mostrar como uma série de desafios foram superados, prender a atenção da audiência, construir tensão de forma lenta, natural e crescente, além de entregar uma conclusão à altura da história criada. Exemplo de um texto meu que se encaixa nesse padrão:

Ambientação: "E se você tivesse a oportunidade de aprender com os maiores erros de um redator experiente?

O que você faria se pudesse saber o que levou este redator a fracassar consecutivamente em nada menos que sete projetos promissores?

O que gerou esse efeito em cadeia que o levou à depressão?

Que atitudes ele tomou para chegar ao fundo do poço?

E por que ele não desistiu?

Como ele se safou dessa situação? E como ele ainda se tornou uma referência com resultados de milhares e milhões de reais criando cartas de vendas e anúncios campeões?"

Início da escalada: A história que eu vou contar aqui é uma das mais duras e difíceis situações da minha vida e carreira.

Isso tudo aconteceu quando eu estava no ápice da minha notoriedade como redator.

Eu tinha acabado de lançar um popular livro sobre copywriting, já tinha me tornado um escritor *best-seller* e minha autoridade estava sendo reconhecida no mercado.

Fui procurado por muita gente para escrever cartas de vendas e anúncios e fiquei com a agenda cheia. Era a vida que eu pedi a Deus.

Então... em pouco menos de um mês... fechei vários projetos promissores, com figuras de nome no mercado.

Alguns projetos envolviam milhares; outros, milhões de reais.

Eu tinha nas mãos uma baita oportunidade para fazer novos cases e crescer.

Mas aqui está o que aconteceu...

Eu fracassei...

Fracassei em sete projetos consecutivos.

Detalhe: foi um fracasso atrás do outro, numa espécie de efeito em cadeia.

Subida a um ponto mais alto (tensão): Eu escrevi os copys e nenhum converteu bem, mesmo depois de algumas alterações e testes.

Alguns projetos ficaram no zero a zero, outros deram prejuízo, mas nenhum teve um resultado que possamos chamar de... positivo.

Pude ver a frustração nos olhos de alguns clientes que, claro, não renovaram os contratos.

Para variar, na época eu também passava por um momento crítico com a minha agência de Marketing de Conteúdo.

Os clientes começaram a cancelar contratos, o faturamento caiu abruptamente e eu até tive que demitir um parceiro de longa data.

Topo (ponto de maior tensão): Como se não bastasse... minha esposa descobriu que estava grávida.

Foi um misto de felicidade com medo e angústia, eu estava vendo meu sonho de ser pai surgir enquanto era consumido pela preocupação de não conseguir suprir as necessidades de um bebê.

O peso da responsabilidade aliado a essa sequência de fracassos me jogou no chão.

Eu, que sempre sofri com ansiedade, entrei numa crise emocional quase paralisante.

Na época, estava sendo atendido por uma terapeuta e, apesar de esse atendimento ter sido de grande valia, não consegui evitar o pior: uma crise depressiva.

Nunca achei que teria depressão na vida, mas tive, e foi dureza. Imagine uma pessoa muito ativa com o trabalho ficar quase duas semanas sem mesmo conseguir levantar da cama. Foi isso que aconteceu. Eu não tinha vontade de fazer nada, a não ser esperar o tempo passar.

Hoje, olhando para trás, vejo que o fantasma da depressão já me rondava há tempos, mas eu não tinha percebido."

Repare como há uma escalada até o ponto mais alto, que nesse caso foi a crise depressiva. No texto original, exploro bastante esse ponto íngreme e depois conduzo o leitor pela descida, em que a tensão é aliviada e o desfecho é apresentado.

3) Loops Aninhados: várias histórias dentro de uma história

A técnica de *Loops Aninhados*, ou *Reviravoltas Aninhadas*, é mais complexa e menos conhecida, porém extremamente eficaz quando bem utilizada. Ao contar histórias a partir dessa estrutura de *StoryTelling*, o escritor coloca três – ou até mais – narrativas umas nas outras.

Há uma história central, com maior peso. As narrativas no entorno explicam, elaboram ou complementam a história mais importante. É preciso tomar cuidado para manter a coerência e coesão sem que as múltiplas histórias confundam o leitor ou fiquem sem desfecho.

Na prática é mais simples do que parece. Os Loops Aninhados ocorrem, por exemplo, quando o escritor exemplifica um fato dentro de uma história relatando um caso, quando ele faz analogias intencionais para explicar um conceito central ou quando utiliza uma sábia citação de terceiros no texto para comprovar o que ele está dizendo.

Loop 1: "O ano era 2017. Viajei para São Paulo para participar de um evento onde respiraria o mesmo ar de homens bem-sucedidos como Flávio Augusto, Carlos Wizard e Geraldo Rufino.

Pouca gente sabe, mas eu estava literalmente falido, e só consegui comparecer porque peguei dinheiro emprestado com a minha sogra.

Detalhe: viajei de ônibus, com a passagem mais barata, no pior horário.

Como também não tinha dinheiro para pagar uma hospedagem, tive que dormir e tomar banho na rodoviária.

Não esqueço da cena de eu me arrumando naquele espaço sujo do terminal, colocando a melhor roupa que eu havia levado na mochila.

Minha refeição naquele dia se resumiu em uma bolinha de pão de queijo e um copinho de café puro (foi o que deu para pagar).

No local do evento, estufei o peito e ergui a cabeça, mas por dentro eu estava me sentindo um nada.

Eu me culpava por ter deixado as coisas chegarem naquele ponto.

Estava ansioso, preocupado e destruído!

Não tinha grana para acertar o aluguel, pagar os funcionários e até mesmo para fazer compras do mês.

Ainda assim, mantive-me firme e procurei aprender algo com os milionários que iriam palestrar naquele workshop.

Passado o evento, retornei para o Rio e imediatamente procurei meu mentor, o Pedro.

Fui até o escritório dele e passei o dia lá sem tocar no assunto, mas no fim do dia o chamei para conversar.

"Cara, estou quebrado e desesperado. Não sei o que fazer. Me ajuda!"

As lágrimas rolaram!

Pedro me interrogou para saber o que realmente tinha acontecido e eu expliquei com detalhes.

Loop 2: Naquele momento, lembrei da relação de Yoda com Luke Skywalker!

Yoda passa seus conhecimentos para Luke, treinando-o para ser o futuro da Ordem.

É ele quem ajuda o jovem padawan a desenvolver o uso da Força e libertar a Galáxia!

O Mestre de Luke representa a figura do Mentor, cujos conselhos e treinos permitem que o mentorado avance na sua missão.

Retorno ao Loop 1: Naquele momento, eu era o Luke, e Pedro, o Yoda.

Ele imediatamente identificou os erros e falhas, me deu muitos conselhos valiosos e desenhou um plano para que eu executasse assim que saísse dali.

Uma das coisas que me disse foi sobre "Dominar o copywriting e deixar de pensar pequeno" (eu realmente estava pensando assim).

Voltando para casa, comecei a fazer o que ele me aconselhou já no dia seguinte.

Foi suficiente uma semana para que começasse a me reerguer.

E, em pouco menos de três meses, minha empresa já estava de pé novamente.

Então eu percebi a importância de ter um Mentor.

4) In Media Res: quem disse que precisa começar pelo início?

In Media Res é uma técnica literária antiga. O termo tem origem no latim e significa "no meio das coisas". A estratégia nada mais é do que começar a narrativa pelo meio da história. Em alguns desses casos, não só personagens, como os cenários e conflitos são introduzidos por meio de *flashbacks* ou relatos sobre eventos passados.

A história é iniciada no auge de uma ação, antes de retomar os fatos iniciais que o desencadearam. Essa estratégia trabalha fortemente o gatilho da curiosidade, principalmente quando o escritor é hábil o suficiente para não revelar muito no primeiro momento.

O ideal é sugerir algo inesperado e que dependa de mais informações. É preciso entregar apenas os dados necessários para manter o leitor conectado e criar suspense. É o típico caso de quem conta um resultado extraordinário logo no início do texto para, só depois, desvendar qual foi o caminho percorrido até chegar nesse resultado.

Eu gosto bastante dessa técnica e uso em algumas produções com a finalidade de:

- Chamar a atenção desde o início, ainda que eu comece pelo meio;
- Manter a audiência curiosa pela resolução;
- Focar o interesse do público em um momento realmente crucial da história.

Se você tiver um ou todos esses objetivos em mente, vale a pena aplicar a técnica *In Media Res*. Se você mostra algo interessante no início, mas não entrega todo o ouro de imediato, você aumenta significativamente as chances de o leitor ficar preso à história.

Eu vi soldados correndo e gritando, e sentinelas usando o rádio transmissor. Em seguida, ouvi o barulho de uma sirene e vi dois caminhões de bombeiro entrando na área militar.

Olhando para cima, em direção ao local do biombo, avistei uma gigantesca nuvem de fumaça. Disse ao meu patrão: "Cara, acho que deu merda lá em cima!"

Subi correndo e, ao chegar lá, veio a constatação: o biombo pegou fogo. Ou melhor, virou pó!

Agora deixe-me dizer como essa história começou...

---

5) Técnica do Contraste: mundo real x mundo ideal

Já reparou como grandes discursos contrastam o mundo real com uma versão melhorada do que ele poderia ser? Eles comparam o que de fato existe atualmente com um cenário melhorado. É assim, também, que a *Técnica do Contraste* é aplicada na construção de histórias.

Um exemplo memorável é o discurso de Martin Luther King, *I Have a Dream* ("Eu tenho um sonho"), em que ele contrasta a realidade de uma sociedade racista com o ideal de uma sociedade dos sonhos, que fosse respeitosa e igualitária.

Ao usar esse recurso na contação de histórias, o autor consegue chamar a atenção para problemas de diferentes ordens: pessoais, sociais, profissionais... A partir disso é criado um profundo desejo de mudança na audiência, uma vontade genuína de ir do ponto A ao ponto B.

Emocionalmente impactante, a *Técnica do Contraste* leva o leitor a:

- Refletir sobre a vida e suas próprias escolhas;
- Tomar uma decisão e agir para mudar a situação;
- Ficar esperançoso em relação ao futuro.

Eu particularmente gosto de traçar comparativos dentro das minhas cartas de vendas. Trabalhar com o real x o ideal é uma forma excepcional de criar textos geradores de ações. Essa é uma técnica que realmente toca e mexe com as pessoas. Veja o exemplo (a opção 1 é o mundo real; a 2, o mundo ideal):

Você tem duas opções, e pode decidir como será sua história a partir de agora:

1 – Continuar sofrendo com a insônia até o ponto de ficar dependente de remédios e correndo o risco de adquirir doenças mais graves, como Depressão, Esquizofrenia e Alzheimer;

2 – Aprender como mudar sua rotina a partir de quinze passos que não exigem nada mais que alguns minutinhos do seu dia — num material que custa menos que uma caixa de remédios, dependendo do caso.

Você sabe qual é o melhor para você, não é mesmo?

6) Ideias Convergentes: quando vários pensamentos chegam em um ponto comum

Essa técnica se baseia na convergência de ideias. Convergência, por sua vez, nada mais é do que seguir em direção a um ponto comum. É quando múltiplos pensamentos se encontram e geram concordância.

A estrutura narrativa firmada na técnica das Ideias Convergentes tem a função de revelar ao leitor como diferentes vertentes do pensamento são capazes de se unir para formar um produto, ideia ou conceito, tornando-os mais fortes.

Essa forma de contar histórias pode ser usada, por exemplo, para mostrar como um movimento surgiu ou explicar o desenvolvimento de uma ideia resultante de várias mentes trabalhando rumo a um mesmo objetivo.

De certo modo, a convergência de ideias é parecida com a técnica de loops aninhados, porém, em vez de uma história ser composta de várias outras histórias complementares, na estrutura de Ideias Convergentes o escritor usa várias histórias igualmente relevantes que chegam a uma única conclusão impactante.

Ficou difícil entender a estruturação desse tipo de narrativa? Vou exemplificar para você e, certamente, a técnica vai ficar bem clara na sua mente. A história de algumas parcerias empresariais de sucesso são bons exemplos, nesse caso:

"Imagine dois desenvolvedores de Web com opiniões e estilos diferentes. Estou falando de Larry Page e Sergey Brin, dois antigos estudantes da Universidade de Stanford.

Eles se conheceram em 1995, no programa de doutorado da faculdade. Inicialmente não se deram bem. Ambos jovens e com ótimas ideias, mas não houve uma afinidade imediata.

Quem poderia imaginar que pouco tempo depois eles se uniriam em um projeto de pesquisa? Em 1998, esse projeto originou o Google, fato que os tornou empreendedores bilionários mundialmente conhecidos.

Percebe que, apesar do relato resumido, a jornada de Larry e Sergey é suficiente para exemplificar a convergência de ideias? A história de ambos se torna uma só e, mesmo com as diferenças de personalidade dos dois, o relato aponta para uma única direção conclusiva: o sucesso do Google.

Independentemente dos pensamentos distintos, da pouca afinidade no começo e, até mesmo, de uma eventual dificuldade para trabalharem juntos, as discrepâncias são reduzidas e dão lugar às Ideias Convergentes.

Essa técnica é útil para:

- Mostrar como grandes mentes podem se unir com um mesmo propósito;
- Demonstrar que um grande desenvolvimento pode ocorrer em determinado momento de uma história;
- Apresentar a junção de várias histórias para chegar em uma conclusão única.

7) Técnica do Falso Início: a imprevisível virada de mesa

As histórias construídas com Falso Início são criadas para surpreender. Nelas, o escritor começa a contar uma história como outra qualquer, aparentemente previsível, antes de inesperadamente interrompê-la e recomeçá-la. De certa forma, foi o que eu fiz na história do incêndio (exemplo de *In Media Res*), com a diferença de que lá eu comecei pelo clímax (o quartel pegando fogo).

Inicialmente, quem escreve coloca o leitor em uma sensação de suposta segurança para, logo depois, virar a mesa e chocá-lo. Esse tipo de narrativa é indicada para relatar um momento em que a personagem principal da história falhou e precisa voltar ao início para reavaliar sua trajetória.

No novo começo, é possível desenhar um novo percurso, falar dos aprendizados, contar mais detalhes escondidos por trás da experiência ou revelar as soluções que encontrou para resolver os problemas e corrigir os erros.

Quando você interrompe o leitor para dar um rumo novo à história, a quebra de expectativas tende a fazê-lo prestar mais atenção à mensagem, em busca da conclusão da narrativa. As principais vantagens dessa técnica são justamente:

- O rompimento da previsibilidade por meio de um fator surpresa;
- A flexibilização da abordagem ao conduzir o leitor por uma experiência livre de padrões convencionais narrativos;
- O envolvimento e atenção do público, que costuma acompanhar a história até o final.

Na técnica de Falso Início há uma continuidade retroativa. A lógica e coerência não se perdem, mas o contador de histórias consegue voltar e alterar fatos na narrativa, ou seja, ele volta e reconta de um jeito surpreendente.

"Eu vivia o auge da depressão quando decidi pedir ajuda a um amigo...

Com a voz embargada, enviei um áudio pelo WhatsApp e desabafei: "Cara, me ajuda. Estou na merda!"

Ele prontamente me ligou e ficamos por meia hora no telefone.

Os conselhos que ouvi dele naquele dia mudaram completamente minha vida. Mas espere, não posso continuar sem antes voltar dois anos no tempo e relatar o que me fez cair naquela crise depressiva.

O ano era 2017. Viajei para São Paulo para participar de um evento onde respiraria o mesmo ar de homens bem-sucedidos como Flávio Augusto, Carlos Wizard e Geraldo Rufino.

Pouca gente sabe, mas eu estava literalmente falido, e só consegui comparecer porque peguei dinheiro emprestado com a minha sogra."

Repare que peguei uma história já mostrada neste capítulo e inseri um falso início. Ao usar isso, faço o leitor imaginar que vou levá-lo por um caminho, mas de repente o surpreendo apresentando o "verdadeiro início".

CAPÍTULO 18

Quinze Perguntas para Sua História-chave

Gustavo Ferreira

O que faz você ser conhecido e amado pelo seu público, e o que faz com que eles paguem para você?

As pessoas compram de quem elas conhecem, gostam e confiam. Por isso, encontrar sua história-chave é encontrar a si mesmo.

Passar pelos exercícios deste capítulo ajudará você a ficar *verdadeiramente* alinhado com o que você é e quer fazer.

Por isso, seja aberto e honesto.

Esse é o *único* requisito.

Diga a verdade... o tempo todo.

Você não precisa mostrar suas respostas a ninguém, a não ser que você queira. Afinal, esses exercícios são para você encontrar a si mesmo.

◆ Exercício 1: Qual seu "porquê"?

Por que você faz o que faz? Por que faz sacrifícios e continua indo em frente enquanto tantas outras pessoas já teriam desistido? Sua resposta pode ser longa ou curta. Quanto mais você colocar sua energia nisso, mais terá de volta.

◆ Exercício 2: Encontre sua sombra

Hoje vamos falar do "lado negro da força". Não tenha medo de falar que você "odeia", "tem nojo", "despreza" ou "não suporta" algo. Hoje é dia de criar laços de amizade.

Polarização é chave para RESSONÂNCIA com você, e se você não sabe com o que *você* se polariza... como vai se mostrar?

Responda...

- O que você odeia fazer?
- Que tipos de clientes fazem você querer se bater?
- O que despreza, evita e adia na sua vida diária pessoal e de negócios?
- Quem você não suporta?
- Que outros negócios você vê e pensa "que merda esse cara está fazendo"?
- O que você vê no seu mundo como deplorável e desprezível?

◆ **Exercício 3: *All you need is love***

Agora vamos para o lado oposto da sombra. Este exercício é sobre amor:

- Com quem você ama trabalhar?
- O que você ama fazer?
- O que deixa você excitado mentalmente a ponto de não aguentar esperar?
- O que você ama fazer tanto que você faria sem ser pago?
- Quais clientes fazem você sorrir?
- Por quem você daria um rim para trabalhar junto?

◆ **Exercício 4:** *Causa Mortis*

Fiz esse exercício pela primeira vez em 2008, e foi impactante. Aqui nós vamos fundo na alma.

Imagine que você morreu.

Hoje, você está morto, e estão todos no seu funeral: amigos, família, filhos, colegas de trabalho, empregados... E todos vão falar algo sobre você.

- O que eles falam sobre você?
- Que legado você deixou?
- O que as pessoas falam sobre você que agora você não consegue mais escutar?
- Quais histórias eles contam sobre você noite adentro?

E..

O que você gostaria que eles tivessem dito?

Leve o tempo que precisar para responder isso. Não tenha medo de chorar. **Abrace suas emoções.** Quanto mais fundo for, mais terá de volta. Vá fundo nisso!

◆ **Exercício 5: Dez palavras**

Exercício simples. Escreva:

Dez palavras que descrevem você *hoje*;

Dez palavras que descrevem você *no futuro*.

Valendo!

Hoje		Futuro	
1		1	
2		2	
3		3	
4		4	
5		5	
6		6	
7		7	
8		8	
9		9	
10		10	

◆ **Exercício 6: Seu maior sucesso...**

Escreva uma situação em que, mesmo contra todas as chances, você fez algo épico.

Seu momento de maior orgulho, sabe? Pode ser na vida pessoal, na carreira, qualquer coisa. Qual a melhor história de sucesso do seu passado?

◆ **Exercício 7: A "bomba-relógio"**

Imagine que você tem uma "bomba-relógio" que impede seu sucesso toda vez que você está chegando perto dele. Pode ser sua saúde, suas crenças, seus relacionamentos ou coisas do seu passado. Existe algo que você precisa "desarmar" para você conseguir sucesso.

Essa é a história real (e não a que usa como desculpa) que você precisa lidar para conseguir o que deseja.

Uma pergunta que pode ajudar é: "Se as pessoas soubessem que eu ..., elas não me apoiariam?"

◆ Exercício 8: Seu *pitch* de quinze segundos

Você tem quinze segundos para conquistar a atenção e o interesse de alguém, e, se não consegue explicar o que faz nesse tempo, precisa melhorar.

Diga: "Eu sou X, trabalho com Y para alcançar Z."

Por exemplo...

"Meu nome é Gustavo Ferreira, trabalho com empreendedores brasileiros para ajudá-los a criar estratégias completas de comunicações para aumentarem suas vendas e criarem um negócio sólido, lucrativo e que não dependa apenas do tempo deles para continuar existindo e fazendo a diferença no mundo."

Você pode falar isso... ou usar como apresentação em e-mails, e até mesmo falando.

Lembre-se: quinze segundos é a chave.

◆ Exercício 9: Quando você surpreendeu alguém do seu círculo pessoal ou um cliente?

Escreva o que a pessoa disse; descreva o que você sentiu no momento; fale o que isso representou para você.

◆ Exercício 10: Quando você fez algo incrível para alguém de graça, sem esperar nada em troca?

Exercícios similares para você escrever suas histórias:

- Por que você fez isso?
- Como você se sentiu?
- Como as pessoas se sentiram?
- Qual foi o resultado?
- Por que você decidiu ajudar essas pessoas?

Não foque as ações ("o que" você fez), mas as emoções das histórias.

◆ **Exercício 11: Prova e influência**

Se você quer influenciar e persuadir, precisa demonstrar prova e prova social. Mostre que você é influente, ou que é visto como influenciador. Veja caso a caso como pode usar essas influências a seu favor. E, se não tem, veja como pode encontrar caminhos para isso.

Estamos jogando grande aqui.

- Quem você conhece que é influente?
- Quais associações você tem (com grupos, por exemplo)?
- Você já foi citado na mídia?
- Quem o avalia positivamente, se perguntado?
- O que você já fez ou falou que "virou notícia"?

◆ **Exercício 12: Influências da infância**

Tenho 99% de certeza de que você teve uma infância. E as maiores influências de quem somos hoje... muitas vezes têm suas raízes nesses anos "pré-vida adulta".

Escreva de uma a três histórias que envolvem quem foram as pessoas importantes e como elas ajudaram a moldar quem você é hoje. Podem ser amigos, parentes, professores etc. Detalhe, foque influências positivas. Por exemplo:

"Não sei exatamente tudo o que estava acontecendo, mas, quando tinha uns sete ou oito anos, sabia que meu pai estava com algum problema no serviço.

Ele chegava umas 20h em casa e, quase todas as noites, ficava na mesa de jantar ao lado da sala preenchendo dezenas de papéis.

Algumas vezes eu ajudava (mesmo que levasse uma hora para preencher dez folhas porque não entendia nada).

Alguns anos depois, descobri que meu pai tinha mudado de emprego e estava (literalmente) sem dinheiro, e estávamos vivendo da ajuda de amigos.

Por isso, com dezesseis anos, eu via meu pai ajudando de volta esses amigos sem pedir nada em troca.

Então aprendi que você precisa ser resiliente e humilde para aceitar ajuda, e ter caráter e integridade se quiser ter paz na vida."

Sua vez.

♦ Exercício 13: Abrace sua sombra

Uma das emoções mais secretas e felizes que temos é a de esfregar na cara de outras pessoas que elas estão erradas e nós estamos certo. Há raríssimas exceções (se existirem).

Porque provar que alguém está errado nos faz sentir bem. Você não precisa ser um *fdp*, mas quero uma história do seu passado quando alguém disse que você não conseguiria fazer algo. E você fez. Dê detalhes sobre isso.

- Como se sentiu?
- O que aconteceu?
- A pessoa descobriu?
- Que impacto isso teve na sua vida e seu negócios?

E conte uma história *atual* de algo que disseram que você não vai conseguir, e o que você fez/pretende fazer sobre isso.

◆ **Exercício 14: "Você"**

Esse é um exercício simples, que às vezes trabalho no começo, como o "primeiro exercício". Mas vale a pena o esforço. Responda:

- Que histórias as pessoas contam sobre você?
- Que histórias são "recontadas"?
- Pelo que você é conhecido?
- Pelo que quer ser conhecido?

Exercício 15: Seu cliente ideal
- Quem é seu cliente ideal?
- Qual gênero?
- Idade?
- O que faz?
- Por que é fã do seu trabalho?
- Como você o ajuda?
- Que problemas você, e apenas você, pode resolver?
- O que ele gosta de fazer?
- Como é a vida dele?
- Como ele o encontrou?
- Ele tem amigos como você?

Você tem que contar suas histórias para agradar os clientes que ama. E, se repelir outras pessoas, ótimo. Você não quer trabalhar com quem vai trazer problemas, certo?

◆ Exercício 16: Prática

Para fechar, outro rápido exercício prático.

Você já tem o passado, presente e futuro.

Tem exemplos de sucesso e falhas.

Sabe com quem está falando.

Então, escreva...
- Uma abertura/headline;
- Uma subheadline;
- Um parágrafo inicial;
- Um cenário e uma história;
- Uma chamada para ação.

Use *sua história* para vender o *seu* serviço. Entretenha e resolva problemas, mostre-me o que você tem.

CAPÍTULO 19

Histórias da Vida Real

Paulo Maccedo

Uma dúvida muito comum aos iniciantes em *StorySelling* é se a história precisa ser real ou fictícia. Aqui está uma resposta que eu considero relevante: como um fã de histórias de ficção, baseei todo meu aprendizado de *StoryTelling* em narrativas de ficção e fantasia. Você deve ter reparado pelas referências que trouxe em alguns capítulos.

No entanto, com o tempo percebi que histórias da vida real têm impacto quando falamos de marketing e vendas. Isso porque as pessoas se conectam mais com narrativas *possíveis* de acontecer com elas, com personagens reais que enfrentaram os mesmos desafios.

Se você revisitar os exemplos clássicos de anúncios que mostrei até aqui, verá que a maioria das histórias usadas em anúncios expressam a realidade: "Os dois homens que lutaram na guerra civil", "Eles riram quando sentei no piano", "A história de um homem de 76 anos que me fez entrar em forma com o melhor físico da minha Vida" etc.

Mesmo que sejam histórias criadas, ou seja, que não aconteceram, de fato, elas são possíveis e deixam isso claro. Essa é uma chave para quem deseja usar o *StorySelling* como recurso de comunicação para vendas.

Ao perceber isso, comecei a fazer uma divisão nos meus estudos e práticas:

- Histórias de ficção e fantasia (principalmente as clássicas) para aprender técnicas de engajamento emocional, ganhar vocabulário, ampliar o imaginário, moldar a personalidade e aumentar o repertório criativo;

- Narrativas reais para usar em diferentes contextos que permitam explorar personagens, conflitos e movimento para envolver pessoas emocionalmente e levá-las à ação (principalmente de vendas).

Há exceções? Sim! Já usei até fábulas em *social media* e sequências de e-mail. Mas é fato que conflitos reais costumam ser mais impactantes por guardarem um poder único de engajamento.

Em *Storyworthy: Engage, Teach, Persuade, and Change Your Life through the Power of StoryTelling*, o especialista Matthew Dicks explica que, embora os contos e fábulas sejam divertidos e possam nos ensinar verdades universais e lições importantes da vida, há poder nas narrativas pessoais que os contos e fábulas nunca terão.

Contos e fábulas não criam o mesmo nível de conexão entre o narrador e a audiência como em uma história pessoal. O mecanismo de uma história real bem contada é geralmente revelador, vulnerável e autêntico.

Fábulas não exigem vulnerabilidade, honestidade e transparência do contador de histórias. Não costumam ser autodepreciativas ou reveladoras, porque a história não é sobre o contador, mas sobre personagens fictícios, muitas vezes com traços sobre-humanos.

Histórias de fantasia são divertidas, educativas e lúdicas, mas não aproximam as pessoas tanto quanto a situação real que deixou um policial com medo ao ter um cano gelado de uma arma encostado em sua testa.

Contamos histórias para expressar nossas melhores verdades, mais difíceis e mais autênticas. É isso que leva milhares de pessoas a assistirem a determinados programas de TV, acessarem redes sociais, lerem notícias e, claro, comprarem.

As pessoas querem o real, o tipo de história que as faça se apaixonar pelo narrador e, no caso do marketing e das vendas, desejar o que ele oferece como antídoto para a vida.

Aliás, esse é um ponto que aprendemos como juntar mais uma vez os ingredientes na receita. Essas histórias reais também precisam manifestar mudanças e transformações.

Uma história não pode ser apenas uma série de eventos interessantes. Você deve começar como uma versão de si mesmo e terminar como um ser totalmente novo. Até os piores filmes do mundo refletem alguma mudança em um personagem ao longo do tempo, você também precisa explorar isso em suas histórias.

Narrativas que falham em refletir mudanças ao longo do tempo não passam de anedotas do tipo que são contadas em conversas de bares e churrascos de família. Elas relatam momentos engraçados, angustiantes e até sinceros de nossas vidas, mas não deixam marcas duradouras em nossas almas.

Não há nada de errado em contar essas histórias, mas não espere que façam alguém se apaixonar por você ou pelo seu produto. Não espere que as pessoas mudem de opinião sobre uma questão importante e se sintam mais conectadas a você por meio dessas histórias.

Uma coisa que precisa ser compreendida é que nem sempre a história terá um roteiro do tipo Jornada do Herói, mas alguma mudança de eventos ela precisa ter. Para exemplificar, nas próximas linhas vou compartilhar uma carta de vendas que produzi ao vivo para os alunos do treinamento de histórias que vendem.

Essa carta foi escrita para vender o livro *Marketing de Conteúdo: A Moeda do Século XXI*, escrito pelo meu amigo Rafael Rez. A história que encontrei para usar como gancho foi a minha relação de pré-editor com o livro, além da minha presença como membro da equipe de lançamento.

Acesse a carta aqui em
ou aponte a câmera do seu
telefone para o QR Code abaixo:

paulomaccedo.com/livro-rafael-rez

Repare que a história não mostra um personagem sendo transformado em herói, mas houve uma mudança desde quando fui chamado para escrever o livro até a publicação vender mais de 12 mil exemplares, o que sugere mais de 12 mil pessoas experimentando a transformação. Os testemunhos inseridos na carta dão um tom de prova a isso.

Destaque para a *big idea* formada por dois elementos, "MBA em Forma de Livro" e "Papa do Marketing de Conteúdo".

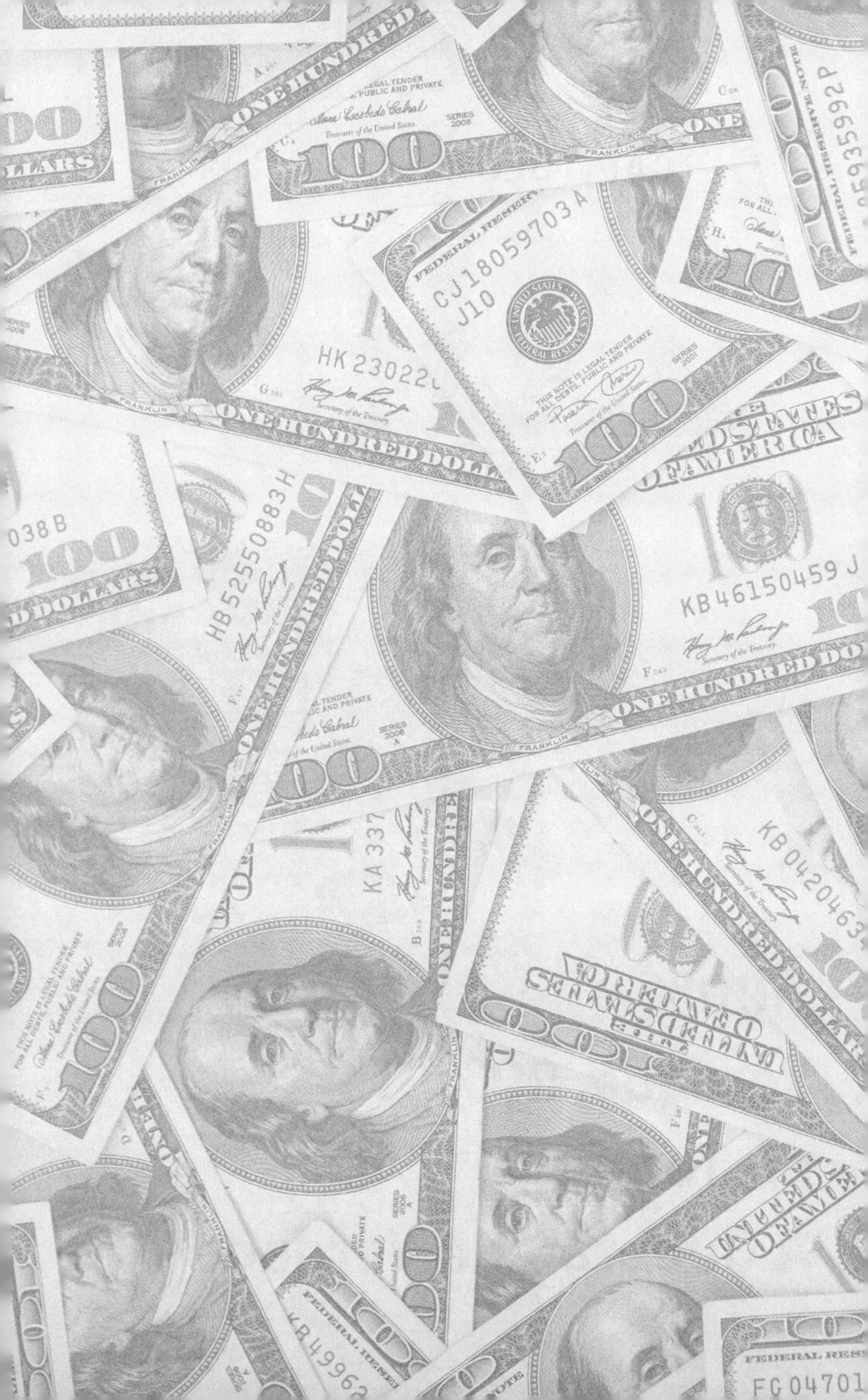

CAPÍTULO 20

"100% Verdade, 90% do Tempo": A Questão da Verdade

Gustavo Ferreira

É importante dar atenção ao aspecto "verdade" nas histórias. Como regra, 100% das histórias que eu conto são verdadeiras em 90% do tempo. Por quê? Por causa da "licença poética".

Ou seja, posso fazer pequenas modificações na "ordem" dos acontecimentos, e até dos personagens envolvidos, para contar uma história real, mas com o ângulo que preciso para gerar a emoção que preciso.

Já dei o exemplo de Robert Kiyosaki, que usou um mix de influências para criar a figura do "Pai Rico". Até o filme *Karatê Kid* usou diversas histórias separadas, que foram unidas e adaptadas em um arco narrativo.

É a mesma coisa quando preciso criar histórias para clientes...

Certa vez, montando uma campanha, precisei mostrar como era importante "passar pelo processo" que o curso apresentava. Então contei enquanto uma pessoa que estava desmotivada, e o dono do curso foi "treinando" por meio de conversas, até que ele conseguiu dar uma grande virada.

Essa foi uma história real... mas com outros personagens.

Uma pessoa que conheci realmente estava desmotivada, e um "coach" foi trabalhando com ela até conseguir atingir a história de superação. Eu só ajustei o contexto para colocar meu cliente como herói da história.

Mas só fiz isso porque eu sabia que o conteúdo do curso realmente entregava a transformação prometida.

E eu também tinha mais de quinhentos depoimentos genuínos e espontâneos de pessoas que já haviam sentido essa transformação (porque já tinham feito o curso). Então apenas "juntei as peças" em uma narrativa que era **"100% verdadeira, 90% do tempo"**.

Da mesma forma, trabalhando com um cliente em um nicho de relacionamento, eu precisava tratar do medo e da insegurança de mulheres ao abordarem homens ("dar uma cantada", para ser claro).

Como contei isso? Simples...

Quando era solteiro, sentia os mesmos medos e inseguranças quando queria abordar mulheres. Então, de certa forma, contei a *minha* história, como se fosse uma mulher contando.

Apenas troquei os personagens e trouxe algumas emoções que sei que muitas mulheres sentem (porque também tinha uma pesquisa em que elas relataram quais eram suas inseguranças). Novamente, "uma história 100% verdadeira, 90% do tempo".

Claro, todas as vezes que crio essas histórias, preciso enviar para o cliente validar.

Às vezes precisa de ajustes, algumas histórias têm caminhos e conflitos diferentes, mas, na maioria das vezes, o próprio cliente se enxerga na história (mesmo não tendo sido "com ele").

Por quê? Porque algumas histórias são "universais". Quem nunca ficou com frio na barriga na hora de abordar um homem ou mulher? Quem nunca se sentiu desmotivado? Quem nunca se perguntou o que fazer para conseguir mais dinheiro?

Todas essas histórias são reais. Eu apenas preciso ter o trabalho (e a prática) para juntar tudo isso em uma narrativa verdadeira, com a licença poética necessária.

E se meu cliente quer prometer algo irreal ("fature 10 mil reais em 7 dias"), e eu sei que ele não entrega isso, nunca vou contar essa história como se fosse ele contando.

Nesse exemplo de "faturar 10 mil reais em 7 dias", eu teria pelo menos duas histórias bem legais para adaptar e contar... mas, se não é algo que o cliente entrega, não conto.

Existe um limiar ético muito importante aqui.

Porque meu objetivo ao contar uma história é vender.

Mesmo que eu precise adaptar algumas histórias, sabendo que meus clientes são realmente sérios no que fazem, fico tranquilo. Mas eu nunca vou inventar uma história que não aconteceu, nem contar que algo é possível se meu cliente não é capaz de entregar o prometido.

CAPÍTULO 21

Agarrando a Atenção da Audiência com Narrativas e Micronarrativas

Paulo Maccedo

"Mas, quando amanheceu, caía uma chuva enjoada, tão grossa que, da janela, quase não se viam as montanhas, nem os bosques, nem sequer o riacho do quintal.

'Tinha certeza de que ia chover!', disse Edmundo.

Haviam acabado de tomar café com o professor e estavam na sala que lhes fora destinada, um aposento grande e sombrio, com quatro janelas.

'Não fique reclamando e resmungando o tempo todo', disse Susana para Edmundo.

'Aposto que, daqui a uma hora, o tempo melhora. Enquanto isso, temos um rádio e livros à vontade.'

'Isso não me interessa', disse Pedro. 'Vou é explorar a casa.'

Todos concordaram, e foi assim que começaram as aventuras. Era o tipo da casa que parece não ter fim, cheia de lugares surpreendentes. As primeiras portas que entreabriram davam para quartos desabitados — como, aliás, já esperavam. Mas não demoraram a encontrar um salão cheio de quadros, onde também acharam uma coleção de armaduras. Havia, a seguir, uma sala forrada de verde, com uma harpa encostada em um canto. Depois de terem descido três degraus e subido cinco, chegaram a um pequeno saguão com uma porta, que dava para uma varanda, e ainda para uma série de salas, todas cobertas de livros de alto a baixo. Os livros eram quase todos muito antigos e enormes. Pouco depois, espiavam uma sala onde só existia um imenso guarda-roupa, daqueles que têm um espelho na porta. Nada mais na sala, a não ser uma mosca morta no peitoril da janela.

'Aqui não tem nada!', disse Pedro, e saíram todos da sala.

Todos menos Lúcia. Para ela, valia a pena tentar abrir a porta do guarda-roupa, mesmo tendo quase certeza de que estava fechada à chave. Assim, ficou muito admirada ao ver que se abriu facilmente, deixando cair duas bolinhas de naftalina. Lá dentro viu dependurados compridos casacos de peles. Lúcia gostava muito do cheiro e do contato das peles. Pulou para dentro e se meteu entre os casacos, deixando que eles lhe afagassem o rosto. Não fechou a porta, naturalmente, sabia muito bem que seria uma tolice fechar-se dentro de um guarda-roupa. Foi avançando cada vez mais e descobriu que havia uma segunda fila de casacos pendurada atrás da primeira. Ali já estava meio escuro, e ela estendia os braços, para não bater com a cara no fundo do móvel. Deu mais uns passos, esperando sempre tocar no fundo com as pontas dos dedos. Mas nada encontrava.

'Deve ser um guarda-roupa colossal!', pensou Lúcia, avançando ainda mais. De repente, notou que estava pisando qualquer coisa que se desfazia debaixo de seus pés. Seriam outras bolinhas de naftalina? Abaixou-se para examinar com as mãos. Em vez de achar o fundo liso e duro do guarda-roupa, encontrou uma coisa macia e fria, que se esfarelava nos dedos. 'É muito estranho', pensou, e deu mais um ou dois passos. O que agora lhe roçava o rosto e as mãos não eram mais as peles macias, mas algo duro, áspero e que espetava.

'Ora essa! Parecem ramos de árvores!'

Só então viu que havia uma luz em frente, não a dois palmos do nariz, onde deveria estar o fundo do guarda-roupa, mas lá longe. Caía-lhe em cima uma coisa leve e macia. Um minuto depois, percebeu que estava num bosque, à noite, e que havia neve sob os seus pés, enquanto outros flocos tombavam do ar. Sentiu-se um pouco assustada, mas, ao mesmo tempo, excitada e cheia de curiosidade. Olhando para trás, lá no fundo, por entre os troncos sombrios das árvores, viu ainda a porta aberta do guarda-roupa e também distinguiu a sala vazia de onde havia saído. Naturalmente, deixara a porta aberta, porque bem sabia que é uma estupidez uma pessoa fechar-se num guarda-roupa."

O trecho acima faz parte da mais famosa obra de C. S. Lewis, *O Leão, a Feiticeira e o Guarda-roupas* — um dos sete livros da série *As Crônicas de Nárnia,* sucesso absoluto do gênero, com mais de 100 milhões de cópias vendidas, e traduzido para mais de quarenta idiomas.

Feita a contextualização, posso fazer uma das afirmações mais importantes deste livro: atenção é a moeda valiosa hoje quando falamos em marketing — sobretudo no mundo digitalmente distraído em que vivemos.

É por saber disso que, em vez de escolher começar este capítulo de forma fria e comum, procurei captar sua atenção com uma boa narrativa. O mesmo pode ser feito em outros contextos com os seus leitores (leia-se clientes em potencial).

Lembrando que provavelmente estamos falando de um leitor que é alvo do excesso de informação. Das mensagens de WhatsApp às notícias do dia, dos memes no Facebook às ofertas de novos produtos, o tempo todo ele é bombardeado com muitas informações. Assim, seus cérebros trabalham a todo vapor para filtrar essas informações e escolher com o que querem se conectar.

"Qual a melhor forma de conectar sua mensagem ao cérebro desse leitor?" Conquistando a atenção genuína dele. E como se faz isso? Bem, daria para fazer uma lista de possíveis truques, mas, sem dúvidas, a história tem um poder único de reter essa atenção.

Com uma boa e bem contada história, você consegue o que podemos chamar de *atração emocional*, principalmente quando o assunto é influência, persuasão e, claro, vendas.

É fato comprovado que as pessoas tendem a rejeitar comunicações que interrompem, que são intrusivas, que têm a visível intenção de vender. Mas as mesmas pessoas podem ser puxadas pelas cordas do coração humano quando despertada nelas algum tipo de emoção.

Dessa forma, as histórias — fontes infinitas de emoções — podem ser exploradas por qualquer um que deseja influenciar, persuadir e vender.

Sabe quando a tensão nos faz virar as páginas de um livro mais rapidamente para ver o que vai acontecer com a protagonista? Quando imaginamos a moça indefesa correndo numa rua escura sendo perseguida por um vilão armado?

Uma cena como essa faz com que nossas mãos suem e nossos músculos se contraiam, pois estamos fascinados e sentimos que também estamos correndo para salvar as nossas próprias vidas.

Algo interessante acontece quando, já encurralada num beco sem saída, a moça vê um herói mascarado saltar diante de seus olhos a fim de salvá-la da morte. Depois da tensão explodir numa luta entre mocinho e vilão, com o inimigo já derrotado, sentimos um alívio, como se também estivéssemos sendo salvos.

Esse é o poder das histórias — não só imaginamos estar dentro da cena, como nos identificamos com o personagem. Roteiros semelhantes podem ser desenhados quando falamos em marketing e vendas.

Nesse contexto, não precisamos criar mundos mágicos que podem ser acessados no fundo de um guarda-roupa, ou elaborar super-heróis mascarados para a luta contra o crime. Futuros brilhantes podem ser desenhados para que os clientes se vejam como heróis de suas próprias histórias.

Que tal a história de um empresário falido que pensou em suicídio mas foi salvo por uma ideia concebida num vídeo do Facebook?

Ou a narrativa sobre um jovem pobre de uma favela carioca que se tornou um autor *best-seller* a nível nacional, aplicando o que ele conhece como Leis do Sucesso?

E o *script* de um programa de treinos que ajudou mais de duzentas pessoas que se sentiam feias e rejeitadas a terem um corpo esbelto e chamativo?

E o livro digital que continha segredos capazes de salvar um casamento em ruínas e deu um novo caminho a cônjuges desanimados?

São narrativas como essas que estamos aprendendo aqui. Se você for minimamente atencioso e colocar em prática os ensinamentos deste livro, as histórias que vendem fluirão naturalmente.

Há uma lucrativa jornada de oportunidades com as histórias — e com o *StorySelling* você conseguirá aproveitar essas oportunidades criando narrativas como um verdadeiro Mestre da Persuasão.

Seja você empreendedor, seja profissional de marketing, seja escritor, seja copywriter, seja vendedor, esse conceito o ajudará a agarrar a atenção de sua audiência, envolvê-la emocionalmente e deixá-la disponível para comprar de forma imediata.

Aliás, este é um bom momento para falar de...

Micronarrativas: Como criar narrativas com uma frase, uma linha ou um parágrafo

Observe os trechos a seguir:

"Ontem estava conversando com o Leandro sobre marketing sintomático, algo que ele aprendeu atuando no mercado nortre-americano. Ele me explicou da seguinte forma..."

"Certa vez conversei com Sabrina sobre o quanto algumas pessoas acabam caindo na soberba quando se tornam autoridades em seus mercados. Vou compartilhar a conclusão a que cheguei..."

"Eu tinha nove anos quando o meu pai me encostou na parede e avisou apontando o dedo: 'Nunca use drogas!' Hoje eu entendo que..."

"Martin Luther King disse eu seu discurso mais famoso: 'Eu tenho um sonho!'"

"Certo dia Steve Jobs disse..."

Repare que cada exemplo é uma micronarrativa que funciona como "abre-alas". Esse tipo de abordagem é perfeito como introdução para mensagens em redes sociais, blogs e outros.

Com isso, em vez de começar com dados e informações frias, você abre com uma pequena descrição. Isso ajuda a gerar uma conexão imediata, ativando o cérebro do leitor para uma história. Mesmo que em seguida você insira uma dissertação, a atenção foi conseguida mais facilmente.

Isso prova que nem sempre será preciso usar uma história longa. Um pequeno gancho, *loop* ou sugestão com uma pegada narrativa pode ser suficiente. Vamos exemplificar:

Sem narrativa:

"Nem toda tecnologia supera a filosofia. Mesmo com todo o avanço tecnológico, a humanidade precisa continuar estudando a origem do pensar."

Com micronarrativa:

"Certo dia Steve Jobs disse...

'Trocava toda a minha tecnologia por uma tarde com Sócrates.'

Quando li isso, passei uns dez minutos refletindo.

Cheguei à conclusão de que, apesar de todo o avanço tecnológico, a humanidade precisa continuar estudando a origem do pensar."

Veja como não apenas fica mais dinâmico, como é até mais agradável de ler. Use esses conceitos e dicas para agarrar a atenção de seu público!

Exercício:

Crie micronarrativas com uma frase, uma linha ou um parágrafo e utilize como gancho em alguma comunicação.

CAPÍTULO 22

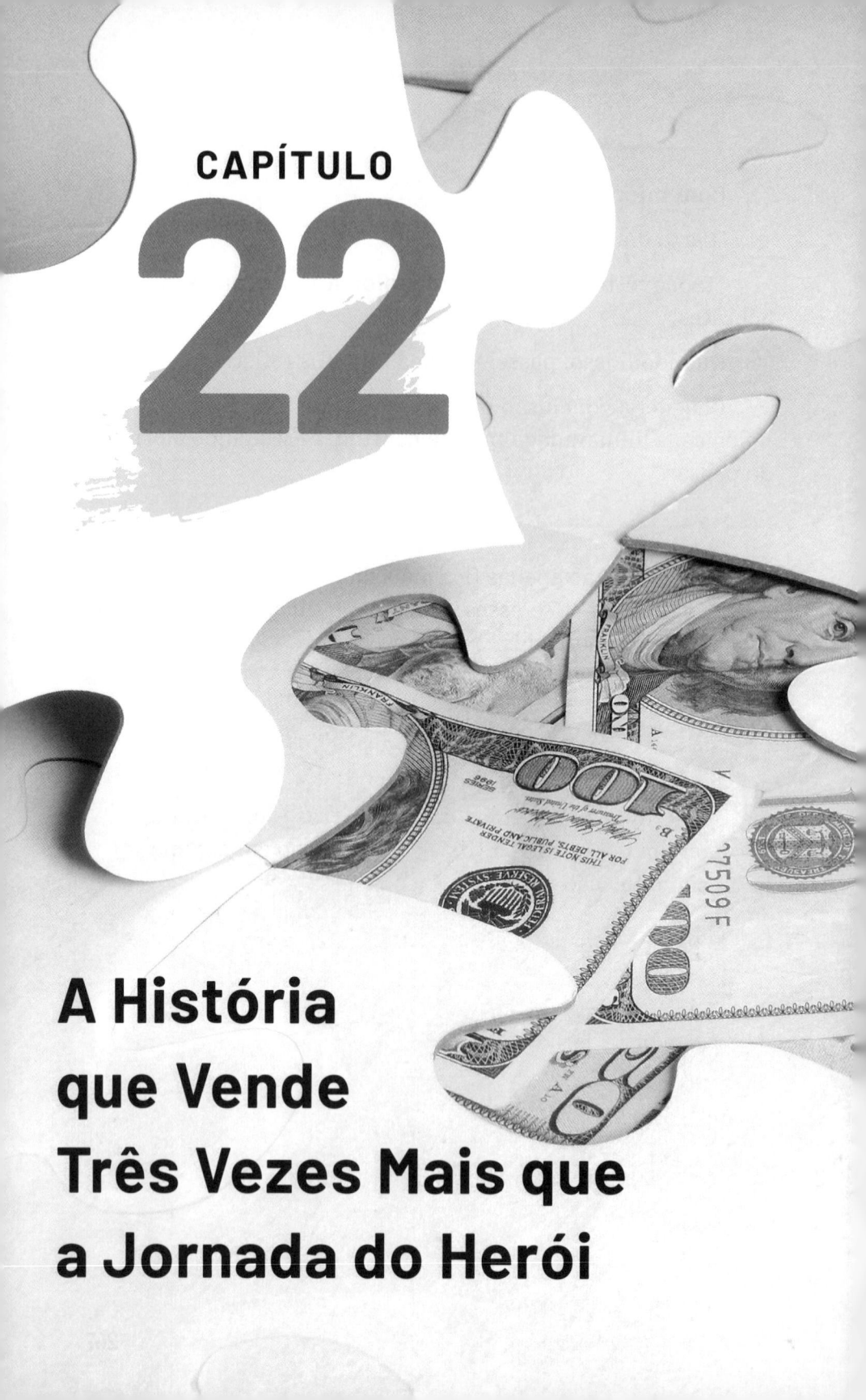

A História que Vende Três Vezes Mais que a Jornada do Herói

Gustavo Ferreira

Agora vou compartilhar com você o modelo de história que mais gosto de usar. Sempre que possível, uso esse roteiro em cartas e vídeos de vendas, webinários, e-mails etc., e pode ser usado até em *vendas um a um*.

Primeiramente, por que estou falando que esse modelo vende três vezes mais que a Jornada do Herói? Simples!

Para começo de conversa, neste livro quase não falamos da narrativa "comum" da Jornada do Herói aplicada à vida real, porque é um modelo de história ótimo para filmes e livros.

Maccedo apenas usou como base didática, a fim de aperfeiçoar você na arte das narrativas, mas repare que ele trouxe um exemplo fictício: *Star Wars*.

Pois a Jornada do Herói é um arco muito bom (por isso é usado há anos), mas não é o modelo ideal de história que realmente ajuda a vender. Por quê?

Porque, apesar de esse arco gerar conexão emocional com o cliente, não necessariamente coloca o cliente na posição emocional ideal de compra.

Já usei muitas vezes o arco "original" da Jornada do Herói, mas, desde que aprendi com Roy Furr o modelo que estou prestes a mostrar, mudei a linha da narrativa, e consegui comprovar sua eficácia em cinco ofertas diferentes. Aliás, esse modelo vendeu de duas a três vezes mais.

Eu mantive tudo igual em cinco produtos diferentes, só alterei a forma de contar a história, e o volume de conversão e vendas aumentou imediatamente.

Qual a grande diferença desse modelo? Bem, é que, na condução da história, nós já estabelecemos na mente do cliente quais os critérios que a solução ideal precisa ter. Por isso ele é tão poderoso.

Agora vamos conhecer os onze passos desse modelo, chamado...

"Não Encontrei... então Criei"

1. Problema: Neste primeiro passo você mostrará como o "problema" *realmente* se tornou um problema. Em geral, essa é a mesma situação em que o seu cliente se encontra. Por exemplo:

- "Eu estava acima do peso."
- "Tinha acabado de terminar um relacionamento de anos."
- "Acabei de falir uma empresa."
- "Não importava o que eu fizesse, minhas vendas não cresciam."

Aqui nós posicionamos o problema exatamente com a situação que o nosso cliente está passando agora. Esses exemplos apenas em uma frase às vezes podem ser suficientes, mas lembre-se de que você pode acrescentar mais detalhes (lembre-se das três dimensões).

2. Por que resolver: Agora temos que mostrar por que isso se torna realmente um problema. Aqui é importante ir no aspecto emocional.

"Já é a segunda empresa que eu quebrei. E, de verdade, não sei mais o que fazer. O que será da minha vida se não conseguir construir algo que me dê uma estrutura financeira de verdade? Esses pensamentos não saíam da minha cabeça, e entrei em uma depressão profunda. Quase não tinha mais forças para me levantar."

Nesse passo, é importante projetar um desejo ("estrutura financeira"), ao mesmo tempo que traz as dores, questionamentos e angústias que seu cliente também pode estar passando.

Aqui ainda não é o "pesadelo", não é a emoção mais profunda ainda. Mas é importante estabelecer os pontos emocionais para que seu cliente se identifique com você. O "pesadelo", a emoção mais profunda, é o clímax da história (neste roteiro, é nosso quinto passo).

Mais alguns exemplos de como você pode trabalhar:

"Acabei de sair de um relacionamento. Tinha acabado de ficar dois anos com o amor da minha vida e de repente me vi sozinho, largado, abandonado. Ela simplesmente acabou comigo da noite para o dia.

E o pior? Percebi que isso aconteceu a minha vida inteira!

Tudo parecia estar bem e de repente os relacionamentos acabavam.

Comecei a me questionar se realmente eu teria alguém na minha vida, ou se passaria o resto da minha vida solitário. Devo ser uma pessoa muito horrível para simplesmente ser abandonado, sem explicação.

E mais uma vez me vi naquela situação: sozinho, sem ninguém, e sem nenhuma perspectiva para minha vida."

Você não precisa necessariamente ir para emoções negativas. Você também pode trabalhar ângulos, emoções e desejos positivos.

"Eu sempre tive uma vida simples. Nunca me faltou nada, meus pais sempre trabalharam muito, e não posso dizer que passei dificuldades.

Mas, na época de formatura da faculdade, percebi que havia um abismo entre mim e meus colegas.

Enquanto estavam todos discutindo para quais países gostariam de viajar, e quais roupas novas iriam comprar, percebi que devia ser o único que não poderia pagar por tudo aquilo.

Até comecei a perceber como eles desconversavam quando eu estava perto, para tentar fazer com que eu não me sentisse excluído, que não me sentisse... pobre.

Isso me deixou irritado de uma forma muito profunda... e fiquei culpando o capitalismo, falei que meus amigos nasceram em berço de ouro... e naquele dia eu decidi: ninguém nunca mais ia me chamar de pobre na vida."

Nesse último exemplo trabalhamos um pouco o sentido de "revolta", trazendo o aspecto de "ganância". Um outro apelo poderia ser: ao invés de se sentir "pobre", você ficou comovido porque viu pessoas sofrendo e decidiu fazer alguma coisa.

O que é importante neste ponto?

Desenhar uma situação que gera um conflito interno, e que o motiva a buscar uma solução.

3. Qual a solução ideal: Agora, neste terceiro passo você começa a idealizar uma solução. "O que é isso?" Você define os critérios do que seria uma solução perfeita para você.

Por exemplo, se estou em busca de um curso de *StoryTelling*, meus critérios são:
1. Ter mais de um roteiro que eu posso seguir para criar histórias;
2. Não ficar engessado no mesmo esqueleto da Jornada do Herói;
3. Exemplos reais de histórias que já foram construídas para modelar;
4. Explicar de forma prática como usar as histórias em cartas de vendas, e-mails e anúncios.

Ou seja...

Aqui é o que você, como herói, está buscando, e que atenderá à sua necessidade.

Lembra do modelo *Problema, Agite, ____, Resolva*?

Aqui nós já estamos, de forma sutil, colocando na mente do nosso cliente a invalidação de outras soluções. Esse é um dos pontos que tornam a arte das narrativas milionárias poderosa.

E você pode colocar tudo isso de uma forma bem simples em uma frase:
- "Eu não queria ir para a academia e não queria ficar em busca de dietas malucas e restritivas, deixando de comer o que gosto!"

4. Busca da solução: Agora que definimos os critérios, iniciamos de fato a busca para encontrar a solução. Lembre-se: nesta parte nós vamos invalidar (com respeito) a solução que outros concorrentes apresentam.

"Fui atrás de um dos cursos de *StoryTelling* mais famosos na época, mas ele apenas falava da Jornada do Herói, e sempre com os mesmos exemplos.

Também encontrei outro curso, que ensinava algumas histórias muito simples que poderiam funcionar em anúncios, mas que não conseguia construir nada mais elaborado no restante da minha comunicação."

Então você pode começar a olhar as principais soluções no mercado, e começar a contar por que não funcionam, ou são incompletas (sempre de forma respeitosa).

De preferência, não dê nomes aos seus concorrentes ou soluções, apenas pontue o que eles oferecem como promessa ou diferencial e mostre por que não funcionou para você, do que você sentiu falta.

Aqui você pode até contar mini-histórias em algumas dessas invalidações.

"Fui a um nutricionista que parecia ser o melhor em suas lives no Instagram. Afinal, com tantos seguidores, deve saber o que está falando, certo?

Mas você não imagina minha decepção quando, apesar de eu ter falado que precisava regular a questão hormonal por causa da menopausa, ele apenas receitou uma dieta para perder peso. Com certeza não era isso que eu buscava."

Lembre-se apenas de manter a mensagem relevante para seu público. É importante descobrir quais situações seu público também passa com frequência, para que eles possam se identificar com a sua jornada.

5. Pesadelo: Você está em busca de emagrecer, ganhar dinheiro, se reconectar com seu cavalo (ou marido); você contratou consultorias, investiu em marketing, comprou todos os adubos para suas orquídeas... E não conseguiu o que deseja.

Aqui é o ponto de você trazer a emoção mais profunda. É a hora mais escura para você, sem esperança de ver o outro lado. Quando estou vendendo algum produto meu, uso muito a seguinte expressão:

"Naquela hora, era só encontrar um buraco para me jogar e morrer ali mesmo."

Importante: eu só uso essa mensagem forte porque é uma situação real com a qual me deparei em alguns momentos da minha vida. Não precisa chegar nesse extremo.

"O que eu faria agora? Já havia investido mais 65 mil reais naquele projeto.

Não tinha mais nenhum lugar de onde tirar dinheiro, e eu só via uma coisa acontecendo nas próximas duas semanas. Falência. Total e completa.

Teria que vender meu carro para comprar comida, e talvez isso me desse um fôlego por mais dois ou três meses.

Mas, naquele momento, só queria achar um buraco para me jogar, e morrer ali mesmo.

Não aguentava mais aquela pressão de investir de novo um ano inteiro da minha vida em um projeto fracassado.

Eu não conseguia mais nem falar com minha mãe direito, de tão sem ânimo que estava com aquela situação. E o pior ainda foi meu irmão falando que eu estava agindo como um garoto mimado e falando que eu deveria tomar vergonha na cara. Não aguentava mais aquilo

Tinha que fazer alguma coisa."

Percebe como aqui nós vamos mais fundo no conflito emocional interno, e que trazemos à flor da pele nossas emoções? Se você fizer bem seu trabalho aqui, quem estiver lendo ou ouvindo sua história provavelmente estará na ponta da cadeira.

6. Hora da verdade: Esse passo é um momento de transição, e também é emocional. Preste atenção: não é um "milagre". É uma transição do "pesadelo" para a "solução". Não é a solução em si, mas como você começou a encontrar o caminho para resolver a sua situação.

Por isso o nome desse roteiro é **"Não encontrei, então criei"**, porque você faz uma transição de uma busca "externa" para a criação de algo novo e único (no próximo passo).

Então você pode trabalhar isso de várias formas, e pode ser uma transição mais rápida ou mais lenta. O que é importante: reforçar os critérios que definem uma solução ideal (para você e seu cliente).

"Eu estava farto de tudo isso, e comecei a perceber que talvez não encontrasse um curso de histórias que realmente me ajudasse.

Então, cansado de gastar dinheiro à toa, juntei todos os cursos e livros que eu havia visto até então. E decidi naquela hora que, se não encontrasse um método que me ajudasse, eu ia criar um.

Com todo aquele material que havia adquirido e estudado, decidi eu mesmo criar uma série de roteiros e templates para as necessidades que eu tinha.

Histórias para usar em e-mails? Tenho três abordagens aqui.

Histórias para usar em anúncios? Perfeito, consigo criar uma variação com sete histórias diferentes.

Falar em público? Fantástico! Já sei as duas narrativas principais que posso usar."

Esse é um exemplo um pouco elaborado, porque não consigo resistir enquanto escrevo, é meu estilo natural criar essas conversas internas. Poderia colocar os critérios anteriores de uma forma muito simples, como:

"Eu precisava de: roteiros e modelos para usar em e-mails, anúncios no Facebook e pelo menos uma alternativa para falar em público."

7. Invenção: Agora que reforçamos os critérios e temos a nova motivação para criar, é a hora da solução em si. E aqui novamente eu gosto de reforçar os critérios que definem a sua solução perfeita.

"Eu queria vídeos, ter coisas escritas, roteiros simples e receitas práticas, e comecei a juntar tudo que encontrei.

Comecei a testar e finalmente consegui! Juntei tudo o que queria, tudo o que encontrei nessas buscas e fui organizando até encontrar a solução perfeita para mim."

Novamente, você pode dar mais ou menos detalhes, mais ou menos emoção. Esse passo também pode ser uma transição bem rápida para o...

8. Triunfo: Que é quando colocamos nossa própria solução perfeita à prova, e finalmente conseguimos. Por exemplo:

"Passei o diabo, mas coloquei tudo o que eu queria (e finalmente consegui o que desejava).

Finalmente encontrei um método de emagrecimento em que não preciso cortar nada do que eu gosto, e não preciso me matar indo à academia.

E foi uma forma tão simples e prazerosa que, em três meses, consegui eliminar dez quilos da minha vida!"

Ou, seguindo nosso exemplo de um curso de histórias:

"Como tenho minha própria lista de e-mails, e na época estava com dois clientes, decidi colocar na prática tudo aquilo que eu havia compilado, todas aquelas histórias.

Em três semanas, contei 27 histórias diferentes, entre e-mails, anúncios e vídeos de vendas.

O resultado?

Nunca havia vendido tanto até aquele momento."

Antes de seguir para os dois passos finais, aqui está um trecho de uma narrativa que usa esses conceitos que vimos até aqui, com uma construção bem mais elaborada.

Essa foi uma das campanhas que criei junto com Paulo Maccedo para um de seus produtos (parte da história foi citada em outro capítulo, mas com outro contexto):

"Veja, no início da minha carreira como comunicador, quando comecei a criar campanhas de vendas para meus clientes, passei por uma fase muito difícil.

Porque, mesmo tendo tido sucesso antes, durante nove meses eu fiz sete campanhas seguidas que não venderam absolutamente nada.

Foi duro fracassar em sete projetos seguidos. Detalhe: eram projetos promissores. Imagine como eu me sentia por dentro.

Pois é, tive altas crises de ansiedade que me jogaram numa depressão profunda. Fiquei quase duas semanas sem querer levantar da cama. Como se não bastasse, no mesmo período, descobri que seria pai pela segunda vez. Foi dureza!

Me sentia destruído por dentro, porque achava que não era mais capaz de sustentar minha família com meu trabalho.

Várias vezes pensei em desistir, largar tudo e procurar um emprego. Porque não aguentava mais aquela pressão me sufocando, com as contas chegando e sem saber como ia pagar os boletos no dia seguinte.

E, assim como eu precisava resolver essa situação que colocava em risco a vida da minha família, e criar uma forma real de sustento, você também precisa fazer isso.

Porque é o seu futuro, é a sua vida, a vida da sua família que está em jogo.

Aquela pressão me sufocou, eu não queria mais ficar adivinhando e tentando fazer minhas campanhas funcionarem.

Então me debrucei sobre várias fórmulas e técnicas que existem no mercado. Tentei fazer o famoso seis em sete, ou seja, seis dígitos em sete dias. Tentei fazer funis de vendas.

Tentei contar algumas histórias. Até cheguei a copiar palavra a palavra de algumas cartas de vendas que gostei e usei para o meu produto, mas nada disso funcionou.

E foi nesse momento que me senti ainda mais solitário em minha jornada, lidando com meus demônios.

E não tinha ninguém com quem conversar direito. Até porque me sentia envergonhado de abrir para meus amigos bem-sucedidos que eu estava vivendo um verdadeiro fracasso.

A sensação era de que estava me afogando dentro de um mar sem fim de informações, e ninguém me ensinando a navegar.

Então, foi nesse momento de desespero, fazendo minhas orações, que comecei a pensar que talvez estivesse errando em algo simples.

Até que liguei o computador, revi algumas das minhas campanhas fracassadas e comecei a encontrar o mesmo problema em todas elas.

E foi nessa hora que me veio uma luz, porque percebi que precisava de um método para aplicar esses Códigos da Persuasão de uma forma prática e que funcionasse em qualquer contexto.

Posts nas redes, anúncios, cartas e vídeos de vendas, e-mails, conversas um a um, palestras...

Eu queria algo que fosse aplicável em *todas* as situações em que era preciso acontecer uma "venda". Não importava se era um "lançamento", um "funil" ou uma conversa no telefone. Eu precisava ativar os mecanismos ocultos na mente das pessoas se quisesse vender.

Comecei a analisar cada pedacinho de comunicação das minhas próprias campanhas, e de outros mestres da persuasão e da influência. E, aos poucos, comecei a perceber esses padrões ocultos.

Na verdade, foi ali, naquele momento, com uma luz fraca, com quinze ou vinte livros espalhados sobre minha mesa, e algumas cartas de vendas que eu havia imprimido para poder rabiscar, que enxerguei pela primeira vez os Códigos da Persuasão de Alto Impacto.

Eu vi a luz no fim do túnel...

Naquele dia, quase não consegui dormir. Fiquei ansioso para que o dia amanhecesse logo.

E, quando amanheceu, comecei a aplicar o que encontrei de forma direta em dois clientes que estavam comigo na época...

E uma campanha de anúncios que estava horrível, com pequenas mudanças, passou a converter muito. De quase oito reais um *lead*, baixou para dois reais. Com apenas uma mudança. E o retorno sobre investimento de uma das campanhas foi de mais de 1.000%.

E também comecei a enviar e-mails e criar cartas de vendas, que seguiam os mesmos códigos que havia identificado. E então criei uma série de modelos e referências para todas as situações que precisava.

E sabe o que é melhor?

Eram passos simples e práticos. Eu só precisava apelar para as emoções certas das pessoas.

E comecei a testar com meus clientes e alguns amigos próximos.

Produtos físicos? Vendiam. Consultoria? Vendia. Conseguir um aumento? Deu certo. Lançamentos, funis, e-mails, WhatsApp. Sim, funcionou também.

Então, passo a passo, comecei a compilar esse novo método poderoso da Persuasão de Alto Impacto.

Pode apostar. Essa é a forma mais rápida que você tem para influenciar e persuadir as pessoas de forma ética para vender seus produtos e serviços.

Se vende produtos físicos, consultoria, serviços ou produtos digitais, você também pode aplicar isso.

Se você é copywriter e quer saber a fundo o que fez eu me tornar um dos maiores redatores do mercado digital brasileiro, esse método também é ideal para você.

Porque nós vamos na raiz da mente humana e vou mostrar como e por que as pessoas são influenciadas. É exatamente a aplicação desse método que fez vender mais de 240 mil livros para um cliente em 2020 em plena pandemia. E foi o mesmo método que me ajudou a, em quatro meses de campanha, fazer 2 mil vendas de um produto meu.

E hoje estou com a agenda fechada para novos trabalhos, e recuso projetos com empreendedores milionários, como o que mostrei. E não pense que isso só é possível porque sou um gênio do marketing, porque esse realmente não é o caso. Se tudo isso foi possível para mim, também é possível para você."

Consegue ver todos os passos até agora? Estava em dúvida de trazer esse exemplo aqui, mas é uma narrativa que ficou bem fluída e exemplifica bem todos esses passos.

9. Compartilhar: Como falei no começo desse modelo, temos bastante similaridade com a Jornada do Herói. Neste passo, você aqui você começa a mostrar como viu que outras pessoas tinham o mesmo problema que você.

"Comecei a ver que mais pessoas precisavam contar histórias melhores para vender.

Comecei a ver que meus amigos, minha família tinham esses mesmos problemas.

Eu via que fulano se matava na academia e não emagrecia!

Vi que Ciclano tinha todas as dietas, até emagrecia por algum tempo, mas a saúde ficava comprometida e depois de um tempo, ele engordava de novo.

E todos eles, conversando comigo, falaram que viram o que aconteceu comigo e ficaram surpresos. Então eu vi que o que eu criei serve para mais pessoas."

---

10. Empacotar: Agora que temos um produto, está na hora de empacotar.

"É por isso que eu peguei tudo o que criei para mim mesmo, e empacotei.

Comecei a organizar, gravei alguns vídeos, materiais impressos, e decidi que estava na hora de transformar em alguma coisa que possa ajudar mais pessoas como você, que também sofrem com isso."

11. Oferta: Agora, neste momento de oferta, começamos a transição de fato para o *pitch de vendas*, e você começa a apresentar seu produto de fato para as pessoas comprarem. Aqui está um exemplo de construção que você pode usar:

"É por isso que você está aqui agora vendo este vídeo.

Acredito que, se você está aqui é porque já está a muito tempo procurando uma solução para o seu problema (para emagrecer, ter mais vendas, montar histórias mais engajantes, curar a ejaculação precoce, sofrer menos com doenças, usar menos remédios, tirar fotos melhores, ter melhor gestão do tempo, de produtividade).

E você pode passar por tudo o que eu passei e perder meses, anos e dinheiro tentando encontrar várias soluções que não funcionam, ou pode tomar o caminho mais rápido, fácil e prático.

Eu quero dar a você o caminho mais prático para você pegar um atalho. Por isso quero apresentar hoje para você o meu produto x, y, z."

E então damos continuidade ao processo de venda.

Pronto, aí está seu roteiro!

1. Problema;

2. Por que resolver;

3. Qual a solução ideal;

4. Busca da solução;

5. Pesadelo;

6. Hora da verdade;

7. Invenção;

8. Triunfo;

9. Compartilhar;

10. Empacotar;

11. Oferta.

Sempre que possível, uso esse modelo, e tenho tido resultados extraordinários. Geralmente este é o arco principal que uso.

Como conheço e trabalho bastante com outros modelos, também gosto de unir alguns pontos que geram uma sinergia e fluidez maior da história. Por exemplo, na "hora da verdade", poderia dizer que fiz uma "Grande Descoberta" em um livro antigo de 1829; ou que encontrei um "mentor secreto" que me ajudou a achar uma solução; ou que simplesmente "vi a luz".

Com a prática, você também consegue ir criando esses arcos diversos. Pode seguir esse modelo sem medo, ele funciona tão bem porque, desde o começo, você posiciona a sua história como o motivo emocional de que sua solução é ideal.

Por isso é importante também que as dores e desafios sejam similares ao que seu cliente passa, para ele estar na mesma sintonia que você. Cada um desses podem ser resolvidos em uma, duas, três frases, ou até mais, dependendo da sua habilidade.

A única questão é: **A sua história não pode ser chata!**

Não existe história (ou copy) longo, existem histórias e copys chatos. Mas, se você estiver *apertando os botões corretos*, se estiver pegando o seu cliente pela dor, se a emoção que estiver trabalhando for a emoção que o seu cliente está sentindo, ou a emoção que ele deseja, você vai conseguir manter a sintonia.

Já fico contente com este livro só de trazer esse modelo para você. Porque, se você realmente tiver um produto bom e conseguir encaixar esse modelo, este tende a ter mais resultado.

Como disse, já tive como medir diretamente o dobro de vendas, mais de uma vez, seguindo esse roteiro. E não se preocupe em criar uma história perfeita. Simplesmente escreva a sua história e depois vai refinando.

Exercício:

Crie uma história (real ou fictícia) usando esse modelo.

CJ18059703 A
J10
THIS NOTE IS LEGAL TENDER FOR ALL DEBTS, PUBLIC AND PRIVATE
KB46150459
HB52550883H
ONE HUNDRED DOLLARS

CAPÍTULO 23

Modelos de Histórias

Gustavo Ferreira

■ Modelo 1 - Mentor Secreto

Objetivo do Modelo:

- Reforçar sua expertise no assunto;
- Transformar o medíocre em interessante.

Perguntas para se fazer:

- Você precisa de credibilidade para transmitir seu assunto?
- É um mentor real, imaginário ou mix de influências?
- Se é um mentor vivo: quais as três dimensões, e por que e como ele ensinou?

Contexto para usar essa história:

- Aumentar sua credibilidade;
- Gerar relacionamento com sua lista;
- Relacionamento com público frio (que ainda não te conhece).

Template:

1. Dificuldade;
2. Encontro;
3. Expert concorda em ajudar;
4. Compartilhar legado.

Dando sequência aos principais roteiros que uso atualmente, este também é um que gosto muito. É chamado de "Mentor Secreto".

Por que valorizar esse modelo? Porque, com ele, você demonstra a sua expertise e domínio no tema em que você está se posicionando.

Em alguns nichos você precisa de uma prova de credibilidade muito grande, e esse modelo do Mentor Secreto é muito bacana nesse sentido.

Para você ter uma dimensão do poder dessa estrutura, acredito que você já ouviu falar do livro *Pai rico, Pai pobre,* em que Robert Kiyosaki aprendeu com o "Pai rico" toda a estratégia dele para riqueza.

Depois de muito tempo, Kiyosaki até admitiu que o "Pai rico" na verdade nunca existiu, mas ele colocou elementos de prova e credibilidade suficientes para que se tornasse o sucesso que se tornou. Esse livro é um modelo claro de "Mentor Secreto".

Seria ainda mais interessante se o "Pai rico" fosse real, mas isso também mostra que você pode construir uma boa história com um mentor, mesmo que ele não exista "de fato".

O objetivo desse modelo é reforçar a sua credibilidade em um nicho, ou seja, você está fazendo o que faz hoje por conta da pessoa com quem aprendeu, que é de alto respeito.

Isso torna uma história "medíocre" algo interessante — e esse é o maior segredo desse modelo.

Ainda usando o "pai rico", de Kiyosaki, ele poderia falar que aprendeu tudo sozinho, mas ao criar um contraste entre seu "pai rico" e seu "pai pobre", as pessoas se identificaram com essas realidades.

Você pode conseguir montar uma história como essa do pai rico e do pai pobre? Pode! Tudo depende da sua habilidade e prática em contar histórias. E até mentores "reais", que não o ensinaram diretamente, também podem se transformar em um *mix* de influências.

Certa vez contei esta história para minha lista (adaptada):

"Noite e dia eu lia e copiava à mão as cartas de Gary Halbert. Estudei tanto o material dele que comecei a *sonhar* com ele me ensinando copywriting.

Essa época foi tão intensa que até hoje, quando estou em dúvida, pergunto para esta imagem que se fez presente no meu sonho: 'Ei, Gary! O que você acha desse copy?'

E o mais legal é que ele responde."

Agora, continuando no contexto dessa história, o seu mentor (real ou não) representa as influências que você teve, o que o ensinaram, e a sua missão é transmitir esse legado. Qual é o passo a passo?

1. Dificuldade: Nas histórias que vendem, boa parte das vezes você está passando por alguma dificuldade e então encontra seu mentor.

Essa dificuldade pode ser algo muito ruim na sua vida (como estar falido), ou uma "dificuldade relativa" (como estar faturando seis dígitos, e agora querer chegar aos sete).

Lembre-se de que você também pode "juntar" esses passos com o modelo "Não encontrei, então criei", e o mentor secreto surge depois que você buscou várias soluções e não encontrou.

2. Encontro com o mentor: Já criei variações dessa história com ganchos inusitados, como uma pessoa que passou a noite na cadeia depois de uma briga de bar e encontrou um empresário (história real!)...

Ou um mendigo que estava gritando na rua e ninguém deu atenção, mas ele era um gênio do mundo dos negócios que decidiu largar tudo e viver na rua (história adaptada, mas real!).

Outra história real (adaptada para proteger a privacidade dos envolvidos) é esta:

"Chegou um momento em que percebi que, se eu não aprendesse com os melhores, nunca iria para o "próximo nível".

Então decidi fazer uma pequena loucura.

Já fazia tempo que eu seguia o <expert>, e decidi que queria aprender tudo que poderia com ele.

Na verdade, não pedi para ele me ensinar.

Fiquei 6 meses enviando mensagens para ele, e com um único objetivo: eu queria trabalhar para ele. De graça.

Depois de 6 meses insistindo, ele finalmente concordou."

3. Expert concorda em ajudar: você estava em uma situação e precisava encontrar um mentor. Agora que ele concorda em ensinar, você tem a opção de dar mais ou menos ênfase ao processo.

Pode ser algo mais simples e direto, por exemplo (história real!):

"Foi a hora mais intensa da minha vida. Ele literalmente pegou um guardanapo e começou a desenhar e explicar todos os passos da construção de um funil de vendas poderoso, que era o fundamento de todas as empresas de 7 e 8 dígitos que ele havia criado nos últimos anos."

Você também pode dar mais detalhes de como foi a jornada de aprendizado, mas, na minha vivência, isso nunca realmente colaborou com o andar da história.

Porém, uma possibilidade que você tem à sua disposição é mostrar como o período de aprendizado com o mentor foi crucial para o que você faz hoje. Por exemplo (história real!):

"Quando ele concordou em me ensinar, eu quase não acreditei.

E foram 12 meses trabalhando lado a lado com ele, de forma intensa.

Mas ele me disse no mesmo dia em que começamos:

'Eu só tenho uma condição para continuarmos trabalhando juntos. Vou te dar uma tarefa por mês para você aplicar no seu negócio. Se você não cumprir a tarefa, nem precisa voltar no dia seguinte. Sua primeira tarefa é: faça 30 mil dólares em vendas este mês.'

Não preciso dizer que quase fiquei paralisado, e pensei seriamente que não conseguiria.

Mas, seguindo as orientações dele, ao mesmo tempo em que trabalhávamos e ele me ensinava o dia a dia da empresa dele, eu também aplicava tudo em meu próprio negócio. E foi nesse ritmo, durante um ano inteiro, que realmente descobri como criar um negócio de sucesso."

Você já percebeu que gosto de pontuar a realidade das histórias. Porque é importante ver como várias situações da vida podem ser transformadas em histórias. E, mesmo que não tenha um acontecimento como esse para contar, lembre-se: você pode juntar várias histórias separadas e criar como uma única história.

É o que chamo de "100% verdade, 90% do tempo". O resto é licença poética.

4. Compartilhar o legado: Agora que aprendeu com o mentor, sua missão é compartilhar o legado dele. E é exatamente esse gancho que você pode usar nessa parte.

Por exemplo, Scott Haines foi um grande copywriter que faleceu aos cinquenta anos. Para honrar o legado dele, "Big" Jason Handerson vendeu o curso com o método do Scott Haines.

Foi a última homenagem que decidiu fazer ao seu amigo. Você também pode criar ganchos como esse, que é um gancho muito forte. Sua missão é levar esse legado adiante.

É muito simples porque vai dar a você uma autoridade imediata. Novamente, isso aqui, de preferência, deve ser real, e também é possível ter várias influências.

Por exemplo, minha "formação" de *StorySelling* aprendi diretamente com Andre Chaperon, considerado um dos melhores copywriters de e-mail do mundo, e é um mestre das histórias.

Além disso, estudei com Michael Hauge, consultor de Hollywood, que também ensinou a dar vida e emoção às histórias. Boa parte dos modelos que apresento aqui vem de uma adaptação dos ensinamentos de Roy Furr, também considerado um dos melhores copywriters da atualidade (que inclusive foi o responsável por escrever a carta de vendas do maior evento de copywriters da última década, que contou com nomes como Dan Kennedy e Gary Bencivenga).

Apenas mencionar esses mentores já é uma forma indireta que você tem de construir sua credibilidade. Esse modelo de história de Mentor Secreto é ótimo para construir credibilidade, essa é a função dele.

E você também pode usar no relacionamento de longo prazo com a sua lista, com os seus clientes, porque você pode dar esse histórico de como se desenvolveu.

É possível usar isso como "coisas que nunca contei para ninguém de como cheguei nesse método que estou compartilhando com você". Isso também pode gerar ganchos para atrair um público frio que ainda não conhece seu trabalho ou sua história.

Pegando um dos exemplos anteriores:

"O segredo que quase foi para o túmulo com esse copywriter."

E aqui está outra vantagem desse modelo: o seu mentor é secreto. Ou seja, não necessariamente você precisa falar o nome dele. Você pode apenas criar uma história convincente de que aprendeu algo diferente com alguém.

Em uma das minhas próprias vivências, trabalhei um ano com um empresário que, na data em que escrevo este livro, tem 26 empresas, e o faturamento dele passa dos 100 milhões. E por um bom tempo continuei dando consultoria para ele.

Ou seja, ao mesmo tempo em que aprendi com ele, ele também buscava as minhas ideias e aplicava. É um posicionamento que ainda uso, e se eu quiser, inclusive posso comprovar.

Por último, lembre-se de que o objetivo desse modelo é transformar algo "normal" em algo "interessante".

Exercício:

Crie uma história de mentor secreto. Pode ser um mentor real, imaginário ou um mix de influências.

Modelo 2 – News (Notícias, Eventos)

Objetivo do Modelo:

✓ Gerar atenção para algo que está acontecendo "agora"

✓ Entrar na conversa que já está na mente do seu cliente

✓ Transformar um evento atual (ou próximo) em uma oportunidade

✓ Reforçar ou estabelecer crenças

Perguntas para se fazer:

✓ Quais são as grandes histórias atuais que podem ser relevantes para meu público?

✓ Posso combinar algumas dessas histórias em uma única narrativa?

✓ Consigo fazer uma previsão de um evento (como crise ou oportunidade) com as grandes histórias que estão acontecendo agora?

✓ O que pode se tornar urgente para meu público por conta do que está acontecendo agora?

✓ Por que minha oferta ajuda meu cliente a lidar com essas situações?

Contexto para usar esta história:

✓ Lançamentos

✓ Webinários

✓ Público frio

Template:

1. "Isto" está acontecendo

2. É relevante porque...

3. É muito relevante porque...

4. Você aproveita essa oportunidade
(ou se protege dessa ameaça)

O modelo de história de que vamos falar agora se chama *"News"*, em inglês, e está ligado a uma notícia, fato ou evento (atual ou futuro) que pode impactar a vida do seu cliente.

O objetivo desse modelo é chamar a atenção do seu cliente para algo que está acontecendo agora (no mundo ou na vida dele), e como a sua oferta se enquadra melhor para atender à necessidade dele.

Por exemplo, na data em que estou escrevendo este livro, já estamos há um ano e meio em um cenário de pandemia, com um cenário econômico incerto, inflação, e várias potências militares "se estranhando".

Eu poderia criar um arco parecido com este: *"Se a China fizer isso, pode ser o fim da cadeia global de suprimentos."*

Ou, como Paulo também usou recentemente em uma de suas campanhas:

ÚLTIMAS NOTÍCIAS: Será O Fim Da Internet No Brasil?

Especialista Revela Plano Maquiavélico Que Pode Afetar Diretamente Sua Vida Nos Próximos Meses

Enquanto você se esforça para prosperar, há corruptos e burocratas fazendo de tudo para aprovar leis que podem deixar você e sua família às moscas.

Aja antes que seja tarde e você poderá construir renda crescente, mês a mês, usando a liberdade digital que temos hoje.

Porque lá a internet é regulada pelo Governo... e isso, invariavelmente, tira a liberdade das pessoas.

Sem liberdade, claro, não se pode empreender online.

Pelo menos, não como poderiam.

A Argentina está indo pelo mesmo caminho.

Eu mesmo estive lá em 2016 e vi como o país é atrasado em questões de marketing digital.

E infelizmente, é possível que o Brasil vá logo atrás.

Dá uma olhada nas imagens abaixo:

Brasil

Lula diz que vai 'regular' imprensa e internet, se for eleito

'Nós não tratamos a reforma da comunicação, a regulação (da mídia), como deveria ser tratada. É preciso haver uma regulamentação', diz Lula

Por **Robson Bonin** 26 ago 2021, 07h29

Ele usou notícias e falas reais para criar um "alerta" aos seus leitores.

Da mesma forma, um dos assuntos que entrou na "moda" em 2020 e 2021 foi o bitcoin.

Então pegar notícias ligadas a isso também poderia gerar ótimos ganchos sobre **conversas que já estão acontecendo na mente do seu cliente.**

Essa é a grande sacada desse modelo.

A partir do momento em que há um evento conhecido (na cidade, país ou mundo) que está "sendo falado" por todos, nós automaticamente entramos na conversa interna que nosso cliente já está tendo.

Já derrubamos uma barreira porque falamos sobre assuntos de interesse para ele. E qual é o objetivo desse modelo?

"Como transformar um evento atual em uma oportunidade."

Você pode estar atento a portais de notícias, o que é falado na TV ou até mesmo aos "Trending Topics" do Twitter.

O nosso real desafio é criar um gancho plausível entre o evento e a oportunidade.

Se conseguirmos criar um gancho que faça sentido, ótimo, porque, ao lidar com os fatos, conseguimos estabelecer crenças. Por exemplo:

"Em 2021, o Bitcoin atingiu sua maior cotação histórica. E essa pode ser sua última chance de aproveitar a valorização desse ativo antes que ele valha um 1 milhão de dólares."

Esse é um exemplo simples entre um evento e uma possibilidade real.

Na data em que estou escrevendo este capítulo, acabou de acontecer a COP-26, uma conferência dos países mais ricos sobre mudanças climáticas e aquecimento global. Eu poderia explorar esse evento como uma oportunidade positiva:

"Os 20 vinte países mais ricos do mundo acabaram de firmar um acordo para parar o aquecimento global. E essa pode ser a maior oportunidade de valorização para esses ativos que ninguém está dando atenção."

Ou como uma oportunidade negativa:

"Os 20 países mais ricos do mundo ainda não fazem ideia se tem chances de parar o aquecimento global. Você precisa se preparar para isso, antes que seja tarde."

Story$elling

Tudo depende do seu nicho.

Roy Furr usou um gancho parecido com esse para falar do risco do impacto de um meteoro, todos os problemas que isso poderia gerar... e que a solução que ele oferecia era um gerador solar, para as pessoas estarem preparadas para o "fim do mundo".

A estrutura dessa história também é bem simples para seguir.

#1. "Isto" está acontecendo

Ou seja, você encontra uma ou mais histórias que podem impactar a vida do seu cliente.

#2. É relevante porque...

Agora que chamamos a atenção, precisamos explicar os motivos pelos quais isso pode impactar a vida do cliente.

Gosto de estabelecer pelo menos três motivos para contextualizar por que esse acontecimento é importante.

No exemplo de um possível meteoro cair na Terra (história muito simplificada e adaptada, apenas para exemplo):

"Não temos tecnologia para desviar meteoros da Terra. Não temos nenhuma alternativa energética se cair nas linhas de transmissão. Você pode ficar sem coisas essenciais, como luz e alimentos."

Claro, esse é um cenário bem catastrófico, mas plausível, e estabelece uma "previsão ruim", que mantém a atenção do leitor.

#3. É muito relevante porque...

O próximo passo é explicar o maior fator de relevância para a vida prática.

Neste ponto, de uma forma bem sutil, já começamos uma transição para a oferta.

Exemplos simplificados:

"O que você vai fazer se você ficar sem energia elétrica? O pior dos cenários mesmo, é não poder conservar itens na geladeira. Por isso você precisa de uma forma de gerar sua própria energia, que não dependa do fornecimento externo."

"Com as mudanças políticas globais em relação ao clima e à transição para energias sustentáveis, essa pode ser a última chance de lucrar com petróleo."

Você pode complementar esse motivo de relevância com uma história pessoal.

Por exemplo:

"Já tive duas oportunidades de investir em bitcoin. Uma vez quando era negociado a menos de 1 dólar, e outra quando estava abaixo de 500 dólares. Já perdi essas duas oportunidades que poderiam ter transformado minha vida, e agora estou vendo essa como minha última chance de aproveitar essa tendência. Acredito que, se entrar depois, será tarde demais."

#4. Você aproveita essa oportunidade (ou se protege dessa ameaça)

Agora é a transição para a oferta em si.

Pode ser algo bem simples, como:

> "O Bitcoin está crescendo e você pode aproveitar essa oportunidade fazendo parte do nosso clube de investimentos, com nossas recomendações de como e quando investir."

> "Você pode se proteger disso comprando esse seguro."

> "Você pode se proteger disso comprando esse gerador de energia solar."

E pronto, temos mais um *template* simples e poderoso na mão. E você pode utilizar em praticamente todos os cenários que puder imaginar.

Webinários, *lives*, e-mails, lançamentos, tráfego frio, etc.

Também pode combinar mais de uma história para criar um gancho e um arco na sua narração (só precisa fazer sentido). E você também precisa dar um motivo relevante e explicar por que a sua oferta pode ajudar seu cliente.

Se já é um produto que está no mercado, você pode adicionar um "novo módulo", ou uma nova característica que explica como aproveitar essa oportunidade que está se apresentando (ou falar que o seu produto já resolve essa situação).

Mais um detalhe importante:

De alguma forma, esse "evento" precisa de uma atitude urgente por parte do seu cliente, e você está "alertando" seus clientes porque se importa.

Por fim, as melhores histórias de "News" que já vi fazem algum tipo de previsão.

Assim, campanhas como "O Fim dos Estados Unidos" (*The End of America*, que depois foi adaptada para "O Fim do Brasil" aqui), tiveram resultados estrondosos, porque juntaram uma série de fatos e fizeram uma previsão de que os Estados Unidos (e aqui, o Brasil) chegariam a um fim.

Então, se conseguir criar "previsões", também tem uma grande possibilidade de atingir uma fatia bem ampla do seu mercado.

Esse formato de "previsões" é ótimo para alcançar outros níveis de consciência do mercado (falo mais disso em um capítulo mais à frente).

■ Modelo 3 - Eu vi a Luz (Grande Descoberta)

Objetivo do Modelo:

✓ Descoberta (1ª ou 3ª pessoa)

✓ Atenção (com algo simples ou inusitado)

✓ Ponte entre problema e solução

✓ Critérios da solução ideal

✓ Produtos de terceiros

✓ Transição (entre "uso" e "venda")

Perguntas para se fazer:

✓ O que é algo único que você descobre?

✓ Quais os desafios antes de encontrar a solução?

✓ Por que não outras soluções?

✓ O que o faz decidir pela nova descoberta?

Contexto para usar esta história:

✓ História de suporte

✓ Pode ser usada para público frio (que não o conhece)

✓ É um ângulo que pode ser incorporado às diversas narrativas

Template:

1. Mesma dificuldade do cliente

2. Busca de solução

3. Estava perdido e encontrei

4. Fui longe até conseguir o resultado

Esse modelo é ótimo porque você transforma uma jornada trivial em uma sensação de descoberta.

E a estrutura dela de "descobrir algo" também a torna uma ótima história coringa que pode ser usada dentro das suas narrativas.

O bom dessa estrutura de história é que ela pode simplificar a transição para uma solução que funciona. Ao invés de criar algo, você "encontra".

Então pode ser a mesma narrativa do modelo "Não encontrei, então criei", com os mesmos critérios, mas você "encontra" a solução (vê a luz).

E esse "encontrar" da solução pode ser seu próprio produto, ou um produto de terceiros (que você pode apresentar como afiliado).

Além disso, nesse modelo você também tem mais facilidade para criar uma narrativa tanto em primeira pessoa, como em terceira pessoa.

Em todos os modelos você tem essa liberdade, mas, na minha experiência, este se torna mais natural para isso.

Por que você contaria uma história em terceira pessoa? Você pode dizer que é um sócio seu que criou o produto, ou contar como "fulano" teve uma grande sacada e encontrou a solução (quando é um produto de outra pessoa que você está vendendo).

Existe um modelo de cartas de vendas de que não sou muito fã, que começa mais ou menos assim:

"Olá, isso aqui é um apagador, e, nos próximos minutos, vou mostrar como esse apagador é a chave para você ter um negócio de sucesso."

Não gosto dessas narrativas porque (na minha opinião) são um pouco mais engessadas e forçadas, mas usam um elemento inusitado para gerar atenção no leitor. Particularmente prefiro explorar "atenção" de outras formas, com algo do tipo...

"Como descobri que o código H236 é a chave para emagrecer"

Posso explorar como uma enzima que tem essa identificação pode gerar um problema xyz com determinado alimento, e que leva a engordar.

E claro, essa foi uma grande descoberta por acaso em uma publicação científica quase despercebida.

Então sua descoberta começa a se tornar uma ponte para a solução, com os critérios que você define como ideais... e você mostra como um produto (seu ou de terceiros) foi criado a partir dessa descoberta acidental.

E (de preferência, principalmente quando é um produto de afiliado) você pode contar sua própria história de uso com o produto que o ajudou.

O modelo também é bem simples de seguir.

#1. Mesma dificuldade do cliente

Você conta (usando as três dimensões) sobre as dificuldades que estava passando (e que seu cliente também passa).

#2. Busca de solução

Você começa a contar todas as soluções que buscou.

Dietas, exercícios, jejum, cursos, livros, treinamentos, *coach* etc.

Aqui gosto de acrescentar também algo como:

"Tentei tudo isso e não funcionava. Queria algo simples que tivesse 'isso', 'isso' e 'isso', que seria muito mais fácil para mim."

Ao mesmo tempo que você invalida (sempre com respeito), você também posiciona os critérios ideais de solução.

#3. Estava perdido e encontrei

Esse é o momento em que você faz a sua grande descoberta.

É importante reforçar que estava se sentindo perdido, porque é a mesma sensação que seu cliente também passa.

Você pode contar algo como (história real, adaptada)...

"Estava realmente perdido, e não sabia mais o que fazer para conseguir parar de sentir aquela dor nas costas.

Até que um dia, andando em uma feira de flores, senti um aroma diferente.

Tentei encontrar de onde vinha, até chegar em uma barraca minúscula com ervas chinesas.

Perguntei qual erva era aquela, e ele disse que era Artemísia.

E começou a me explicar todas as propriedades e benefícios dessa erva, que, entre eles, tratava a dor.

Naquele momento, eu vi uma luz."

Percebe como é uma descoberta simples, mas que transforma uma narrativa normal em algo bem mais interessante?

Nesse exemplo anterior, juntei várias pequenas histórias. Já senti o aroma da Artemísia, já tentei resolver dores que não tinham solução, já fui em uma loja de ervas chinesas, e já fui atendido com moxabustão (que é um bastão de Artemísia).

Apenas criei um arco que transformou um elemento trivial em algo interessante.

#4. Fui longe até conseguir o resultado

E, por fim, você narra como continuou usando e testando a sua descoberta até conseguir o resultado.

No exemplo anterior da Artemísia, poderia contar que fui atendido por um profissional, ou poderia dizer que comecei a pesquisar diversas formas de usar a erva para aliviar a dor.

Fui testando (e usando) até conseguir o resultado (ou até encontrar uma solução ideal já em forma de um produto, quando é uma oferta de terceiros).

E quando você "descobre" o produto, gosta tanto que decide compartilhar.

Alguns pontos-chave dessa narrativa são: deixar claro por que essa solução que você encontrou é única, e por que decidiu especificamente por ela ao invés das outras.

Por isso a Invalidação e o estabelecimento de critérios da solução ideal é tão importante.

Particularmente, eu só vendo o que eu mesmo compro.

É uma escolha minha.

Porque, se eu vendo algo apenas "por vender", sem um uso pessoal real, não consigo criar nenhum vínculo real e profundo com meu cliente.

Quando trabalho com clientes, na maioria das vezes não compro o produto em si para meu próprio uso, mas realmente procuro me sentir na posição de cliente.

Começo a me perguntar: *"Se eu tivesse essa necessidade, e visse essa solução, isso realmente me ajudaria? Eu realmente compraria o meu cliente?"*

Se sim, então posso começar esse trabalho de construir as histórias que darão o suporte.

E para quem é copywriter, lembre-se disto: já recusei dezenas de trabalhos porque eu não "comprava" o que meu cliente vendia.

Então, por mais que realmente pudesse contar histórias incríveis, não passava pelo meu crivo ético.

É muito importante ter essa clareza na hora de contar suas histórias, porque nós realmente temos uma capacidade de influência enorme sobre outras pessoas.

Exercício:

Crie uma história de "Grande Descoberta" (para um produto real ou imaginário).

Bônus 1: Crie mais uma história, mas contada em terceira pessoa.

Bônus 2: Crie variações indicando um produto "seu" e um produto de "outra pessoa".

- **Modelo 4 – Estudo de Caso (Depoimentos)**

    Objetivo do Modelo:

    ✓ Prova (funciona)

    ✓ Prova social

    Perguntas para se fazer:

    ✓ Qual o público ideal que você quer atingir com essa história?

    ✓ Qual a solução você mostrará a eles?

    ✓ Quais problemas imediatos essa solução resolve?

    ✓ Quais efeitos no longo prazo essa solução gera?

    Contexto para usar esta história:

    ✓ Vendas B2B (mas funciona B2C)

    ✓ Conteúdo por e-mail

    ✓ Vendas 1 a 1

    ✓ Conteúdo no site da empresa

    Template:

    1. Identidade (e desafios)

    2. Como era antes

    3. Como a solução foi implantada

    4. Qual o impacto imediato

    5. Qual o impacto de longo prazo

Dando sequência aos nossos roteiros, esse é um modelo de história muito usado.

E é tão simples de usar que você deveria criar um assim que terminar de ler este capítulo :)

Você pode usar este modelo para vender produtos ou serviços, físicos ou digitais, sem problemas.

Apesar de ser muito mais usado em situações B2B, também funciona para B2C praticamente sem restrições.

De forma simples, o que é o estudo de caso?

É provar que a solução oferecida funciona.

Por exemplo... tenho um curso em que ensino um sistema de e-mail marketing que funciona. Quais estudos de caso posso mostrar?

Posso contar como apliquei em meu próprio negócio, posso mostrar como apliquei em clientes...

E posso contar como alunos aplicaram em seus próprios negócios (ou clientes deles, porque muitos se tornaram copywriters).

É diferente de um "depoimento", em que você mostra um texto ou vídeo de alguém falando do seu produto.

Gosto inclusive de usar esses depoimentos *dentro* do estudo de caso.

Aqui você descreve o processo.

O *template* é muito simples.

#1. Identidade (e desafios)

Em primeiro lugar, você define com quem quer falar.

Define uma identidade de um perfil de cliente que é ideal para ver este estudo de casos.

Por exemplo...

> "Como a empresa XYZ saiu de um faturamento de 200 mil reais ao ano para 1,6 milhões em 12 meses."

Qual é o detalhe importante aqui?

Você automaticamente está atraindo pessoas e empresas que estão na mesma situação!

Se a mesma *headline* anterior fosse algo como...

> "Como a empresa XYZ saiu do zero a 1,6 milhões de faturamento em 12 meses."

Você atrairá pessoas que estão "no zero", ou começando.

Se esse é seu público-alvo, ótimo! Mas é um detalhe importante na construção da identidade.

Vou focar esta seção em um exemplo B2B, mas você também pode adaptar para uma situação B2C. Por exemplo...

> "Como Andréa conseguiu controlar a pressão arterial sem o uso de remédios."

Perceba que a ideia e a estrutura são as mesmas, você apenas precisa adaptar ao seu cenário.

#2. Como era antes

Aqui você descreve as dores e dificuldades que a pessoa/empresa passavam.

> "A empresa xyz tinha ido muito bem no seu primeiro ano, mas estagnou.

Tentou criar funis, fazer lançamentos, mas eles não conseguiam mais aumentar as vendas."

Neste ponto nem sempre me alongo muito, a não ser que seja relevante.

Aqui é importante você contextualizar a dor principal que você quer resolver do seu cliente.

"A empresa tinha um turnover médio de 6 meses com seus funcionários."

"A pesquisa de satisfação interna apontou nota 4 em comunicação interna e liderança."

"Após um acidente, ela não conseguia mais alimentar seu cavalo."

Também gosto de apontar soluções que foram tentadas e não funcionaram (lembre da invalidação).

#3. Como a solução foi implantada

Agora começamos a apontar qual foi a solução implantada.

Gosto de descrever o processo, e mesmo algumas dificuldades que podem ter sido geradas.

Por exemplo...

"A equipe de gerentes sabia que precisava melhorar a comunicação, mas estava resistente à mudança.

Nas duas primeiras semanas de trabalho, foi preciso um processo bem intenso de quebra de paradigmas para que eles vissem os subordinados como uma parte essencial e não descartável do processo.

Nas duas semanas seguintes, começou o processo de integração entre os gerentes e os colaboradores que respondiam a eles."

Você também pode ser mais específico em detalhes que foram feitos.

Em um estudo de caso que montei uma vez para fechar um negócio com um cliente, enviei 3 modelos de anúncios que havia criado, e expliquei o contexto e resultados de cada um deles.

#4. Qual o impacto imediato

Este passo pode ser tratado de forma separada ou conjunta com o #5, por isso uni os dois na próxima seção.

#5. Qual o impacto de longo prazo

Um impacto imediato pode ser um ajuste de fluxo de caixa que deu fôlego para a empresa; e um impacto de longo prazo, todas as dívidas não essenciais ao negócio serem quitadas.

Em casos que já descrevi, posso contar como um cliente teve como impacto imediato com uma campanha com 22 e-mails, teve um impacto imediato de 35 mil reais de faturamento.

E, no longo prazo, depois de um ano, a mesma campanha gerou mais 80 mil reais de faturamento, com um ROI de 500%, com um funil convertendo 6% em vendas para um produto de R$ 497.

E é isto :)

Este *template* é muito simples, e muito poderoso.

Considero um dos modelos "obrigatórios" para usar na sua comunicação.

Então lembre-se: defina quem é o seu público ideal, com quem quer comunicar.

Você pode ter mais de um estudo de caso para perfis de identidades diferentes.

Você pode ter um estudo de caso para pet shop e outro para marcenaria (a mesma solução entregue em nichos distintos).

Você adequa a sua mensagem aos perfis de público que quer atingir.

Conte como a sua solução ajuda cada um desses públicos e qual o impacto imediato e qual o impacto em longo prazo?

E como você pode usar isso?

Você pode usar no site da sua empresa, enviar por e-mail (uso muito isso para fechar negócios, quando quero apresentar um estudo para um cliente que está me conhecendo), e até já narrei esses estudos em conversas 1 a 1.

Você também pode contar vários pequenos estudos de caso pra ilustrar situações que o seu cliente também está passando.

Por exemplo (história real!)...

"Uma senhora de aproximadamente 60 anos estava em dúvida se adquiriria um utensílio para cozinha. Ela disse que achava muito legal, mas não sabia se iria se adaptar.

Eu respondi dizendo que minha vó, que tinha 75 anos, também achou que teria dificuldades. Mas depois de uma semana ela se adaptou, e conseguiu cozinhar normalmente."

Adoro contar histórias para responder objeções, e você também pode fazer isso.

Você também pode colocar isso no seu site.

Se você trabalha com B2B, pode ter uma aba "Estudos de Caso" e trazer todas essas situações.

Essa história traz tanto o elemento de "Prova" para sua solução como "Prova Social", porque você também pode agregar vídeos ou *prints* de depoimento dos clientes no meio do estudo.

> **Exercício:**
> Crie um estudo de caso para um produto ou serviço que você vende (real ou imaginário).

■ Modelo 5 - Origem

Objetivo do Modelo:

✓ Criar empatia

✓ Como você era "ninguém" (como seu cliente se sente)

✓ Criar situação "Se eu consegui, você consegue"

✓ Promessa indireta de resultados

Perguntas para se fazer:

✓ Como está a vida do seu cliente agora (que tem relação com o que você já passou)?

✓ Quais dificuldades ele está tendo (que sua solução pode ajudar)?

✓ Onde você estava antes do resultado de hoje?

✓ Qual foi seu maior desafio (antes de encontrar uma solução)?

✓ Qual oportunidade você viu que te levaria à solução?

✓ Quais desafios você passou até superar o problema (tentando aplicar a solução)?

✓ O que você conseguiu alcançar?

Contexto para usar esta história:

✓ "Sobre nós"

✓ E-mail

✓ Biografia

✓ Pode ser usado junto com "Não encontrei, então criei"

Template:

1. Como comecei (3 dimensões)
2. Mesmos desafios do cliente
3. Começo da busca pela solução
4. Pesadelo (e persistência)
5. Lições e atalhos

Este modelo de história é um que gosto de usar bastante também.

Porque o objetivo dele é mostrar ao seu cliente que você veio de um "lugar" (muitas vezes o mesmo lugar ou situação em que o seu cliente estava), e você se posiciona como "*se eu consegui, você também consegue; esta foi toda a minha trajetória*".

Você pode dar ênfase ao ângulo "Vitória do Vira-Lata", do qual falamos anteriormente, ou simplesmente conta sua jornada de desafios e superação.

Então o objetivo principal deste modelo de história é gerar empatia com os seus clientes.

Quando as pessoas conhecem a sua história, elas sentem que o conhecem melhor e passam a gostar e confiar mais em você.

Por isso esta história é tão poderosa, e gosto muito de contá-la.

Porque você conta como era "ninguém" (e pode até usar construções mais fortes, como "eu era tão inteligente quanto um prego", "sempre fui um aluno nota 5 na escola", "sempre fui gordinho")...

E a grande sacada aqui é que, muitas vezes, essa origem (quando você era "ninguém") é a mesma situação em que seu cliente se encontra.

Uma história real (adaptada)...

"Eu mal sabia escrever. Se, em uma prova, precisasse apenas escrever meu nome da forma correta, era capaz de reprovar.

Mesmo com tanta dificuldade com o português, até sendo diagnosticado com dislexia, TDAH e burrice, consegui me transformar em um bom copywriter. Se eu consegui, você também consegue."

Aqui está um outro exemplo de construção:

"Eu sempre tive uma alimentação normal, mas comia demais nas refeições.

Sempre fui acima do peso e não importa o que fizesse, não emagrecia. Já tentei vários métodos, várias dietas e nada funcionava até o dia em que encontrei uma solução. Se eu consegui emagrecer, mesmo tão indisciplinado, você também consegue."

Aqui estou dando exemplos para você já treinar sua mente no objetivo da história (que é ajudá-lo a vender), mas é interessante prestar atenção em vários filmes de Hollywood.

Quase todos os filmes de super-heróis têm um filme que se chama "Origem", e as pessoas adoram.

E o mais legal em nosso contexto de vendas e negócios é que você não está prometendo nada diretamente.

Mas só o fato de contar sua trajetória de sucesso já mostra para as pessoas que elas conseguem... e que você pode ser a pessoa ideal para guiá-las.

No início de várias comunicações, gosto de pincelar rapidamente esse gancho "de onde vim".

Por exemplo, em vários produtos meus já usei o seguinte gancho, tanto em cartas de venda como nos e-mails:

"Falo isso porque comecei minha empresa do zero total em 2014, e hoje tenho duas empresas que faturam múltiplos seis dígitos por ano."

Dessa forma, além da própria credibilidade, você já faz uma promessa indireta de resultados que seu cliente também pode alcançar.

Agora, vamos ao modelo, que você verá que é bem simples também.

(o segredo está na simplicidade!)

#1. Como comecei (3 dimensões)

Os passos 1 e 2 são usados em conjunto, a separação é para facilitar a compreensão.

#2. Mesmos desafios do cliente

Você conta como começou como "ninguém".

Você pode até ser dramático (como o Paulo Maccedo às vezes conta que veio de uma favela do Rio de Janeiro), ou abordar que veio de uma situação comum.

O que é importante?

Mostrar que você passou pelos mesmos desafios que seu cliente está passando.

"Comecei a ter problemas de saúde."

"Não encontrava um homem ou uma mulher pra me relacionar."

"Tinha ejaculação precoce."

"Tinha dificuldade em vender."

"Não importa o que eu fizesse, não conseguia uma solução."

Você mostra que começou do mesmo ponto em que seu cliente potencialmente está agora.

Tente, sempre que possível, adicionar as 3 dimensões (tempo, espaço e social), para ter mais vida e conexão emocional com seu cliente.

Lembre-se de que o social também é a porta que leva ao conflito... que o leva em busca da solução.

Por exemplo, posso contar que, desde 2012, estava tentando entender como o mercado de marketing digital funcionava.

Tentei criar um site, tentei fazer vendas como afiliado, e nada funcionava.

#3. Começo da busca pela solução

Seguindo com o exemplo anterior, posso continuar contando que comecei a ler e estudar vários materiais, e que inclusive paguei por 2 cursos supercaros, que eram minha última esperança de conseguir algum resultado real.

#4. Pesadelo (e persistência)

Lembre-se de que a busca pela solução não é uma mágica em que basta um estalo de dedos para tudo se resolver.

Mesmo buscando uma solução, você também teve dificuldades e desafios.

Posso contar como tentei seguir uma determinada fórmula para lançar produtos no mercado, e, mesmo entendendo que o método funcionava, não conseguia estruturar aquilo como um negócio real e consistente.

Você pode dar mais ou menos ênfase ao pesadelo e a suas dores emocionais (como já vimos na "Hora escura", nos modelos anteriores).

Gosto também de usar dualidades que criam uma encruzilhada emocional, que me dão motivo para continuar.

"Vi meu filho e pensei 'poxa, será que vou deixar meu filho crescer sem um pai presente de verdade?' "

"Minha esposa me deu uma intimação falando que, se eu não me curasse da ejaculação precoce, ela ia me chifrar porque estava precisando de sexo."

> "Minha esposa falava que iria embora se eu não trouxesse comida para casa. Ela ia morar com os pais porque não poderia viver com alguém que não consegue dar a segurança de que ela precisa"

Essas encruzilhadas emocionais muitas vezes são pensamentos ou situações que também passam na cabeça do seu cliente.

Então você continuou procurando soluções, novos métodos, novos mentores, ou você viu a luz, fez uma grande descoberta, ou finalmente criou algo que funcionava.

Você persistiu. E você conseguiu.

#5. Lições e atalhos

Agora que você superou o desafio, você pode criar algo como...

> "Depois de muito suor, muito investimento e passar meses estudando em outro país com os maiores especialistas, consegui o resultado.
>
> E, mais importante, com toda essa experiência aprendi algumas lições e atalhos, e quero compartilhar isso com você."

Esse formato de história é muito legal para criar em uma página "Sobre Nós" em seu site, ou como um primeiro e-mail de apresentação para os clientes que entram na sua lista.

Porque isso já o posiciona, e cria a conexão com o seu cliente e a confiança de por que você é a pessoa que pode ajudá-lo.

É muito importante essa história ser real, e manter o mais fiel à realidade, porque realmente é a sua história de origem.

Claro, você pode ter algumas licenças poéticas, mas, se você contar algo que não é verdade, cedo ou tarde as pessoas descobrirão e isso pode gerar uma grande mancha na sua imagem.

Aqui estão mais alguns *insights* que o ajudam você a construir essa história:

O que o seu cliente está passando agora?

O que está acontecendo na vida dele agora que o faz precisar emagrecer?

O que está passando na vida dele agora que o faz precisar de dinheiro, ou precisar melhorar os relacionamentos?

Quais são as dores dele?

Qual é a maior dificuldade que o seu cliente está passando?

Por exemplo...

Ele não encontra um método para emagrecer, não consegue ficar mais forte, não encontra o homem ou a mulher da vida dele, não consegue curar a ejaculação precoce, não se livrar das dívidas, não consegue memorizar melhor as coisas que estuda, etc...

Essas são as dificuldades e desafios que ele passa... E agora, como a sua oferta ajuda a resolver esse problema?

Lembre-se de que temos que construir sinergia com a *sua* história de origem.

Onde você estava antes de encontrar a solução?

Como era a sua vida antes (quando tinha os mesmos problemas que seu cliente)?

Qual foi o seu maior desafio?

Esse maior desafio pode ou não ser a mesma dificuldade que o seu cliente está passando.

Por exemplo, o maior desafio poderia ser ter a disciplina de seguir uma rotina de exercícios e alimentação.

Às vezes, a mesma solução pode trazer desafios diferentes para pessoas e situações diferentes.

Em um exemplo para uma situação real de "emagrecimento": o maior desafio não é nem ficar sem chocolate, mas, sim, não tomar vinho à noite quando encontra com as amigas.

Conforme você conseguia seu próprio sucesso, em que momento percebeu que esse método que você encontrou ou desenvolveu é realmente uma oportunidade de sucesso (em resolver o problema)?

Você passou por vários desafios, por exemplo:

Você queria emagrecer e não conseguia desenvolver uma rotina para isso. Até que encontrou um método que decidiu seguir e parecia dar certo mesmo que você fosse totalmente indisciplinado.

Então dê ênfase a um "momento" em que você percebeu que aquilo realmente poderia ter algo diferente (e que só depois você decidiu compartilhar como um "produto").

Ainda na sua jornada de sucesso, quais desafios passou e o que você conseguiu?

Dificuldade com a rotina? Dificuldade com o cardápio?

Lembre-se de que é importante mostrar que não é uma mágica, é um processo.

E no final, você teve muitos aprendizados, aprendeu várias lições e vários atalhos e quer compartilhar isso com o cliente.

Você pode inclusive continuar a comunicação direcionando para um produto que é o mesmo "método" que você seguiu e teve sucesso.

Lembre que o objetivo principal aqui é empatia.

E, mostrando de "onde você veio", você já aponta para o sucesso que seu cliente também pode conseguir.

> **Exercício:**
>
> Crie sua própria história de "origem".
>
> Bônus: Complete a sua narrativa direcionando para um produto ou serviço que seu cliente pode adquirir.

■ História Bônus: Contraste

Este é um formato de história que gosto muito de utilizar sempre que possível.

O que é o contraste?

Você coloca duas situações (ou personagens) contrastantes... e seu cliente (até sem perceber) automaticamente se identifica com um deles.

O exemplo clássico dessa história de contraste é o que encontramos na famosa carta *The Wall Street Journal*:

Caro Leitor,

Em uma bela tarde de primavera, vinte e cinco anos atrás, dois jovens se formaram na mesma escola. Esses jovens eram muito parecidos. Os dois foram estudantes melhores que a média, ambos eram bem apessoados e os dois – como jovens colegas de graduação são – eram cheios de sonhos ambiciosos para o futuro.

Recentemente, esses dois homens retornaram para a faculdade para o 25º encontro.

Eles ainda eram muito parecidos. Ambos estavam felizes casados. Ambos tinham filhos. E os dois acabaram indo trabalhar para a mesma empresa de manufatura após a faculdade, e ainda estavam lá.

Mas havia uma diferença. Um dos homens era gerente de um pequeno departamento da empresa. O outro era o presidente.

O Que Fez A Diferença

Você já se perguntou, como eu já me perguntei, o que faz esse tipo de diferença na vida das pessoas?

Não é apenas inteligência nata ou talento ou dedicação. Não é que uma pessoa quer mais sucesso e a outra não.
A diferença está no que cada pessoa sabe e como ele ou ela faz uso desse conhecimento.
E esse é o motivo que escrevo para você e para pessoas como você sobre o The Wall

(observação: esse é apenas o trecho inicial da carta)

Ou seja... duas pessoas "iguais" com resultados diferentes.

Aqui está um exemplo de história que criei para um cliente:

"#1. Conheça Johnatan

John é um rapaz jovem, com 28 anos, recém-formado na faculdade, buscando uma especialização na área dele.

Ele trabalha como engenheiro em uma empresa de médio porte e consegue o suficiente para viver de forma razoável.

John é uma pessoa legal, de ótimo papo, aparenta ter uma vida incrível.

Porém, ele tem um "defeito".

E isso me deixa muito preocupado, na verdade.

John é um grande sonhador. Quer mudar o mundo. Quer ser rico.

Até tem ideias legais para seus grandes projetos, e poderia mesmo mudar o mundo.

Mas John tem medo.

Ele diz que é preguiça, na verdade.

Está sempre inventando uma desculpa, um motivo, para não colocar as coisas em prática.

É uma viagem, falta tempo por conta do trabalho, não é o momento certo ainda...

Ele pode estar certo algumas vezes... mas conheço John desde os seus 22 anos.

Apesar de todos os sonhos e aspirações, ele está sempre adiando, adiando, adiando.

Certa vez ele deixou escapar que falou com um tio sobre as ideias dele, e ouviu como aquilo era ridículo, que era impossível...

E ele acreditou.

John é um cara superbacana. Mas nesses 6 anos que nos conhecemos, mesmo com toda energia e astral dele, vejo que por dentro ele está definhando.

Falta aquele brilho e energia para seguir em frente.

Da última vez em que falei com ele, ia deixar o projeto para o "próximo ano" o projeto porque decidiu que era melhor esperar a economia melhorar (a mesma coisa que ele disse nos últimos 6 anos)

#2. Conheça Max

O Max é um cara engraçado.

Você olha para ele, e não dá NADA.

Sabe bem aquele estereótipo de pessoa "comum", que nem fede, nem cheira?

Então, é o Max.

Só que ele é um dos caras mais incríveis que conheço.

Até meio parecido com o John, ele também é engenheiro, está com 34 anos hoje...

Mas ele já viajou para 19 países, colocou vários projetos para rodar, ganha muito bem, e agora está com a família crescendo :)

Mesmo com seu jeito simples, ele VIBRA motivação quando você o olha nos olhos... e ele abre aquele sorriso enorme que parece que vai abraçá-lo.

Só que nem sempre foi assim...

Há uns 4 anos, quando conheci Max, ele estava bem triste.

Depressivo, com medo de sair da "caixinha" e colocar todas as ideias dele em prática.

Ele tinha muito medo do que os outros iriam achar, medo de que as coisas não iam dar certo.

E naquela semana ele tinha acabado de perder o pai.

Estava sem chão, sem rumo, mas conseguimos conversar bastante.

Ele se abriu, contou sobre seus sonhos e planos que nunca saíram do papel, e eu perguntei...

"O que impede você de alcançar tudo isso?"

Ele ficou quieto, pensativo... e, ao invés de colocar a "culpa" nos outros, na economia, no momento...

Me olhou pensativo, abriu um sorriso de grande alívio e disse...

"Nada."

E, a partir daquele dia a vida dele mudou.

O que fez a diferença?

Durante quase 1 mês, conversei muito com Max.

Fui guiando ele passo a passo, literalmente dando "tilts" na cabeça dele para quebrar crenças, paradigmas...

Max decidiu assumir a responsabilidade, ser o capitão, o timoneiro da vida dele...

E mesmo com todos os desafios e mudanças que teve que fazer, em menos de 4 semanas ele parecia uma nova pessoa.

Parecia não.

Ele se transformou em uma nova pessoa.

Porque viu sentido em tudo isso.

Ele viu que ir atrás dos sonhos é o que faz valer a pena viver todos os dias

E conto essa história para você hoje, porque quero saber...

Você se parece mais com o John ou com o Max?

Se você está aqui é porque você tem sonhos e planos, e está pronto para conquistá-los.

É por isso que faço meu trabalho no canal do Youtube...

Para ajudar pessoas incríveis e especiais como você a conquistarem seus sonhos.

E, se você está pronto para dar o próximo passo... viver seu sonho e alcançar a mesma transformação, a mesma metamorfose que o Max alcançou (e quem sabe até muito mais)...

quero conduzir você no mesmo "passo a passo" em que levei o Max

Quase uma "fórmula mágica" para você alcançar seus sonhos e ter motivação para ir até o fim e além, todos os dias.

Se você quer viver a vida que sempre sonhou... tirar as metas e planos do papel e estar sempre motivado e focado para seguir em frente..."

Originalmente, enviei essa história em uma sequência de e-mails, e já criei histórias parecidas em uma página dentro de um site também.

A grande sacada dessa história é que, muitas vezes, as pessoas começam a responder coisas como: *"Nossa, eu sou muito igual ao John, não quero isso para mim"*, ou *"Estou igual ao Max, vamos para cima!!"*

Este é mais um modelo de história coringa que tenho à mão sempre que preciso contrastar realidades.

Exercício:

Crie uma história (real ou fictícia) que cria um contraste entre duas realidades que seu cliente vive.

Por exemplo: alguém que conseguiu emagrecer com alguém que não conseguiu emagrecer.

CAPÍTULO 24

Transição Para Vendas (*Pitch* de Vendas)

Gustavo Ferreira

Já vimos aqui uma série de modelos e possibilidades para construir histórias, e uma pergunta comum é:

"Ok, e agora?"

Que bom que você perguntou!

O objetivo deste livro não é dar uma aula sobre roteiros de vendas (para isso temos o meu livro *Copywriting: Palavras que Vendem Milhões*, os livros *Copywriting I* e *II* do Paulo Maccedo; e, especificamente sobre e-mail marketing, também tenho meu livro *E-mails que Vendem*).

Neste capítulo, quero mostrar uma estrutura rápida de roteiro que você pode usar para ter sua mensagem completa.

Primeiro passo: após a introdução inicial (*headline*) e um *lead* (as primeiras 200 a 500 palavras da sua mensagem, que abre a conversa), geralmente já entramos na história.

Aqui está o exemplo de um *lead* retirado de um dos meus antigos cursos:

"Se você quer construir uma máquina de vendas automáticas através de campanhas matadoras de e-mail marketing, que convertem de 10% a 30% em vendas em menos de 90 dias...

Esta pode ser a mensagem mais importante da sua vida até agora

Aqui está porque:

Caro Amigo,

Meu nome é Gustavo Ferreira, tenho 3 empresas, e sou copywriter e consultor de negócios.

Se você quer uma estratégia de simples, testada e comprovada pelos maiores empresários de marketing do mundo, com baixo custo e alto retorno, leia esta mensagem atentamente.

O marketing por e-mail é a ferramenta mais efetiva com o maior retorno sobre investimento para as empresas.

Se você precisa de um lançamento, de um funil de vendas otimizado, ou precisa se relacionar com seu cliente, o e-mail é a sua principal ferramenta.

Se você quer extrair o maior volume de vendas da sua lista de e-mails, você precisa conhecer e aplicar as principais técnicas e estratégias usadas pelos maiores empresários do mercado.

Nos últimos 3 anos me dediquei às principais técnicas de copywriting, e nos últimos 12 meses me especializei nesse formato de comunicação por e-mail.

Em 10 meses escrevi 840 e-mails para mim e meus clientes.

Gerei R$ 12,54 por lead com uma lista de 2.098 pessoas.

Apesar que hoje tenho esses resultados, nem sempre foi assim."

Os pontos importantes de um *lead* são:

1. Reforçar o desejo e abrir uma conexão para continuar vendo ou assistindo até o final;
2. Retirar objeções (no exemplo acima, explico que e-mails podem ser usados em funis e lançamentos);
3. Abrir o gancho para sua história (no trecho que começo a falar de resultados, a continuidade é uma série de pequenas histórias);

Em seguida, entramos na sua história.

A sua história deve oferecer uma promessa e provar que o que você está oferecendo funciona.

Você pode usar um dos diversos modelos que você já viu até agora.

Lembre-se de que sua história precisa ter 3 momentos: o "antes", o "conflito" e o que "aconteceu" (resolução). Ou, *Problema, Agite, ____ e Resolva*. Lembre: sua história precisa comprovar a sua promessa.

Quando vendia o Programa Elite, minha promessa era faturar de R$ 3 a R$ 16 por *lead* (pessoa que faz um "opt-in" na minha lista).

Minha história contava como consegui esses resultados para mim mesmo, e como outros clientes que passaram pelo curso também conseguiram resultados.

Após a história, começamos a transição para a venda. Aqui há um passo muito importante conhecido como **"Imaginar o futuro"**.

A sua própria história já pinta esse cenário na mente do seu cliente, mas gosto também de adicionar uma imagem direta logo após a conclusão.

Algo como...

"Imagine como seria prever que, a cada lead que entra na sua lista, você pode faturar de R$ 3 a R$ 16. Se você já tem uma lista com mil leads, você potencialmente pode faturar entre 3 e 16 mil reais, assim que aplicar o que aprender."

E então entramos na apresentação da **Oferta**, apresentando seu produto:

> "Sei que isso é possível porque, em meus últimos 5 anos, ganhei minha vida com esse sistema. Se você também quer isso, apresento para você o meu programa E-mail Marketing Elite."

A partir daqui você detalha sua oferta:

1. Descrição dos módulos

Ou as partes do seu produto. Gosto de focar três partes principais para "vender" a solução. Mas adapte isso à sua realidade.

2. Descrição para quem é e para quem "não é" sua oferta

É importante desqualificar pessoas que não são o seu público-alvo. Em muitos dos meus produtos, costumo falar "se você está no zero, começando agora, isso não é para você."

Dessa forma você consegue realmente filtrar e trazer as pessoas ideais.

3. Depoimentos

No momento de apresentar depoimentos, sempre que possível também apresento em forma de pequenas histórias.

Ao invés de simplesmente colocar um "print", posso dizer:

> "Leonardo não tinha experiência, e em 3 meses recebeu 10 mil reais em royalties com as vendas que realizou."

4. Preço

Na hora de apresentar o preço, costumo ancorá-lo em média 3 vezes o valor real da oferta, e transformo em algo irrisório.

Por exemplo, para um curso de R$ 300, posso construir algo como:

> **"O valor pelo qual costumo vender isso é R$ 997. Porém, por tempo limitado estou oferecendo uma promoção por R$ 297. E você ainda pode parcelar em até 12 vezes de R$ 25. É menos de 1 real por dia para você ter acesso a um sistema poderoso de vendas para seu negócio."**

5. Bônus

Após o preço, você pode apresentar os bônus que seu produto oferece.

Gosto de apresentar os bônus após o preço, para dar uma sensação de "ganho" e tornar o preço apresentado anteriormente como uma grande oportunidade.

6. Garantia

Após isso você apresenta uma forma de retirar o risco do seu cliente.

O clássico e mais difundido é a "garantia incondicional de 7 dias".

Quando possível, eu dou garantias de até 1 ano.

7. Resumo

Como nós estamos apresentando muitas informações, gosto de dar uma resumida no que está sendo oferecido:

"Você está levando o produto xyz, com 'isto', 'isto' e 'isto' por apenas 12 parcelas de R$ 25. E você ainda leva 'a', 'b' e 'c', e tem 30 dias para aproveitar todo o conteúdo sem risco algum."

8. CTA (Chamada para Ação; do inglês, *Call To Action*)

As pessoas precisam de "comandos" para sair da inércia.

Então falamos exatamente o que elas precisam fazer:

"Complete agora seu pedido clicando no botão que está aqui embaixo. Você será direcionado para a plataforma x (PagSeguro, Hotmart, Paypal etc.) e completa com seus dados de acesso."

9. Escolha (opcional com depoimentos)

Também gosto de apresentar duas ou três escolhas, também com um pequeno *StoryTelling* quando possível:

"Você tem duas escolhas: você pode seguir sozinho, fazendo tudo como você sempre fez, tentando achar o resultado sozinho; ou pode pegar o caminho mais rápido, por que já fiz todo o trabalho pesado pra você."

E pode adicionar:

"Assim como 'fulano' que estava 'nesta situação', e hoje conseguiu 'esses resultados', você também pode."

10. CTA

Agora você pode adicionar uma segunda chamada para ação:

"Complete agora o seu acesso pelo botão que está aqui nesta página, e espero você dentro do curso."

11. Urgência

No final, fechar com um elemento de urgência, para incentivar seu cliente a tomar uma ação "agora".

"Lembre-se de que esta oferta é por tempo limitado para as primeiras cem pessoas, se você voltar amanhã, isto não estará mais aqui."

Veja, esse é um roteiro de vendas bem resumido, para ajudá-lo caso ainda não tenha experiência em montar essa estrutura. Mas lembre-se disto: a chave para vender está na promessa e na prova de resultados.

A sua história ajuda a construir os "quadros mentais" (*frames*) de sucesso que seu cliente começa a desejar.

Veja estes três exemplos mostrando diferentes quadros que você pode pintar para a mesma situação.

Observe que cada quadro conversa com um público diferente, e você deve preferencialmente focar o seu público-alvo ideal.

"Como comecei do zero a 500 mil reais de faturamento em um ano."

"Como aumentei 5 vezes meu faturamento em 1 ano."

"Como faturei 5 vezes mais vendendo para menos pessoas."

Cada um desses quadros atrai um público diferente. E isso é fundamental na hora de estabelecer a condução da sua história para fazer a ligação com sua oferta no final.

Veja o capítulo a seguir, "Histórias Para Superar Objeções", que também é uma forma de ampliar esses quadros mentais que conversam com os diversos públicos.

Ah, e para fechar este capítulo: muitas pessoas me perguntam sobre o "tamanho" de uma história.

Isso varia *muito* de acordo com o seu nicho e o com o "momento" que você está conversando com seu público (se ele está na expectativa de compra, a história pode ser mais curta; se ainda o está conhecendo, a história pode ser mais longa).

Mas, em média, a história conta com 30% a 40% do tamanho de uma carta de vendas completa.

Hoje em dia nem me preocupo tanto com o "tamanho", porque sempre me guio a partir de alguns parâmetros:

1. Estou gerando desejo?
2. Estou retirando objeções?
3. Estou provando que o que falo é real?

Se esses elementos estão sempre presentes em todas as partes da sua comunicação, você ficará bem.

Exercício:

Crie um roteiro completo com uma das histórias que você já criou (ou uma nova).

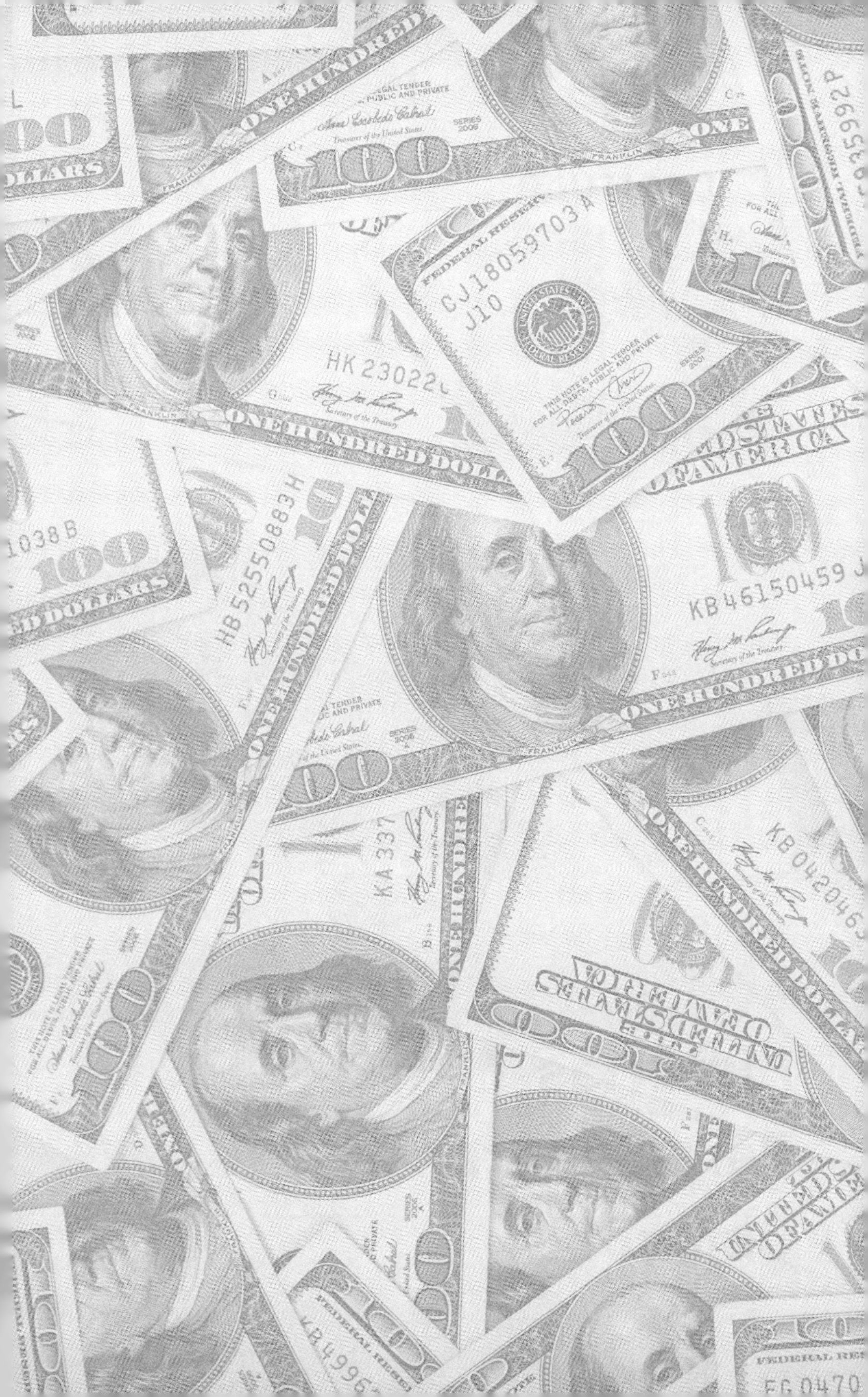

CAPÍTULO
25

Histórias
Para Superar
Objeções

Gustavo Ferreira

Agora quero trazer para você uma forma avançada de utilizar histórias para aumentar o poder de conversão em suas mensagens de vendas.

Aprendi a usar isso com muita força em vendas diretas (1 a 1), onde conforme meus clientes apresentavam objeções, eu contava histórias que auxiliavam a superar cada uma delas.

Qual o objetivo aqui?

Para cada objeção que você identificar, você conta uma história (sua ou de outra pessoa) que passou pela mesma situação.

No fundo, nós queremos transformar uma objeção em um benefício que nosso cliente terá.

Por exemplo, uma objeção comum, principalmente quando você não é tão conhecido no mercado é *"por que devo escutar você"*?

Imagine que você está atuando no nicho de "ganhar dinheiro", você poderia criar uma história mais ou menos assim:

"Como Saí de uma Dívida de 63 mil reais... para 200 mil reais de LUCRO/ano"

Lembre que muitas objeções são inconscientes, e o cliente não as verbaliza (e muitas vezes nem percebe que se faz esses questionamentos).

O efeito dessa frase acima já resolve a objeção de você ser um desconhecido, ao mesmo tempo que faz uma promessa indireta.

Uma outra objeção transformada em história para um produto real:

"'Fulano' não acreditava que acupuntura sem agulhas funcionava... até que teve um ataque de sinusite, e apenas pressionando alguns pontos conseguiu aliviar todos os sintomas."

Um outro exemplo, se você é um médico que vende uma solução para emagrecer...

"Como médico, eu não acreditava que era possível emagrecer sem remédios... até que paguei minha língua e vi uma paciente eliminar 20kg, sem usar remédio nenhum."

Um outro exemplo de objeção inconsciente: **O que há aí para mim?**

Nesse caso, respondemos com uma Promessa:

"Como Ajudei 240 Empreendedores a Ganharem Mais Dinheiro com um Sistema Provado de Email Marketing"

"Já Ajudei 17.840 Alunos a Passarem nos Vestibulares Mais Concorridos do País"

Outra objeção comum: **Isso vai funcionar para mim?**

Você pode responder essa objeção contando uma história ligada ao seu perfil de público ideal.

Por exemplo:

"Como Joana, uma mãe solteira com 35 anos e dois filhos perdeu 20kg em 6 meses - mesmo sem tempo nenhum para exercícios"

"Como Vera, uma senhora de 57 anos que estava com sobrepeso, perdeu 47kg em 12 meses"

E o detalhe, é que essas histórias não precisam ser longas. Apenas uma ou duas frases são suficientes.

Quando possível, você também pode associar com uma foto "antes e depois", ou um *print* com o depoimento da pessoa.

Aqui estão mais alguns exemplos de objeções que podem surgir, e exemplos de histórias que você pode criar para responde-las:

Objeção: Por que nunca me contaram isso?

"Os Grandes Bancos não Querem que Você Descubra Isso"

"A Indústria de Medicamentos não Quer que Você Se Cure do Câncer"

"Esse Segredo Foi Guardado a Sete Chaves em Círculos Fechados de Empreendedores do porte de Abílio Diniz"

Objeção: Preciso investir muito dinheiro para começar?

"Como 'fulano' hoje fatura 200 mil reais/mês, e começou do zero, apenas com tráfego orgânico sem precisar investir."

Objeção: Eu não gosto de dietas restritivas

"Joana não conseguia seguir nenhuma dieta - mas emagreceu 12kg em 2 meses com esse método."

Como disse, esse é um uso avançado de histórias para transformar objeções em benefícios.

O segredo é: se você responder as objeções ANTES que elas surjam na mente do seu cliente (e você transforma antecipadamente todas as possíveis dúvidas em benefícios), você aumenta MUITO a possibilidade de gerar vendas.

Exercício:

Identifique todas as objeções que seu cliente pode ter em relação ao seu produto ou serviço.

Para cada objeção, conte uma história que ajuda a respondê-la. Para fins didáticos, não se preocupe agora em ser uma história real.

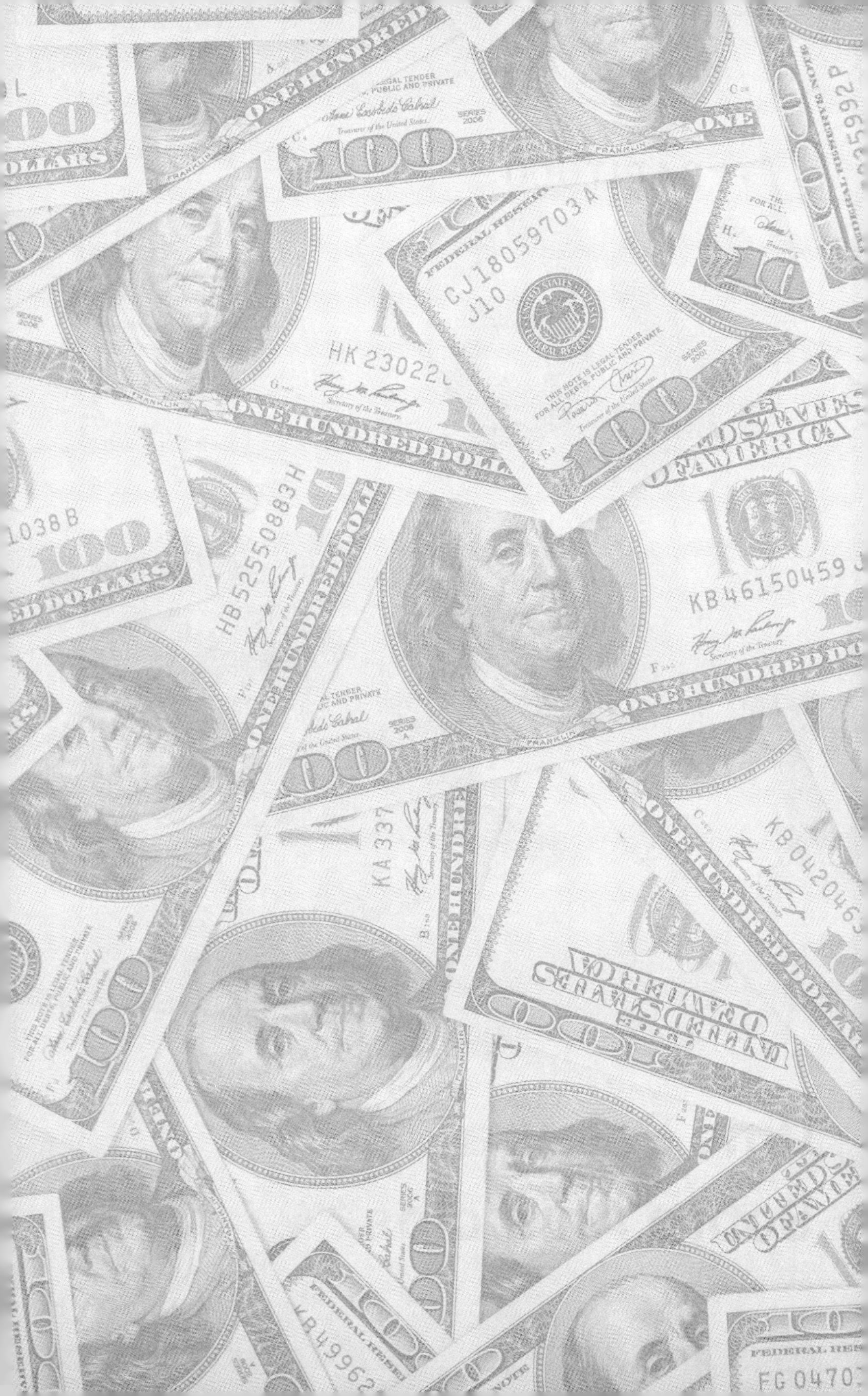

CAPÍTULO 26

Uma Palavra Sobre Anúncios

Paulo Maccedo

Depois de aplicado tanto esforço para materializar uma ideia e ter um produto pronto para ser lançado, é necessário unir esforços para que as pessoas o conheçam e comprem. Nesse contexto, investir em publicidade onl-ine costuma ser determinante.

Hoje em dia, as diferentes plataformas de anúncios disponíveis na web — como *Google Ads, Facebook Ads, Instagram Ads* e *Tik Tok* Ads — permitem que as pessoas divulguem produtos físicos, digitais e serviços de forma fácil, barata e eficiente para alcançar o público desejado.

A publicidade on-line faz uso do que chamamos de tráfego pago, aquele que exige dinheiro investido em plataformas e sites para estes que mostrem o seu conteúdo com destaque aos usuários. Normalmente, isso é feito por meio de palavras-chave, anúncios de textos e imagens.

A primeira coisa a não perder de vista é que nós não estamos mais na época da rádio, da TV, no jornal físico e das revistas impressas, com a maioria das propagandas intrusivas. Nesse outro tempo, a pessoa não pedia para consumir conteúdos propagandistas, que geralmente eram colocados nos intervalos de sua programação ou leitura preferencial.

De certa forma, elas não tinham muita escolha a não ser mudar de canal, estação ou virar a página. Poderiam ir até a cozinha tomar uma água nos intervalos da novela, mas, de toda forma, para continuar consumindo o conteúdo que queriam, tinham que esperar os comerciais terminarem.

Na Era Pós-digital isso mudou drasticamente. Hoje, com um smartphone na palma da mão, o usuário na internet decide, por vezes em menos de oito segundos, que conteúdo vai consumir (em muitos casos, bem menos).

Uma vez que se sente interrompido por um anúncio, seja no Facebook, seja num vídeo do YouTube, por exemplo, o usuário tem o poder imediato de ignorar, rolando o feed ou clicando para passar o comercial.

Veja a seguir uma tabela que nos ajuda a compreender a mudança de eras.

Antes: Era da interrupção	Agora: Era da conexão
Rádio, TV, Revistas Impressas, jornais físicos, outdoors, panfletos etc.	Smartphones, notebooks, vídeos on-line, podcasts, notícias on-line, e-books.
Anúncios: focados em interrupção	**Anúncios:** focados em conexão

Antes, propaganda; hoje, conteúdo. Antes, discurso; hoje, diálogo. Antes, mídia de massa; hoje, segmentação.

Howard Luck Gossage, inovador publicitário da *Era Mad Men*, dizia: "O fato real é que ninguém lê anúncios. As pessoas leem o que lhes interessa, e às vezes é um anúncio." Isso nunca fez tanto sentido quanto agora!

No contexto de publicidade on-line, a segmentação é fundamental. De forma simples, segmentar o mercado é separá-lo em grupos específicos de clientes que possuem características e objetivos semelhantes. Pense só, em uma sociedade tão heterogênea, formada por pessoas das mais diferentes características, como idade, gênero, classe social, hobbies e interesses.

Se você fizer seu anúncio chegar ao público certo, ou seja, segmentado, é mais fácil chamar sua atenção e gerar o interesse. Essa é uma diferença básica dos anúncios tradicionais (mídia de massa) para os anúncios on-line (mídia segmentada).

É muito difícil fazer com que o seu produto agrade a todos, portanto, apostar em segmentação do mercado é separar, nesse grande mar de gente diferente, grupos menores que possuam características semelhantes.

Basicamente, você pode separá-las de acordo com:

- **Características:** São homens ou mulheres? Qual a faixa etária deles? Qual a classe social dessas pessoas?
- **Hábitos de compra:** Esses clientes compram mais pela internet ou em lojas físicas? Qual a melhor época do ano para vender para eles? Qual o preço que estão dispostos a pagar por um produto ou serviço?
- **Necessidades:** O que esses clientes precisam para melhorar seu dia a dia ou seu negócio e como posso oferecer isso a eles?
- **Desejos e vontades:** O que esse cliente deseja e como posso oferecer da melhor forma?

A partir dessas informações você pode começar a separar esses clientes em segmentos e montar estratégias específicas de anúncios para chegar até eles.

Uma vez segmentado, será possível destacar apenas para quem realmente interessa, usando recursos para *chamar a atenção*. Entenda esse *chamar a atenção* como destacar seu conteúdo em meio a tantas informações disponíveis.

É importante focar alguns detalhes, como as *headlines* e imagens, mas sempre digo que o conjunto é que faz a mágica. Ou seja, se descrição, título, imagem, *headline* e CTA estiverem bem amarradinhos, agarrar a atenção se torna mais acessível.

Vamos usar como exemplo um anúncio básico de Facebook Ads e depois vamos ver como aplicar o *StorySelling* nesse contexto de Ads.

Descrição

```
┌─────────────────────────────────────┐
│  ┌───────────────────────────────┐  │
│  │                               │  │
│  │                               │  │
│  │            Imagem             │  │
│  │                               │  │
│  │                               │  │
│  └───────────────────────────────┘  │
│  **Headline**                       │
│  **Subheadline**                    │
│                       ┌──────────┐  │
│                       │   CTA    │  │
│                       └──────────┘  │
└─────────────────────────────────────┘
```

Estrutura básica de Ads do Facebook.

Na imagem acima, você pode ver a estrutura padrão de um anúncio para o Facebook.

Os elementos importantes são:

- a imagem (ou vídeo), que é a primeira coisa que seu público verá. Esse elemento precisa ser pensado para chamar a atenção visualmente. Se for um vídeo, ele deve conter uma estrutura de persuasão (que pode ou não ser uma história) que seu cliente continuará assistindo. Se for uma imagem, tanto o texto principal do anúncio como a headline devem ser pensados para "vender" sua oferta para o cliente. Histórias funcionam de forma fenomenal para isso.

- Headline e sub-headline: Mesmo se seu anúncio é direcionado para o "topo do funil" (atraindo pessoas que ainda não conhecem sua oferta) ou "fundo do funil" (pessoas tomando a decisão para comprar sua oferta), elas servem como complementos de ação. Uma boa prática é trabalhar "curiosidade", com um "benefício implícito" (como você pode ver no próximo exemplo). Lembre que a headline tem muito mais peso porque a sub-headline não aparece em todos os dispositivos.

- Texto do anúncio: Sempre é necessário testar textos longos e curtos, mas utilizar o storyselling como texto principal de um anúncio é capaz de multiplicar resultados.

Abaixo deixei um exemplo de anúncio que foi feito para um produto, onde você pode ver todos esses elementos em ação.

92% das pessoas responderam que SIM
Faça parte do meu grupo de estudos sobre StoryCopy

SAIBA MAIS

"Era sexta-feira, dia 7 de fevereiro, 22h da noite, quando recebi uma mensagem do Paulo Maccedo...

Ah, espera! Deixe-me apresentar. Quem escreve aqui é o um dos três "lançados na profissão copywriter" (já já você entenderá)...

Há um ano, comecei a estudar copywriting (ou achava que estava estudando, pois eu tinha acessado apenas a conteúdos gratuitos, porque não tinha nem grana para comprar um BigMac no fim de semana).

Eu assistia a diversos vídeos e eles até explicavam bem os elementos do copy...

Mas por que eu não conseguia escrever um copy?

É simples: escrever copy é como fazer um bolo!

Não adianta você saber que precisa de ovos, fermento, leite, etc. se não souber como combinar cada ingrediente.

Agora, voltando para aquela sexta-feira, às 22h da noite, quando recebi uma mensagem do Paulo Maccedo em um grupo nosso...

Ele disse que faltavam apenas dois anúncios como este aqui, que levam para uma página que contém algo surpreendente.

Quando li o copy da página, logo disse: "Paulo, posso fazer um desses anúncios?".

Ele disse "Sim, sem nenhum problema", e aqui estou.

Sabe por que eu senti confiança para escrever um anúncio em alguns minutos?

Porque a página que você vai acessar agora contém algo que nunca vi o Paulo e o Fred (seu sócio) fazerem.

Lá existe uma estrutura simples e prática chamada ®"Anatomia do Copy".

Essa estrutura fará você conseguir não apenas ter cada ingrediente para o "bolo da persuasão"...

Mas também saber como misturá-los e transformar essa receita de bolo em receita financeira.

Essa mesma estrutura foi...

>Validada em treze nichos diferentes.

>Usada em projetos que somam R$ 15 milhões de faturamento.

>Responsável por lançar três copywriters profissionais em tempo recorde (um deles está escrevendo isto agora).

Eu realmente faria uma chamada apelativa aqui como "Clique Agora e Descubra e blá blá blá". Mas, quer saber? Só clica e leia até o fim.

É melhor se arrepender de ter lido do que se arrepender de ter perdido a maior oportunidade de dominar a arte da persuasão escrita."

CAPÍTULO 27

Histórias em Anúncios, E-mails, WhatsApp, Instagram, TikTok e Onde Mais Você Quiser

Gustavo Ferreira

Entrei "para valer" no mundo do marketing digital em 2014, e no fim de 2015 comecei a compartilhar o que aprendia durante minha jornada.

Meu foco sempre foi o e-mail marketing, porque (até hoje) continua sendo o canal que mais gera retorno.

Mas, desde o começo, sempre me perguntam:

"Mas isso funciona no Facebook? Isso funciona no WhatsApp? Isso funciona em anúncios? Isso funciona <na próxima rede da moda>?"

E a minha resposta sempre foi **sim**.

A única coisa que muda é que você precisa adaptar a mensagem ao formato.

Por exemplo...

Em e-mails, um tamanho ótimo é de 500 a 700 palavras.

E você pode escrever muita coisa com isso.

Tenho um livro inteiro falando sobre E-mail Marketing (*E-mails Que Vendem*), e nele você consegue ver vários dos meus "segredos".

Mas o mais legal de usar e-mails é criar "links" (loops) entre eles...

E dessa forma você prende a audiência, porque eles vão querer saber o fim da história. Esse também é um dos motivos que uso "reticências" no final de várias frases.

Aqui está um exemplo:

■ Email 1:

Do Escritório de Gustavo Ferreira

%FIRSTNAME%

Hoje quero contar uma história bem *punk* para você...

Eu estava no meu escritório, na frente do computador, totalmente travado. Olhava para a tela do computador e não conseguia escrever uma única palavra.

Ficava enjoado só de sentar na cadeira.

Tinha acabado de encerrar uma campanha com um cliente depois de 6 meses de trabalho pesado... até sonhava com a campanha, de tanto que me envolvi...

E as vendas não vieram.

Não havia "um" culpado... mas eu sabia que cometi um erro que comprometeu a campanha inteira.

Um erro que, para um copywriter... é estupidez total ter deixado passar.

O cliente não cancelou o contrato, mas buscou outro profissional para outra campanha-chave dele...

Comecei a me perguntar se fazia sentido continuar trabalhando como copywriter. Se era apto a ensinar algo em que tinha acabado de falhar miseravelmente. Aquela voz interna gritando que eu era um fracasso...

Já havia falado para algumas pessoas que faria um livro sobre gatilhos mentais... mas não conseguia escrever uma única palavra.

E isso estava me consumindo, tirando o sono, e o estômago embrulhava cada vez que sentava para escrever...

Como algumas pessoas já haviam pagado pelo livro, decidi apenas que iria terminar o que comecei.

Mesmo com o meu resultado pífio na última campanha, queria entregar algo que realmente os ajudasse a não cometer o mesmo erro que cometi.

Esse virou meu único objetivo.

O plano era simples.

Busquei todos os materiais que tinha, fiquei 2 semanas lendo, vendo vídeos, e investi quase 2 mil dólares para acessar alguns materiais fechados de outros copywriters de nível mundial...

Para ter certeza de que estava no caminho certo, peguei 21 cartas de vendas de Gary Halbert, John Carlton, Claude Hopkins e Robert Collier...

Copiei cada uma delas à mão... e encontrei todos os elementos-chave que estava compilando para o livro nessas cartas de vendas milionárias.

Juntei o material mais poderoso que encontrei... encontrei todos os elementos de vendas em todas as cartas de vendas milionárias...

Mas eu conseguiria montar o livro e entregar algo de qualidade?

Fiquei mergulhado por duas semanas buscando os melhores materiais possíveis, e achei que estava no caminho certo.

Como não podia parar de trabalhar, comecei um novo trabalho com um cliente que estava desesperado para uma campanha.

Foi um trabalho de apenas uma semana, e escrevi a carta de vendas do produto na frente dele. Ele ficou de boca aberta.

"Cara, eu já contratei 4 copywriters considerados muito bons no mercado... mas nunca vi nenhum deles escrever uma carta quase perfeita, na minha frente, em tão pouco tempo."

Claro que isso me motivou novamente (ainda mais porque faturamos quase 50k nas 2 semanas seguintes).

Pensei "agora vai"...

Organizei e preparei tudo... mas foi pior do que pensava.

Com tanto trabalho, não encontrava mais tempo (dessa vez de verdade!) para escrever.

E comecei a ver outros players no mercado ganhando destaque, mesmo falando um monte de merda.

"Mas que saco é esse que fraudes falando tanta merda conseguem tanto prestígio?"

E o pior foi que conversei com outro copywriter que ainda falou "cara, se eu puder falar mal de você, eu vou."

Sério, não sabia o que fazer.

Por um lado, sempre fui (e continuo sendo) exigente na qualidade do que entrego. Busco a excelência no que faço porque essa é minha "zona de conforto" (enfiar a cabeça no trabalho).

Eu tinha que tirar 10 na escola para ouvir "parabéns" da minha mãe. Tinha que ser o melhor porque é a única forma de manter minha autoestima e não querer me matar.

A verdade é que todo o frio na barriga, falta de motivação e até a "falta de tempo"... é um grande e apavorante medo.

Medo de receber uma crítica. Medo de não corresponder às expectativas. Medo de decepcionar clientes. Medo de decepcionar minha família.

Eu podia escolher ficar com medo... ou enfrentar aquilo e (de novo) colocar a cara à tapa.

Decidi de vez que era "tudo ou nada". Não havia mais tempo para ficar procrastinando e fugindo.

A data final era 18 de outubro. Tomei a decisão "tudo ou nada" no dia 6.

Eu não ia conseguir escrever tudo em tão pouco tempo... então decidi fazer algo diferente.

E foi a decisão mais estranha que tomei.

Qual foi a decisão estranha e o resultado?

Espere o próximo e-mail amanhã. ;-)

À Sua Riqueza e Felicidade!

Gustavo Ferreira

- **Email 2:**

%FIRSTNAME%

No último e-mail falei sobre como descobri a verdadeira razão de procrastinar tanto (e como vi que o meu sucesso gerou vários recalques por aí ;-)...

Decidi que era "tudo ou nada" e decidi fazer uma coisa diferente e estranha.

Tinha MUITA coisa para escrever.

E quando sentava no computador para começar a escrever, continuava travado.

Esperei as coisas acalmarem aqui em casa...

E...

Liguei o gravador do celular.

Fiquei quase 6 horas direto falando tudo que queria escrever. Só parei para tomar água.

Terminei às 3 da manhã, e passei para outra pessoa... digitar tudo para mim.

Story$elling

"Escrevi" 25 mil palavras em 6 horas.

Foram 12 dias intensos. Madrugadas adentro, revisões infindáveis, atenção a detalhes que eu só lembrava quando já eram 2 da manhã de novo...

A última "pegada" foi de quase 26 horas trabalhando sem dormir... e finalizei a primeira edição que publiquei na Amazon.

A sensação de alívio quando recebi o e-mail da Amazon falando que estava liberado não dá para explicar. Girei a roda da fortuna, e dei o meu melhor.

O *Livro de Ouro dos Gatilhos Mentais* estava pronto.

A grande questão é... as pessoas gostariam?

Sei que é impossível agradar a todos, mas recebi muitos retornos positivos, com pessoas até dizendo que era melhor que muitos cursos caros...

Agora continuo trabalhando em novos projetos, e uso o livro como referência até para mim. Às vezes fico em dúvida sobre como montar uma comunicação, e volto aos meus próprios exemplos.

Mas, o melhor de tudo... além de todas as portas que esse livro vem abrindo...

É que fico feliz com a exigência que me impus de me aprimorar ainda mais como copywriter... e ver tantas pessoas usando na prática tudo que ensino, com resultados incríveis.

Por isso hoje faço o convite para você também acessar o *Livro de Ouro dos Gatilhos Mentais* e tudo que coloquei dentro dele.

Porque dei o meu melhor... para você ter na mão algo que realmente vai funcionar para você de verdade.

À Sua Riqueza e Felicidade!

Gustavo Ferreira

Claro, esses dois e-mails são um pouco mais elaborados, mas ilustram vários pontos ao mesmo tempo.

Conto a minha jornada de sofrimento, angústias e desafios... e crio uma expectativa enorme para as pessoas saberem o fim da história (na primeira vez em que enviei esse e-mail, lembro de ter recebido quase uma dezena de respostas).

Então pratique "dividir" suas histórias em dois, até 3 capítulos (já alonguei uma história em 8 e-mails, foi um dos meus maiores desafios... mas altamente lucrativo).

Agora, vamos falar de outras situações.

Em Anúncios (principalmente nas redes sociais, como Facebook e Instagram):

<u>A história que você conta depende do objetivo.</u>

Por exemplo...

Se você está criando um anúncio para as pessoas fazerem um opt-in (para assistir a uma aula), geralmente histórias menores funcionam melhor.

Gosto muito de usar a estrutura "Problema, Agite, Resolva", por exemplo:

"Antes eu não conseguia de nenhuma forma monetizar meus seguidores.

Fazia tudo que achava que era possível, publicações diárias, vídeos, e até fiz uma dancinha idiota.

Até que descobri que não preciso nada disso.

E você pode ver tudo que descobri nesse pdf em que compilei minhas 10 melhores práticas para realmente ganhar dinheiro nas redes sociais."

Particularmente, também gosto de usar histórias maiores nos anúncios, porque isso também qualifica melhor quem está vendo.

E não se preocupe com o "tamanho".

Já criei anúncios com quase 500 palavras, e tive ótimos resultados.

Se o anúncio é para a pessoa "comprar" (seja por meio de remarketing, seja venda direta para público frio), sempre que possível também crio chamadas e histórias maiores no corpo do anúncio mesmo (porque quero ter o "clique" mais qualificado possível).

Nesses casos, várias vezes costumo contar a história de "outras pessoas" (como um depoimento ou estudo de caso) no anúncio.

Além disso, a própria imagem do anúncio pode ser uma história, ou o início de uma.

Aqui estão alguns exemplos:

Para você ver como pode ter uma grande liberdade para contar histórias nos anúncios no Facebook, aqui estão duas histórias que mais geraram vendas para mim em uma campanha de 2022:

"Como um pai que fica em casa, não tinha tempo (e habilidade) para consertar minha fossa séptica.

Com 3 crianças e 2 adultos usando o banheiro o dia todo, você pode imaginar como tudo estava entupido de graxa e outras coisas que eu nunca vou ter coragem de perguntar o que são.

Eu tentei muitas "soluções mágicas" e encanadores, mas nada realmente funcionou. Apenas alguns dias passavam, e o odor e o 'retorno' após a descarga estavam de volta.

Quando amigos ou familiares vinham à nossa casa, todos

ficavam envergonhados e nunca mencionavam o mau cheiro — mas todos sabiam que estava lá. Comecei a evitar a maioria das visitas em casa!

Bem, eu pensei que não haveria uma solução fácil ou barata para este problema.

Até que recentemente encontrei esta pesquisa sobre quatorze cientistas de uma prestigiosa universidade nos EUA que desenvolveram uma solução real.

Li o artigo que explicava como esse truque de lavagem quebra e elimina todo o lodo orgânico de fossas sépticas, incluindo óleos naturais, graxa e hidrocarbonetos orgânicos, e evita retorno, entupimentos e corrosão.

Além disso, elimina todos os cheiros em apenas 3 dias!

Parecia bom demais para ser verdade, mas é melhor :D

Desde que usamos esse truque de descarga, nos livramos do odor e não há mais problemas com encanamento ou backup.

Posso trazer a família e os amigos para casa novamente sem ter que me preocupar mais.

É por isso que estou compartilhando isto com você. Porque realmente ajudou a resolver esse problema.

(e posso dizer com orgulho que 'eu' fiz isso)

Basta clicar abaixo para saber mais!"

Sim, esse anúncio virou um dos nossos *top hits* logo de início.

Veja a identificação gerada com o público-alvo, e a descrição de situações reais (e até constrangedoras) que acontecem.

Claro, nesse caso a carta de vendas do produto também ajudou a reforçar, mas entenda como o próprio anúncio já trabalha como a pré-venda da solução.

Aqui está um outro exemplo:

"Você pode acreditar que, sem cirurgia, eu consertei problemas de micção frequente e agora durmo a noite toda e aproveito as atividades diárias sem preocupações?

Já fazia mais de três meses que não via meu irmão, Steve.

Embora eu raramente saísse de casa na época, consegui ir lá vê-lo.

Conversei com Steve e não acreditei que ele tinha os mesmos problemas que eu.

Uma necessidade frequente de urinar durante o dia e a noite (principalmente no meio da noite). Era difícil voltar a dormir... e no dia seguinte eu estava sempre me sentindo exausto.

Não poder participar de nenhuma das coisas que eu queria estava quase me levando a uma depressão, devido a esse problema.

Ele disse que podia entender exatamente como eu me sentia.

Contei a ele como havia tentado tantas coisas no passado, mas nada parecia funcionar.

Ele imediatamente se abriu sobre sua transformação, descrevendo como um simples ritual diário o ajudou a recuperar sua vida.

Ele simplificou as coisas e me deu um link para um vídeo que me forneceria todas as instruções que eu precisava.

Não acreditei nele no começo. Mas o que Steve disse começou a fazer muito sentido e me deu uma esperança real.

Eu sabia que tinha que fazer algo se quisesse minha vida de volta.

Resolvi tentar... e naquela noite segui cada passo para garantir que não perderia nada.

Bem, desde então tenho conseguido dormir durante a noite toda sem interrupções.

Eu não estava mais ansioso com idas frequentes ao banheiro e me sentia muito mais enérgico e vibrante do que esperava.

Minha família e amigos perceberam e começaram a perguntar como eu fiz isso. Acredite, desde esta descoberta estou me sentindo muito feliz todos os dias!

Minha qualidade de vida melhorou e estou feliz por ter recuperado minha confiança.

Palavras não podem expressar o quanto sou grata ao meu irmão por toda essa transformação.

Agora é minha vez de retribuir compartilhando essas informações úteis.

Toque em "saiba mais" para ver onde aprendi sobre isso.

Muitas felicidades. "

Com anúncios nesse formato, você pode tanto direcionar direto para uma página de vendas como também para um advertorial ou captura de leads, que continuará o processo de vendas.

Nesse último exemplo, uma das histórias que testamos após a pessoa "clicar" no anúncio foi a seguinte chamada em um advertorial:

"Eu costumava ser aquele macho-alfa duro e rígido com todos. Mas eu tinha medo de sair de casa porque tinha que ir ao banheiro a cada 45 minutos, me sentindo totalmente fraco e indefeso."

Outro ângulo parecido que testamos também para outra campanha foi:

"Eu dizia que estava tudo bem comigo, com meu corpo e minha vida... mas, por dentro, quase matei meu bebê por causa do meu peso – e eu nem tinha ideia disso."

Esse mesmo exemplo acima também testamos como o texto de um anúncio no Facebook, e funcionou super bem. Em outra versão, gravamos um vídeo falando praticamente as mesmas palavras, e pedindo para "clicar" para saber mais.

Claro, você também pode usar ângulos diversos, por exemplo (texto em tradução livre de uma página de *pre-sell* para um anúncio sobre dores nas costas):

"**Por Que os Maiores Especialistas Médicos Podem Parar de Receitar Medicamentos Para Dor Nas Costas**

Conheça Emily, que aos 42 anos estava quase incapacitada de movimentos por causa de tanta dor nas costas. Depois de ver dezenas de médicos e tratamentos e ser desacreditada até por renomados cirurgiões, agora, aos 45 anos, ela parece ter a mesma elasticidade que tinha aos 20 anos. Tudo com um simples método de alongamento de 30 segundos todas as manhãs. Se você ou alguém que você conhece sofre com dores nas costas, veja essa mensagem agora antes que tirem do ar."

E, se você está preocupado com a criação de vídeos, fique em paz :)

Praticamente todas as histórias também podem se tornar roteiros de vídeos.

Um anúncio em vídeo muito bom que fizemos seguia mais ou menos esse roteiro (tradução e adaptação livre):

"Ok, eu cobri meu rosto nesse vídeo porque isso é algo muito pessoal. Mas digamos que meu namorado não conseguia 'levantar' muito bem, se é que vocês me entendem. Mas agora que ele descobriu isso que não é nenhuma pílula azul... gente... (sussurando: a cama até quebrou). Então se você também precisa que seu namorado dê uma levantada, mande isso para ele."

Em mensagens do Whatsapp você também pode enviar histórias (tanto em uma única mensagem, ou como mensagens separadas), e pode aplicar isso em mensagens diretas 1 a 1 e em grupos.

E você também pode usar as mesmas estruturas gravando direto do seu celular ou computador, e até mesmo fazer lives e webinários de vendas apenas contando histórias, e no final direcionando para sua oferta.

Você pode seguir o roteiro macro "transição para oferta" se tem dúvidas de como fazer essa parte.

Ou seja...

Você tem a liberdade de usar isso em *todas* as plataformas, basta ter uma história... e contar.

The End

Era uma vez dois nerds meio malucos que decidiram escrever um livro fodão...

Este livro deveria cumprir três objetivos:

1. Ser algo meio psicodélico e prender as pessoas do início ao fim;
2. "Bagunçar" o mercado, trazendo, em um simples livro, um conteúdo mais poderoso que dezenas de cursos disponíveis no mercado;
3. Ser divertido durante o processo.

Depois de alguns meses de idas e vindas, revisões e ajustes, eles tinham a certeza de ter criado algo único. O motivo? Simples.

Em 27 capítulos eles conseguiram te dar todos os modelos, estruturas, técnicas e macetes necessários para você escrever histórias que vendem de verdade!

E agora que chegamos ao fim deste livro, esses dois nerds desejam que você seja um "contador" de histórias ainda melhor, e que consiga impactar ainda mais as pessoas com quem interage, tanto na sua vida pessoal como nos seus negócios.

Boas histórias encantadoras e vendedoras!

■ PS

Você quer alguns presentes?

Acesse ou escaneie o QR Code ao lado e veja agora alguns dos materiais em vídeo originais do curso Storyselling Essencial (Gustavo Ferreira) e StoryCopy (Paulo Maccedo).

3pilaresdacopystory.club.hotmart.com

Faça seu cadastro gratuito pela plataforma Hotmart e assista agora.

Referências

1. ASSIS, M. **Helena**. Rio de Janeiro: Companhia das Letras. 2018.
2. CAMPBELL, J. **O Herói de Mil Faces**. São Paulo: Pensamento. 1989.
3. DICKS, M. **Storyworthy: Engage, Teach, Persuade, and Change Your Life Through the Power of Storytelling**. California: New World Library. 2018.
4. HEMINGWAY, E. **O velho e o mar**. Rio de Janeiro: Bertrand Brasil. 2013.
5. KING, S. **Sobre a Escrita**. São Paulo: Suma. 2015.
6. LEWIS, C. S. **As Crônicas de Nárnia**. 2ª ed. Rio de Janeiro: WMF Martins Fontes. 2009.
7. MARK, M.; PEARSON, C. S. **O Herói e o Fora da Lei: Como Construir Marcas Extraordinárias Usando o Poder dos Arquétipos**. São Paulo: Cultrix. 2003.
8. MCKEE, R. **Story: Substância, Estrutura, Estilo e os Princípios da Escrita de Roteiro**. Paraná: Arte & Letra. 2017.
9. MCSILL, J. **5 Lições de Storytelling: Persuasão, Negociação e Vendas**. São Paulo: DVS. 2019.
10. SCHAFER, C. The lost art of storytelling: How to tell a powerful story that turns readers into customers. **Honey Copy** [on-line]. Jul. 2018. Disponível em: https://honeycopy.com/copywriting-blog/the-art-of-storytelling. Acessado em: 18 jun. 2022.
11. SCHOROEDER, P. The Neuroscience Of Storytelling Will Make You Rethink The Way You Create. **Medium** [on-line]. Jan. 2018. Disponível em: https://medium.com/swlh/the-neuroscience-of-storytelling-will-make-you-rethink-the-way-you-create-215fca43fc67. Acessado em: 18 jun. 2022.
12. TOLKIEN, J. R. R. **O Senhor dos Anéis: A Sociedade do Anel**. 3ª ed. Vol. 1. Rio de Janeiro: Martins Fontes. 2kg.
13. TWAIN, M. **As aventuras de Tom Sawyer**. Belo Horizonte: Autêntica. 2017.
14. WORLD Digital Library. **Library of Congress** [on-line]. Disponível em: https://www.loc.gov/collections/world-digital-library/about-this-collection/. Acessado em: 18 jun. 2022.
15. ZAK, P. J. Why Your Brain Loves Good Storytelling. **Harvard Business Review** [on-line]. Out. 2014. Disponível em: https://hbr.org/2014/10/why-your-brain-loves-good-storytelling. Acessado em: 18 jun. 2022.

Outros Livros de Paulo Maccedo

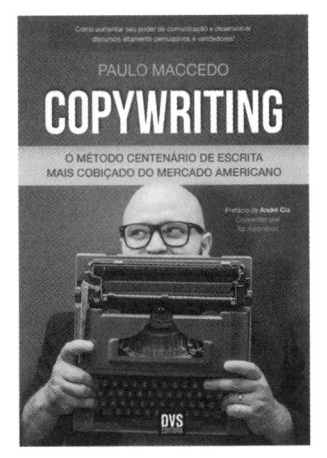

Copywriting - Volume 1
O Método Centenário de Escrita mais Cobiçado do Mercado Americano

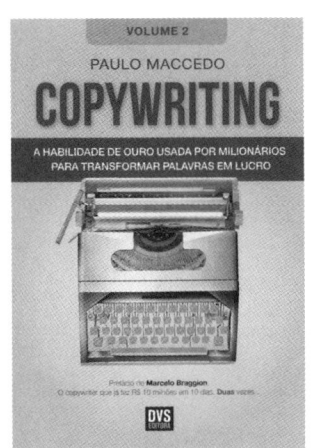

Copywriting - Volume 2
A Habilidade de Ouro Usada por Milionários para Transformar Palavras em Lucro

A Arte de Escrever para a Web & Produzir Conteúdos Poderosos

Eu, Vendedor - Um Guia de Experiências e Dicas para Crescer na Vida e nos Negócios Vendendo Qualquer Coisa

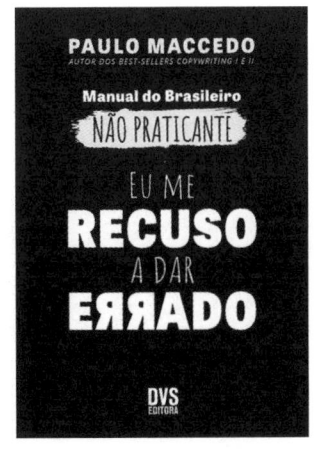

Eu Me Recuso a Dar Errado - Manual do Brasileiro Não Praticante

Onde os Deuses Tocam Blues - Em um Mundo onde Pactos São Feitos e Mitos São Criados, a Verdade Surpreende no Final.

Outros Livros de
Gustavo Ferreira

Gatilhos Mentais -
O Guia Completo com
Estratégias de Negócios e
Comunicações Provadas
para Você Aplicar

Copywriting -
Palavras que Vendem
Milhões

E-mails que vendem -
Guia Prático para
Campanhas de E-mail
Marketing Lucrativas

www.dvseditora.com.br

Impressão e Acabamento | Gráfica Viena
Todo papel desta obra possui certificação FSC® do fabricante.
Produzido conforme melhores práticas de gestão ambiental (ISO 14001)
www.graficaviena.com.br